郑州大学新闻与传播学院的院训

"勿忘人民"院训碑

新传青年说总决赛

参加总决赛的选手与出席活动的领导、评委合影留念

郑州大学党委副书记贾少鑫（左一）为一等奖获得者颁奖

河南省委宣传部新闻出版处副处长陈锋（左三）为二等奖获得者颁奖

郑州大学团委书记冀娟进行精彩点评

张远

吴鸿瑶

许荣光

宗思源

钱博宇

焦洋

王佳轩

缪怡然

张鹏

吴静

赵奥博

赵子安

魏卓成

姚沛东

崔国玉

第一期 家庭说

新闻与传播学院广告系周鹍鹏教授进行点评

郑州大学学生处办公室主任薛建龙（右一）
为一等奖获得者颁奖

郑州大学党委宣传部杨明老师（右一）
为二等奖获得者颁奖

评委与参赛选手合影留念

钱博宇

康勇涵

张学铭

陈志宏

李贝青

安佳维

苏宇

房靖欣

杨岚

许荣光

沈静愉

韩思佳

杨苑　　孟凡帅

第二期 读书说

郑州大学新闻传播学学科首席教授
南振中先生（右一）为一等奖获得者颁奖

新闻与传播学院党委书记焦世君（右一）
为二等奖获得者颁奖

新闻与传播学院副院长张淑华（右一）
为三等奖获得者颁奖

评委与参赛选手合影留念

吴鸿瑶

李沛菁

牛如意

宋荣俊

孙奕

许佳欣

邱锦仪

张艺琼

刘渼逸

孟亚

张朴熠

李雨函

第三期 与美同行

郑州大学团委组织部部长崔保红（右一）
为一等奖获得者颁奖

郑州大学学生处思想政治教育科科长
党敬川（左一）为二等奖获得者颁奖

新闻与传播学院网络与新媒体系
崔汝源博士进行点评

评委与参赛选手合影留念

| 李林翰 | 刘伟亚 | 柳淑蕾 | 吕青洋 |

宋嘉琳　　孙奕　　　田鑫宇　　王攀

王德昕　　魏卓成　　闫昱辰　　尹然

袁鑫　　张远

第四期 追梦者说

新闻与传播学院副院长郑素侠进行点评

评委与参赛选手合影留念

大众评委积极为参赛选手举牌打分

新闻与传播学院广电系党东耀教授（左一）
为二等奖获得者颁奖

尹达伟

杨钰莹

卓曼曼

韩晓东

唐晶晶

张怡君

张亚曦

王琼

姚承哲

于梦佳

第五期 诚信说

新闻与传播学院党委副书记孙保营（右一）
为一等奖获得者颁奖

评委们认真聆听参赛选手的精彩演讲

郑州大学团委创新实践部部长裴东杰（右一）
为二等奖获得者颁奖

评委与参赛选手合影留念

张涵

崔国玉

冯进进　　　　　　封仁智

王佳轩

杨涛

赵心航

梁露

康美

李雅晴

葛华斐

阳丹

雷碧睿

杨岚

第六期 习惯说

评委老师与观众认真聆听参赛选手的精彩演讲

评委与参赛选手合影留念

郑州大学学生处宿舍管理科科长房华东（左一）为一等奖获得者颁奖

郑州大学学生处学生管理科科长智钢（左一）为二等奖获得者颁奖

吴伊婷

阮雷影

王琪琪

苏宇

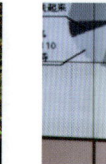

柳霖浩　　胡晓荣　　刘慧　　袁玉勤

毕娟娟

常安洁

杨淑丽

杨素萍

姚沛东

赵子安

缪怡然

第七期 挑战说

《郑州大学报》编辑部主任陈浩（右一）
为一等奖获得者颁奖

郑州大学学生处国家助学贷款管理科科长黄勇（右一）
为二等奖获得者颁奖

郑州大学学生处网络信息管理科科长于苏静（右一）
为三等奖获得者颁奖

评委与参赛选手合影留念

邓冉

焦洋

贾英杰　　　　原丹丹

李非凡

张佳佳

隋纳新

覃淼鑫

吴鸿瑶

樊宇浩

王永祺

刘旭

周炎

吴静

徐艺婕

第八期 文化的力量

新闻与传播学院党委副书记孙保营（右一）
为一等奖获得者颁奖

新闻与传播学院新闻系王一岚博士进行点评

新闻与传播学院副院长郑素侠（左三）
为二等奖获得者颁奖

评委与参赛选手合影留念

张琪

李静

杨嘉琪

赵露红

冯晓昕

张轩瑶

王蕊

赵晨琰

赵奥博

肖鸿

彭金萍

张鹏

杜全清清　宗思源

杨汝佳

中共河南省委宣传部与郑州大学共建新闻与传播学院
新华通讯社与郑州大学共建穆青研究中心　大学生实践成果

"卓越新闻传播人才培养教育引领工程"系列丛书

卓越新闻传播人才培养的创新与探索
——"新传青年说"（2018）

ZHUOYUE XINWEN CHUANBO RENCAI PEIYANG DE CHUANGXIN YU TANSUO
XINCHUAN QINGNIAN SHUO (2018)

主编　孙保营

郑州大学出版社
郑州

图书在版编目(CIP)数据

卓越新闻传播人才培养的创新与探索:新传青年说:2018/孙保营主编.—郑州:郑州大学出版社,2019.4
ISBN 978-7-5645-6111-6

Ⅰ.①卓… Ⅱ.①孙… Ⅲ.①新闻事业-人才培养-研究-中国 Ⅳ.①G219.2

中国版本图书馆 CIP 数据核字(2019)第 037986 号

郑州大学出版社出版发行
郑州市大学路40号　　　　　　　　　邮政编码:450052
出版人:张功员　　　　　　　　　　　发行部电话:0371-66966070
全国新华书店经销
河南文华印务有限公司印制
开本:710 mm×1 010 mm　1/16
印张:19.5
字数:377 千字　　　　　　　　　　　彩页:6
版次:2019 年 4 月第 1 版　　　　　　印次:2019 年 4 月第 1 次印刷

书号:ISBN 978-7-5645-6111-6　　　　定价:68.00 元
本书如有印装质量问题,由本社负责调换

卓越新闻传播人才培养的创新与探索
——"新传青年说"(2018)
编委会

主　编　孙保营

副主编　杜建锋　熊　杰

成　员　李　涵　牛耘一　周志勇

序 言

2014年6月,新华通讯社与郑州大学签约共建穆青研究中心;2014年12月,河南省委宣传部与郑州大学签约共建新闻与传播学院。两个共建协议的签订和实施,为郑州大学新闻与传播学院提供了宝贵的跨越式发展机遇。两个共建的主要目标,是实现新闻传播高等教育与新闻实践之间的相互贯通、深度融合、协同发展,探索出一条培养卓越新闻传播人才的有效路径。

为了落实"两个共建"协议,郑州大学新闻与传播学院提出了"能写会说创意强"和"高素质全媒化复合型"的人才培养目标。为了实现这一目标,学院创新人才培养模式,2015年举办了第一季《新传青年说》,并取得了较好的成效,赢得学生的好评和热捧。2016、2017、2018年度,分别举办了8次月赛和一次年度总决赛。通过每月的预赛选拔,分别有129、131、126名选手参加了月赛和年度总决赛。2016、2017年的参赛优秀作品已经分别于2017年3月和2018年7月由郑州大学出版社公开出版,并在校内外产生了广泛好评。

"新传青年说"作为语言竞技类系列比赛项目,新闻与传播学院党委以党和国家的重大会议精神、社会舆论热点和大学生教育热点等为选题主线,通过精心拟定每个月的演讲主题,广大同学通过演讲,勇于发声、张扬个性、碰撞思想、展示青春。他们畅谈国内外大事,抒发家国情怀,弘扬了主旋律,传播了正能量。广大同学从图书、报刊、网络及社会实践中搜集信息和资料,从优秀的作品中受到熏陶,并在情感体验的潜移默化中促进积极人生态度和正确价值观的形成;从哲理类文章中提高对事物的认识和思辨力;从社科类媒体中培养热爱生活、热爱自然的情感;从新闻载体中了解我国与世界的重要政治事件……多数同学养成了做摘抄、写随笔、诵美文的好习惯。他们对这些知识和社会热点问题进行消化、吸收、凝练和再认识,从而形成演讲稿。他们的演讲对广大同学净化思想、陶冶情操、感化心灵、改善情感、培养担当起到了较好的教育和引导效果。

2018年共举办了8次月赛和一次年度总决赛。3月比赛的主题是"家庭说"。选手们在享受快乐寒假的同时,重温历史、观察现实、记录家庭的变化,讲出最感动的家庭故事。4月比赛的主题是"读书说"。一个人的进步,一个家庭的幸福,一个民族的发展,一个国家的兴旺,都离不开读书。5月比赛的主题是"与美同行"。不论是圣贤、伟人、英雄,还是芸芸众生,大家追求美的权利、欣赏美的事物、向往美好的生活是共通的。6月是毕业季专辑,主题是"追梦者说"。要毕业了,带着梦想,还有母校的期盼,学院的师生希望听到追梦者出发前的心声。7月比赛的主题是"诚信说"。作为新时代未来的传媒人,应该从自己做起,从身边做起,从点滴做起,打造自己的诚信招牌,重塑社会的诚信体系。9月比赛的主题是"习惯说"。培根说,习惯真是一种顽强而巨大的力量,它可以主宰人生;王尔德说,起先是我们造成习惯,后来是习惯造成我们。习惯要由习惯来替代,让我们的改变从"习惯说"开始。10月比赛的主题是"挑战说"。身处新时代,我们期待挑战,鼓励挑战,赞美挑战。因为只有敢于挑战,今日之我才能战胜往日之我;只有敢于挑战,才能一代新人胜旧人;只有敢于挑战,才能把不可能变成现实,创造奇迹。11月比赛的主题是"文化的力量"。文化兴则国运兴,文化强则民族强。当代大学生更应深切感受文化的力量,坚定中国特色社会主义的文化自信。2018年年度总决赛的主题是"改革开放说"。2018年是改革开放40周年,谁人会想到,40年的改革开放历程会如此波澜壮阔,可歌可泣;40年的成就会如此辉煌灿烂,惊天动地。生逢其时,我们自豪,我们骄傲;身在其中,我们开心,我们欢呼。作为新时代的追梦者,我们要分享所见、所闻的改革开放故事;作为新时代的圆梦人,我们更要畅谈对"两个一百年""四个伟大"的所思所想。

自"新传青年说"活动举办以来,学生参与热情高涨,每一期比赛的精彩瞬间,在朋友圈、微博、微信等自媒体上都进行了广泛传播;人民网、新华网、科学网、大河网、河南商报等对"新传青年说"的开展情况进行了多次报道。

"新传青年说"活动品牌坚持以立德树人为根本和核心,引导大学生讲好中国故事、传播好中国声音,认真探索新时代背景下高校思想政治工作的有效途径,大大提升了大学生思想政治教育和素质教育的科学化水平。因此,"新传青年说"先后荣获"河南省高等学校思想政治工作优秀品牌""河南省高校精神文明建设优秀工作案例一等奖""河南省高校实践育人工作优秀案例一等奖""河南省第二届普通高等学校校园文化建设优秀成果二等奖"等多项荣誉。

为了把广大参赛者的精彩演讲内容更好地呈现给大家,也为了鼓励广大新传学子更加积极参与比赛活动,我院专门把2018年"新传青年说"的优秀作品结集出版,给广大青年学子以学习和借鉴。

在本书即将付梓之际,要特别感谢新华社原总编辑、郑州大学新闻与传播学院原院长、郑州大学新闻传播学学科首席教授南振中先生,他对学院的学生工作给予了高度重视和关怀,多次出席学生的读书活动和"新传青年说"活动。感谢河南省委宣传部新闻出版处处长刘颖,副处长陈锋、候红路、龚勋,新华社河南分社副总编辑李钧德,大河网总经理高亢,河南商报社社长关国锋,他们对部校共建新闻与传播学院工作及学生培养工作给予了大力支持和帮助,特别是对"新传青年说"系列活动进行直接指导和关心。感谢郑州大学党委副书记贾少鑫,近两年的年度总决赛,他亲自指导,全程聆听,并为获奖选手颁奖;感谢郑州大学党委宣传部、学生工作部、研究生工作部、校团委、教务处、大学生就业创业指导服务中心等部门及负责同志的支持;感谢新闻与传播学院领导班子成员及全体教师对学生工作的重视、关爱与支持;感谢学院团委、学生会学生干部对"新传青年说"活动的精心组织和辛苦劳动;感谢各位参赛选手的认真准备和精彩演讲。同时,对郑州大学出版社及成振珂编辑对本书出版给予的支持表示衷心的感谢。

孙保营

2019 年 1 月 15 日

目 录

年度总决赛 改革开放说

感恩大时代，敬畏小人物 …………………… 张 远 3
改革开放，一束照亮梦的光 ………………… 吴鸿瑶 6
一张记者证，两代新闻梦 …………………… 许荣光 8
"汇聚"的奇迹，我们共同见证 ……………… 宗思源 11
喜看稻菽千重浪，遍地英雄下夕烟 ………… 钱博宇 14
精准扶贫，筑梦未来 ………………………… 焦 洋 17
曾经的年轻人 ………………………………… 王佳轩 19
日新月异40年，不变的是初心 ……………… 缪怡然 21
有一种人生叫自强 …………………………… 张 鹏 23
改革中的改变 ………………………………… 吴 静 25
教育，让理想照进现实 ……………………… 赵奥博 27
青年人的"穷"和"富" ……………………… 赵子安 29
开放潮涌 福建启航 ………………………… 魏卓成 32
我的朋友和那片海 …………………………… 姚沛东 35
是什么让我们奋勇向前 ……………………… 崔国玉 37

第一期　家庭说

"家庭医生" …………………………………… 许荣光　41
老爸,醉话家庭录 …………………………… 安佳维　43
心中那缕阳光 ………………………………… 李贝青　45
家风,一种国家情怀 ………………………… 孟凡帅　47
关于我,他们的特殊记忆 …………………… 钱博宇　49
我的父亲我的家 ……………………………… 陈志宏　51
"家"期如梦 …………………………………… 房靖欣　53
家是一场穿越未来的流浪 …………………… 杨岚　55
我的家庭感想 ………………………………… 韩思佳　57
王家的姑娘们 ………………………………… 康勇涵　60
偏爱 …………………………………………… 沈静愉　62
我眼中的家 …………………………………… 苏宇　65
寻根,寻我 …………………………………… 杨苑　67
我心中的"家" ……………………………… 张学铭　70

第二期　读书说

读读博物馆 …………………………………… 李雨函　75
读书与读我 …………………………………… 牛如意　78
读书的收获 …………………………………… 刘渼逸　80
重拾《呼兰河传》 …………………………… 吴鸿瑶　83
读书,让人诗意地栖居 ……………………… 张朴煜　85
读书,做优秀的自己 ………………………… 孟亚　87
你为什么不读书 ……………………………… 邱锦仪　89
信息爆炸时代还需要与书籍肌肤相亲吗 …… 肖田田　许佳欣　92
在最好的童年遇到爱 ………………………… 张艺琼　95

《月亮与六便士》与我的新闻理想 ……………………… 李沛菁 98
读书功用说 ……………………………………………… 宋荣俊 100
读书的"无用"和"有用" ……………………………… 罗 碧 孙 奕 102

第三期　与美同行

成长路上,与美同行 …………………………………… 宋嘉琳 107
与美同行　品味墨染丹青 ……………………………… 魏卓成 109
内外兼修乃是美 ………………………………………… 刘伟亚 111
细微之处皆是美 ………………………………………… 闫昱辰 113
美:就在你身边 ………………………………………… 张 远 116
他们的美,让我找到了自己的路 ……………………… 李林翰 118
永远热爱,永远美丽 …………………………………… 吕青洋 120
慢慢走,欣赏美啊 ……………………………………… 孙 奕 122
与美同行——品味新闻之美 …………………………… 王德昕 124
包容,盛唐文化之美 …………………………………… 柳淑蕾 126
与美同行 ………………………………………………… 田鑫宇 128
与美同行,满载而归 …………………………………… 王 攀 130
以爱之名,与美同行 …………………………………… 尹 然 132
十载同心,与美同行 …………………………………… 袁 鑫 134

第四期　毕业生特辑·追梦者说

追梦郑大人 ……………………………………………… 王 琼 139
不要怕 …………………………………………………… 于梦佳 142
实现梦想很难吗 ………………………………………… 韩晓东 144
平凡的梦想更需要拼尽全力 …………………………… 唐晶晶 146
定义之外的未知冒险 …………………………………… 杨钰莹 148
追梦者总是与失败相伴而行 …………………………… 姚承哲 150

梦想的形状和颜色	尹达伟	152
别着急,慢慢来	张亚曦	154
追梦者的足迹	张怡君	156
渡己渡人	卓曼曼	158

第五期　诚信说

诚信的力量	崔国玉	163
敬畏诚信	王佳轩	166
愿有诚信,平安喜乐	封仁智	169
奏响三乐曲	梁　露	171
最严肃的段子,最搞笑的结局	赵心航	173
"诚信"——给亲人的承诺	葛华斐	175
担起诚信,传播信任	雷碧睿	177
我和妈妈之间的"诚信"	阳　丹	179
给自己的歌	杨　岚	181
诚信与修身齐家治国平天下	冯进进	183
以诚待人者,人亦诚而应	康　美	186
诚信与国运	李雅晴	188
话说诚信	杨　涛	190
诚信似光,照亮人心	张　涵	192

第六期　习惯说

从一个自己到下一个自己	缪怡然	197
寻找新鲜感	赵子安	200
习惯的正反馈	毕娟娟	203
让有效管理时间成为一种习惯	杨淑丽	205
把习惯写入生命	姚沛东	207

从善如流,当善良成为习惯	刘 慧	209
"坏"习惯的前世今生	阮雷影	211
你的习惯,就是你的力量	袁玉勤	213
拜拜,大学"足疗"生活	王琪琪	215
说"习惯"	常安洁	217
祝愿你将有一个优秀的习惯	胡晓荣	219
习惯决定未来	柳霖浩	221
习惯平凡,但别习惯性平庸	苏 宇	223
动物归原	吴伊婷	225
握习惯于手,治之于心	杨素萍	227

第七期 挑战说

挑战之路	焦 洋	231
迎接挑战,倒逼成长	吴鸿瑶	233
因为山就在那里	贾英杰	235
学做自己 勇敢去爱	吴 静	237
挑战抑郁	徐艺婕	240
身边的挑战	李非凡	242
不惧挑战,无问西东	刘 旭	244
挑战极限:红旗渠的故事	原丹丹	247
不为荣耀,只为不辜负	周 炎	249
每一次挑战,都是一次成长	邓 冉	251
成为最好的自己	樊宇浩	253
栉风沐雨,砥砺歌行	隋纳新	255
生命,本来就是一场冒险	覃淼鑫	257
再谈"挑战"	王永祺	259
挑战自我,绽放色彩	张佳佳	261

第八期　文化的力量

"文化"——一种信仰和追求 …………………………… 冯晓昕　267
诗意不在远方 …………………………………………… 张　鹏　270
以青春之我传承文化之中国 ……………… 杜全清清　宗思源　273
共享，让世界更美好 …………………………………… 赵奥博　276
文润人心，文化天下——文化的力量 ………………… 赵露红　278
文化力量的铸就，需要我们每一个人 ………………… 彭金萍　280
皮影艺术：我们该如何面对失去 ……………………… 杨嘉琪　282
嗨，我从这里来 ………………………………………… 张轩瑶　284
观乎人文，以化成天下 ………………………………… 赵晨琰　286
世界那么大，我们都是苦行僧 ………………………… 李　静　288
家有一老　如有一"宝" ………………………………… 王　蕊　290
软文化　硬力量 ………………………………………… 肖　鸿　292
前行的光辉 ……………………………………………… 杨汝佳　294
文化为魂，载道树人 …………………………………… 张　琪　296

年度总决赛　改革开放说

40年前,一场会议的胜利召开,标志着一个新的时代拉开了大幕。从此,"改革开放"这个词语,开始进入人民的视野,全面改变着中华大地的风貌。

谁会想得到,40年的历程会如此波澜壮阔,可歌可泣;40年的成就会如此辉煌灿烂,惊天动地。

是的,我们没有想到,但是我们做到了。

在中国共产党的坚强领导下,全国人民就这样做到了。

于是,人类历史上参与者最多、成就最大的史诗诞生了。中华民族长久以来的梦想——小康社会就要全面建成了;中华民族伟大复兴的中国梦快要实现了。

踏遍青山人未老,风景这边独好。

生逢其时,我们自豪,我们骄傲;身在其中,我们开心,我们欢呼。

居安思危,我们要冷静,要思考,要回顾,要畅想,目的是努力走好未来的路,争取更多更好更大的创造。

作为新时代的追梦者,我们要分享所见、所闻的改革开放故事;作为新时代的圆梦人,我们更要畅谈对"两个一百年""四个伟大"的所思所想。

"新传青年说"2018年度总决赛的舞台上,15位月赛优胜者将齐聚一堂,各展所长。

一场故事的盛会,必定会精彩纷呈;一场智慧的交锋,必定会火花四溅。你可以从多个维度讲故事:可以讲述你家庭的变化,村庄的发展,社区的进步;也可以谈我国某一行业、某一项事业的发展变化;更可以谈国家、社会的巨变。

2019年1月8日,让我们齐聚图书馆四楼第三报告厅,聆听15位最会讲故事的传媒学子的精彩演讲,共同纪念伟大的"改革开放40周年"!

感恩大时代,敬畏小人物

张 远

穆青新闻实验班2017级本科生

"十有五而志于学,三十而立,四十而不惑",转眼间改革开放已经走到了不惑之年。从食不果腹、衣不蔽体,到第二大经济体;从徘徊迷茫、摇摆不定,到在中国特色社会主义道路上坚定前行。一路走来,这个国家给了我们太多惊喜。小人物的命运依托于大时代的发展,所以我们感恩。那对小人物"敬畏"二字又从何而来?我认为,其实就是三个关键词:机遇、眼界、信任。

前一段我参加了非洲中南屋的远程调研项目。中南屋在外交界被称为"南",聚焦于帮助中国企业走出去、中非关系等,调研成果直接服务于两国政府和"一带一路"倡议。在鼓励中国企业和青年走出去的背景下,我国政府为中南屋提供了资金、政策等方面的支持,致力于将其建设为中国与非洲之间的公共外交桥梁。

在调研项目中,我获得的绝不仅仅是那张参与证明和推荐信,也绝不仅仅是那些市场调研的理论知识,更重要的是我从对来自坦桑尼亚留学生的采访中看到了非洲人眼中的世界;我从同组的小伙伴身上看到了一种放眼世界的国际情怀。

所以,改革开放提供给了我们什么?两个字,机遇。大家可以去查一下国家留学基金网,上面列举了国家在改革开放政策下为每所大学提供的对外交流项目、供选择的高校,手机截屏就有三页之多。包括之前年级会上讲到的香港和台湾的大学生交流计划,其实都是改革开放在每一个城市、每一所高校、每一个人身上的体现。不断规模化、规范化、市场化的留学基金为2700万大学生提供了走出去的机会。就像国家的"大众创业,万众创新",为无数青年人构建了实现创业梦想的平台,国家对中国大学慕课和智慧树的投资支持,让我们每个人都有机会享受到顶尖学校和顶尖老师的授课。改革开放对于人才的重视让无数年轻人有了"开眼看世界"的机会,而不囿于经济、地域等限制条件。这些改革和机遇让我们每一个追梦人听到梦想拔节生长,看到希望竞相绽放。

一个人的成才，除了机会，还需要什么？相信我们在座的，有很多是参加过暑期支教，或想选择去支教的同学。暑期支教，教的是什么？

近段时间在《奇葩说》中大热的詹青云，她每年都会前去贵州山区支教。她说，随着经济的发展，那些孩子不缺书本不缺纸笔也不缺勤奋，他们缺的是一份"走出大山"的意识。她能够走出贵州的小山村去香港上大学，是因为自己的努力，也因为香港高校开始在贵州招生，但是她踏上这条路，拥有突破原生环境的这个念头，是因为在那个小山村所有人都告诉她"女孩子干得好不如嫁得好"的时候，她邻居的伯伯阿姨，两个来自于上海的知识青年，告诉她"知识改变命运""要走出去看看外面的世界"点醒了她。

所以，改革开放还可以带给我们什么？眼界。大家都熟悉的《哈利波特》中，邓布利多曾经告诉 Harry，人生中的很多选择其实都不是在"the right way"和"the wrong way"之间进行，而是"the right way"（正确的）和"the easy way"（便捷的）两条道路的选择。我国政府制定的《边远贫困地区、边疆民族地区和革命老区人才支持计划》，主导的中国青年志愿者研究生支教政策等，告诉孩子们的是，相较于在家乡结婚生子过规划好的一生，这条相对便捷的道路，也就是我们所说的"easy way"，"坚持读书，走出大山"这条路尽管布满荆棘，但却能给你带来更多的成长和更大的世界，带给你更加精彩的人生。这种在人生的岔路口做出正确选择的眼界，是一个人内在发展的原动力。这种对每个人内在发展原动力的重视，其实就是对每一个平凡个体的敬畏。

2018年暑假，郑州大学新闻与传播学院"三下乡"实践服务队赴驻马店泌阳县闫洼村进行调研。当地的扶贫，除了直接的金钱支持，更是在发展水果玉米、水果萝卜、白玉蜗牛等产业的过程中，鼓舞了当地村民自力更生，通过自己的双手脱贫致富。这只是我国扶贫政策的一个小缩影。在国家扶贫政策中，不论是产业脱贫、转移就业脱贫还是教育扶贫，注重的不是直接的金钱给予，而是给当地人一个自力更生，用自己的双手去创造财富、改变命运的机会。我们的扶贫，给予的不是施舍，而是尊严。我们的精准扶贫，不仅是每年1000多万农村贫困人口摆脱贫困，而是在惊人的速度与成就背后，把其中每一个人真正地当作人而不是简单的对劳动力的相信与尊重。

授人以鱼与授人以渔。两者的区别是什么？一者给予的是同情，同情你没有鱼；一者给予的是相信，相信每个人都该得到机会去捕鱼，也相信每个得到机会的人，都可以捕到他自己的鱼。在我看来，改革开放其实更像是授人以鱼与授人以渔的结合。它给了我们机遇，更给了我们更深层次地学会选择和抓住并创造新机遇的眼界，及对我们平凡和普通的个体都能把握住机会的信任与尊重。

40年岁月如歌,40年砥砺奋进。机遇、眼界与信任,是改革开放对我们每一个平凡小人物最真诚的敬畏,也是这个时代送给每一个中国人最好的礼物。

改革开放,一束照亮梦的光

吴鸿瑶

穆青新闻实验班2017级本科生

几天前,我有幸采访了郑州大学文学院的樊洛平教授,她亲眼见证了改革开放40年的历程,并有幸成为恢复高考后第一批步入大学的人。

1976年,樊洛平还是一名普通的中学教师,恢复高考的消息传来,她跃跃欲试,可学校怎么也不同意。樊老师说,她没有把握未来会怎样,但是内心的声音在召唤她:无论如何都不能放弃这次机会,要争取高考。

于是,樊老师边忙工作,边利用晚上的时间复习。高考停招十年,复习资料几近于无,过去那点数理化知识也还给了老师。仓促之中,她选择了文科方向,找高中同学借来零星的复习资料,晚上下班后,她就在办公室抄写,常常忘了吃饭,手也抄得生疼,但必须赶着抄完,因为第二天要还别人原件。

在报名的最后一天,樊老师终于做通了学校的工作,和全国570万考生一起,走进了这次历史上录取率最低的高考考场。

1978年3月6日,作为恢复高考后的第一届大学生,樊老师跨进了郑州大学的校门,成为中文系的一名学生。毕业后她留校任教,至今已近三十七年。

樊老师告诉我:"改革开放就像一束光,照亮了那个时代,照进了或茫然或躁动的年轻人的心里。"改革开放给她带来的不只是知识的深耕,更是命运的改变。

不久前,《冰点周刊》登出了一篇文章,名叫《这块屏幕可能改变命运》,不少人看得热泪盈眶,它讲述了一根网线改变了贫困偏远地区教育方式的故事。200多所学校跟随成都七中平行班直播上课,有的学校出了省状元,有的本科升学率涨了几倍甚至几十倍。

我也是来自国家级贫困县的孩子,当大城市的孩子享受周末,投身各种兴趣班时,我们只能过着早上五点半上早读,晚上十点下晚自习,周末全用来考试的生活。翻倍的努力却很难换回学校翻倍的本科升学率,我深切地感受到,这有多么不公平。

　　《冰点周刊》的文章发表之后,迅速引起了人们的热议,许多人直言:"如果重回高中,我想要这块屏幕。"幸好,物质生活水平的提高,带来了教育方式的改善。我和这些贫困地区的孩子们一起,成了改革开放的受益者。2017年9月,我通过高考来到郑州大学新闻与传播学院,从此,我离我的新闻梦越来越近了。我相信,未来会有更多的孩子因此受益。

　　改革开放,是一束照亮梦想的光,照亮了我,也照亮了无数和我一样心怀梦想的年轻人。因为改革开放,我们敢想敢做,敢为敢闯。

　　2018年是改革开放40周年,12月初,在郑大新传院领导和老师的带领下,我们班一行踏上了北上的列车,参观了在国家博物馆举办的"伟大的变革——纪念改革开放四十周年大型展览",一幅幅历史擘画、一件件文献实物、一个个科技模型,将改革开放带来的巨变呈现在我们面前,我们感到无比震撼。

　　在40年前的中国大地上,改革开放的革命之火开始燃烧,以燎原之势红遍大江南北,粹炼出的是一个富强民主文明和谐美丽的社会主义现代化强国。在中国共产党的带领下,改革开放春风吹响"一带一路",改革开放乐章奏出"中国好声音",改革开放成果汇聚成"中国方案"。

　　改革开放就像是一束光,照亮了中华民族伟大复兴的中国梦。

　　乘风破浪潮头立,扬帆起航正当时。新时代改革开放再出发,我们要以更坚定的信心、更有力的措施,把改革开放不断向深推进。相信,我们不仅能赢得中华民族的光明未来,也一定能够同世界各国人民一道,争取人类更美好的明天。将改革开放这束光,照亮青年梦想,照亮中国大地,照亮整个世界。

一张记者证，两代新闻梦

许荣光

新闻学专业2017级本科生

我想从一张图片"爷爷的记者证"，开始我今天想要讲述的故事。

1984年，中国改革开放的第六年，经济体制的改革让原本依靠行政干预发行的报刊、报纸，变成了自办发行模式。面对没有人主动订报纸的困境，刚被提拔为平顶山日报叶县记者站站长的爷爷，主动骑着自行车到每一个村镇去征订报纸。

当时与爷爷一起工作的同事，在日记里这样记录他们当年的送报生活：

每天早晨，早早吃罢饭，行三十多里路才能将报纸接回，再折回头送。若遇风雨天，往往一天干的活，就需三四天来做。

早几年，雨多雪多，往往一场接一场。走的是结了冰的一尺来宽的小道，跟头摔得已经没有知觉了。有一次，雪厚不能骑车子，当我接着报纸时，已是下午3点多了。折回头，雪随北风来，纷纷扬扬，睁不开眼，看不清地与路的界限，一不小心，掉进了深沟。脚脖扭伤了，坐在雪地揉搓着喊痛，好在周身冒汗不知冷。天黑时，路过的一个叫江玉亭的大哥将我背到了他家，又折回头背回了我的车子、邮包，这份情谊，我永生难忘。

除了送报纸，沉重的采访报道任务也压在爷爷的身上。有一年，河南遭遇洪水，爷爷坚持在一线抗洪抢险和采访，却顾不得他自己家所在的小村庄也处在洪水包围之中。当爷爷夜晚工作之隙回家探望时，才知道妻子带着年幼的两子一女拉着架子车，装着粮食和锅碗瓢盆在高处的寺庙里躲避洪水，一直在焦急地等待他的消息。

工作40年，爷爷在一个地市级媒体的工作岗位上，发表了1000多篇新闻报道，文章两次登上《人民日报》《光明日报》的头版，被评为报社40年建设功臣。

退休后,单位给爷爷奶奶分配了城市住房,工资不停地涨,我们每家每户都有了小轿车,但如今已经八十多岁的爷爷依然闲不住,在他卧室的工作台上,挂着一张小学生学习汉字的拼音表,十多年时间,他对照着这张表,将自己一生发表的新闻稿件一字一字在电脑上打出来,写出了三十多万字的作品集《我的新闻稿件选》。

在这本书里,大多数文章写的都是凡人小事:春面馆长春长在、好继母马金花……一个个平凡人的生活在爷爷的笔下熠熠闪光,那种流淌在笔尖的质朴情感,从小便深深地影响了我。

2017年8月的一天,我收到了郑州大学新闻学专业的录取通知书。那天,最开心的是我爷爷。

"小光啊,爷爷没上过大学,我的大学愿望你替我实现了啊!"这是爷爷对我说过最多的一句话。

"咦咦咦,你瞅瞅你爷爷,牙都快没有了,还笑成那样。"每次爷爷这么说,奶奶都会这样笑着说爷爷。

我深深地知道,这一张录取通知书在我心中的分量。

大一寒假,我一个人来到爷爷当年工作过的新闻单位,当了一名实习记者。我刚去的时候,新来的新闻中心主任看到我,拍拍我的肩膀说道:"小伙子,你才大一跑过来干嘛?你就待在这里整理整理录音,扫扫地吧,别乱跑了。"听到这些话,我特别不服气,拿起单反相机下乡采访。一个星期后,一篇题为《邵丰街,成了远近闻名的家禽集散地》的通讯报道发表在报纸的二版头条上。

那天,爷爷激动地打电话对我说:"干得好,好的新闻记者就要敢闯、敢干,为人民发声的!"

大一期间,我抓住所有的机会,去采访、写稿。我曾经看到,两个农民在政府的帮扶下创办公司,带领大家致富的奋斗故事;一位种了一辈子田的老农民,分到住房时激动地流下眼泪;大山深处的孩子可以到新修建的学校学习时,眼神里那份深深的期待和渴望。我也始终用我的文字和镜头,讲述平凡人的故事,传递真实的情感,记录着这个社会的发展与变迁。一年里,我在新华网、央广网、《中国青年报》《科技日报》《河南日报》《郑州晚报》《东方今报》《平顶山日报》等国家级、省级、市级媒体上发表了四十多篇新闻作品。

我每次发表作品,爷爷都会把稿件下载下来,并用信封装好,逢年过节我们去看他的时候,给我不厌其烦地讲述他当年的采访经历,聊一聊祖国经历的沧桑变化。

40年来,中国人民始终上下求索、锐意进取,开辟了中国特色社会主义道路。40年来,中国人民始终与时俱进、一往无前,在世界舞台上展现中国力量。40年来,中国人民始终艰苦奋斗、顽强拼搏,为实现中国梦的共同目标砥砺前行。而中国梦,归根到底是人民的梦,一个个忠于理想、敢于奋斗的平凡人的故事,记录着中国的变化,也成就了改革开放40年的辉煌历史。

　　我爷爷是一名新闻记者,他用自己的文字、镜头,记录了改革开放的点点滴滴和发展变化,而我作为一名新闻学子,未来也希望拥有自己的记者证,踏上新闻记者的道路,记录新时代的日新月异,繁荣昌盛。

　　一张记者证,两代新闻梦。变化的是时代,不变的是初心。习近平总书记说:"走得再远,我们也不能忘了为什么出发。"我们要传承祖辈、父辈在艰苦岁月里对自己事业的坚守与热爱,不忘初心,不惧困难,不断前行,为盛世中国的崛起贡献我们的一份青年力量。最后,愿我们都可以"脚下有泥,心中有光!"

"汇聚"的奇迹,我们共同见证

宗思源

网络与新媒体专业2018级本科生

一个月前,我坐上从郑州开往洛阳的高铁,回到家乡参加家庭聚餐。

席间我收到一条消息:青年说演讲主题"改革开放40周年"。

我盯着"40"这个数字看了很久,我抬头看着坐在主宾席的姥姥姥爷,又环顾四周,看着他们的子孙——"70后"的父亲母亲,"80后"的小姨,"90后"的姐姐,"00后"的我,还有"10后"的弟弟。

相隔整整40年。

我问大家:改革开放40年来最大的变化是什么?

姐姐看着刚买的手机说:"我小学用诺基亚,初中用步步高滑盖,你看现在,姥爷都用上了最新款的华为!"

小姨说:"你们俩小时候,都是吃米糊长大的,尿布都得姥姥姥爷一块一块地洗,现在小家伙的纸尿裤,堆得满屋都是,各种进口的奶粉,挑都挑不过来!"

父亲指着饭菜说:"我们小时候,一年到头就是酱油炒白菜,过年过节吃上一次雪里蕻炒肉末,香得满嘴流油!"

一阵热议之后,姥爷放下碗筷一字一顿地说:"这40年最大的变化,就是我们一家人能够团聚,老的少的还能汇聚一堂。"

"汇聚"这两个字,瞬间击中了我的内心,我终于找到了一个能够形容改革开放奇迹的词语——就是汇聚。

还是先从我姥爷的话题说起。我们的大家庭处于一个分散的状态,姥爷曾在非洲工作、姨夫在越南、小姨在深圳。由于交通不便,路费高昂,一年之中只有春节才能真正团聚一次。十年前,我们在绿皮火车上颠簸两天一夜去看望独自打拼的小姨;如今,分散在各地的一家人能在不到一下午的时间汇聚一堂。平时我们常常通过微信视频,一个小小的屏幕,汇聚了五座城市、十一口人,汇聚了四面八方的关怀和远隔千里的思念。是交通与通信工具的飞跃式发展,缩短了人们之间的距离,汇聚了天南海北的情谊。

文化的汇聚是改革开放带来的又一大奇迹。母亲常跟我讲,从前电影是稀罕物,几部黑白电影反过来倒过去地在村口放映,那时是70年代。在父亲当兵的时候,几本被战友们抢着看的金庸小说支撑着他的整个军旅生涯,那时是80年代。余华第一次在北京看到伯格曼的《野草莓》时,激动到在深夜步行数十里,那时是90年代。而今天,繁荣的文化环境为我们带来了世界文学、世界音乐、世界电影、世界美术,我们从"文化大革命"的满目疮痍到如今的人文荟萃,我们看到文化的大门已经向托尔斯泰、巴尔扎克、莫扎特敞开,我们看到像余华、莫言一样优秀的中国作家向世界走去,也看到顶级的文化产品在不断地向中国汇聚。

"汇"是一种力量的融合,而"聚"是一种士气与精神的容纳。

父亲的语文老师今年70岁,仍然毫不停息地行走在环球旅行的路上,前段时间我发消息问她40年来变化最大的是什么,过了一会,对话框弹出了两个字:汇聚。

我的脑海中忽然浮现出中国女排2016年奥运会夺冠时,全场观众挥舞着国旗呼喊沸腾的场景,电视机前的姥爷泪流满面,我和姐姐近乎疯狂地呐喊。历史的卷轴又将我带回到1981年,中国男排艰难战胜韩国,学子们欢呼游行,"团结起来,振兴中华"的口号响彻整个燕园。不到40年,我们将这8个字的旗帜高高地树立在国家的脊梁上,鼓舞着整个中华大地。我们的中国心不断汇聚,2003年,非典爆发万众抗争;2008年,汶川地震上亿国民和衷共济;2012年,钓鱼岛事件,群众联合抵制日货;2018年,南海仲裁,全网高喊"不接受、不参与、不承认、不执行"。有人在网上问:"为什么中国的凝聚力越来越强了?"下面有这样一条回复:"我们70年代出生的人,一直见证着一天比一天好的日子,见证着从冬天只能吃大白菜配豆腐到现在的全球第一工业国,怎么能没有凝聚力?"不仅是"70后",如今的青年,即便没有见证改革开放的历史,也同样深切地热爱并坚信自己的国家,看完"战狼2"的我们,无一不热泪盈眶,看完中国GDP 40年巨变的视频,我们又热血沸腾。我意识到,改革开放,释放着不可思议的中国力量,汇聚着14亿的中国情怀。

在这超越时空的40年里,高铁、互联网汇聚了人来人往的距离,繁荣的书籍电影汇聚了灿烂的文化,国家的繁荣和民族的自信汇聚了人心,而这一切改革开放的奇迹,又汇聚了全世界的目光。

1921年,我们被迫躲上小船,今天小船已变成了航母,正驶向世界的海洋;1945年,我们说,终于完成了对日寇的最后一战,今天,中国以强大的综合国力维护着世界和平;1982年,我们说,要实现经济翻两番让人民过上好日子,今天,我们不断刷新着小康纪录;1992年,我们说,社会主义也能搞市场经济,今天,市场还给中国一个奇迹。40年前,我们说改革开放,要到世界看看,而今天,全世界正在看向中国!

作家余华曾说:"一个西方人活400年才能经历这样两个天壤之别的时代,一个中国人只需要40年就经历了。"

改革开放向我们这一代青年展示了饱经沧桑的面孔,永不言弃的前辈,又带给我们一些霞光,让我们了解一段"汇聚"的传奇。

我深知,这短短8分钟的演讲远远不足以描述一个时代,但我知道,这个时代从不辜负人,它总是磨炼我们,又给我们以奇迹,改革开放依然没有成为历史,世界如此之新,一切都在进行中!

喜看稻菽千重浪,遍地英雄下夕烟

钱博宇

穆青新闻实验班2016级本科生

我们生于90年代末,改革开放的后半程。从我们记事起,我们看到的都是祖国辉煌的事迹,而在这背后的,那些改革开放艰苦奋斗的故事,我们却不得而知。

每当这时,我就很庆幸自己作为一名新闻学子,一名学生记者,能够有机会,去看看那些时代角落里不断前行的人们,去看看这些年,我们究竟走了多远。而今天,我给大家,带来两个故事。

潘华,从2017年11月7日开始,被郑州大学选派,到河南省驻马店市泌阳县双庙街乡闫洼村,担任驻村第一书记,在那里开展定点扶贫工作。

2018年7月,我有幸作为三下乡代表队的成员,来到了这个有些偏僻的小村子。潘华书记到村头迎接我们,在前往住处的一路上,村民们都热情地跟潘华书记打招呼,而潘华书记,也很亲切地回应着他们"老王,今天腿怎么样?还疼吗?""林叔,咱家烟叶收成怎么样啊?""小李,房子修好了没有啊?用不用我再找人帮你看看?"

我当时惊讶地发现,每走过一户人家,潘华书记都能清楚地叫出他们的名字,不仅如此,就连他们每个人需要什么,有什么困难,他全都深深地记在心里。

潘华书记说:"驻村不是摆样子,而是实实在在为群众办实事、解难题。"他从没有忘记自己的使命,在村子里一年的时间,潘华书记倡导村民种植水果萝卜、水果玉米,养殖白玉蜗牛,并请专家到现场为村民做指导,而闫洼村的村民们,也在这样的领导和指导下,迎来了一个丰收年。

除了帮助村民产业脱贫,潘华书记平日的工作还有很多,过年过节给每家拍个合影;村里边有人生病了,开车带他们去县城看病;农忙的时候撸起袖子下地帮村民干活。这些,都是潘华书记日常生活里,最平常的一部分。

有一天,我到村部找潘华书记,一进门,就看到他小小的屋子里堆满了方便面,他有些不好意思,像孩子一样尴尬地笑了笑说:"刚到村里的时候,吃饭吃不习惯,就买了好多方便面,到后来,习惯是习惯了,可每天工作太忙,有时候来不及,就吃碗方便面,吃完了,就赶紧再回去干活。"

我们离开村里的前一天,潘华书记为了能把"闫洼故事"这个公众号做好,半夜把我们叫到村部,让我们教他推文,他趴在桌子上,一步一步地记录着,我想我一生都忘不了那个有些佝偻的身影,因为这个身影,在改革开放的道路上,在一个几乎被遗忘地方,奉献着自己的青春。

我们离开闫洼村不久,一天早上,我的手机突然响了一下,是闫洼故事又有了新的推文,我看着那篇推文,笑了。我知道,那个有些偏远的小村子,一定会越来越好,因为在那里,有一名驻村书记,叫潘华。

不知大家是否还记得,2015年中国海军也门撤侨事件?我的大姨,就作为中国派也门驻外医疗队的成员,亲历了那一场和平年代里的枪林弹雨。

那是我大姨在也门进行援外医疗的第二年,也是本就战乱不断的也门,战事彻底爆发的一年。

大姨所在的萨那,很快被满天的硝烟和战火笼罩,原本安静祥和的驻外生活,瞬间被打破。那些天里,我们联系不上大姨,在她偶尔打来的电话里,轰鸣的炮火,砰砰的枪声,也把她哽咽的声音,完全遮盖住了。

大姨说:"在那一段时间里,他们甚至不敢睡觉,因为随时都会有流弹打进他们的院子,炮弹轰的一声炸开,曾几次把住所的玻璃都炸得粉碎。"在和平年代长大的大姨,整天以泪洗面,她不止一次拿着前几年照的全家福,大哭着说:"这家,我是回不去了。"

可后来,一切都变了,我大姨他们接到中国驻也门大使馆的通知,通知上说,中国军舰很快就会抵达亚丁湾,中国解放军,来带我们的同胞,回家!

在他们前往港口的路上,鲜艳的五星红旗,一路都在为他们保驾护航,当中国军舰缓缓停靠在亚丁港,当"祖国派军舰接亲人们回家"的横幅渐渐清晰时,当岸边的人们纷纷呼喊"祖国万岁"时,大姨拼命挥舞着手中的五星红旗,泪水不断从眼眶中涌出,她知道,祖国,来带她回家啦!

在各国滞留也门民众羡慕的注视中,中国护照,成了远离这个危险地方唯一的通行证。中国,就是不论你在哪里,只要你有危险,他一定会披荆斩棘,带你回家。

其实,在我们改革开放的进程中,在每个平凡又伟大的岗位上,有无数个潘华书记这样的人,在日日夜夜为时代的进程付出自己全部的心血;也有无数驻外医疗队和驻外军队那样的人,不顾自身的安危,在世界的每一个角落,喊出中国声音,亮出中国色彩,树立起一片又一片振奋人心的中国形象。正因此,我们的国家才得以不断前行;正因此,在危难之时,我们的国家才能有魄力、有实力,过五关斩六将,来带孩子回家。

40年,40年卧薪尝胆,40年砥砺前行,40年奋发图强,40年携手并进。站在历史的新起点,我愿回首凝望,那过往的车辙印记里,无数英雄在历史的长河中留下的万股绝唱,喜看稻菽千重浪,遍地英雄下夕烟。

精准扶贫,筑梦未来

焦 洋

广播电视学专业2016级本科生

2018年暑假,在新传院的统一安排下,我有幸参加了河南省精准扶贫调研活动。能够深入一线调研,我很兴奋。因为我终于有机会近距离观察贫困村的现状,进而了解国家扶贫攻坚所取得的成就。在调研中,我走入多个贫困户的家庭,聆听他们的故事,今天,讲给大家听。

我调研的第一户,是在许昌的长葛市。当我抱着资料来到72岁的刘大爷家时,他颤颤巍巍地领着我径直走向侧院,话语间难掩激动:"来,闺女,来看看我家的羊!"在清晨阳光的抚慰下,几只可爱的小羊咩咩叫着。刘大爷感慨道:"咱这身子老了,却一天比一天过得好了。别看我的羊不大,养到过年卖了,都过得挺滋润。"在贫困村,像刘大爷这样的独居老人还有很多,家人离去,疾病缠身,本以为日子没法过了,但自从被认定为贫困户和五保户,不仅有补助,更有专门的负责人来帮扶,日子过得平静温和。

另一段难忘的经历是在驻马店的上蔡县,还没入户,我就已经被冲过来的孩子们包围住了。小雅、轩轩、朵朵、佳睿……每一个名字,现在我都还能叫得出来。佳睿的妈妈骄傲地带着我去她家参观那面红得耀眼的墙。那一刻,我真的被震撼到了,满墙的奖状,每一张都是佳睿辛勤学习的勋章。佳睿羞涩地笑着:"我在学校每天都能吃到爱心餐,有鸡蛋和牛奶,我感觉,我能长个大高个。"自从我国实施了九年制义务教育,加上高中贫困生补贴、课本补助费等补助措施,整个村子的孩子都能上学了。我离开的时候,轩轩和朵朵还在院子里写作业,看着她们认真思索、稚气又坚定的眼神,我感到何其有幸,我们生活在这个"教育普及,每个人都有机会学习的年代"。

在丰收的季节,我们来到了周口市扶沟县,满城的金黄,遍地的火辣,放眼望去,那一树一树的杏黄和粉红……整个扶沟县都洋溢着喜悦欢愉。张大姐掰开她们家刚摘的石榴,透亮的石榴子个顶个的饱满,她笑呵呵地讲着:"在我们这儿,玉米、辣椒都是扶贫产业,石榴和杏子大家也种,政府给发补助,老天也出力,风调雨顺。"张大姐一家的四亩半地,全部都种了高产高收的经济作物。忙碌的农活给人们带来的不只是丰收的硕果,更是踏实努力、恣意生活的奋斗状态。

老有所养,幼有所学,长有所为。这三次调研活动结束后,我一直念叨这句话,在扶贫政策的照耀下,百姓们充满信心的真实生活,生动地诠释了这句话的内涵。这正是国家扶贫开发政策的意义所在。

改革开放40年来,我们国家也在不断探索扶贫的真谛。

扶贫,既要广泛普及,更要精准到人。"精准"二字,一改之前的"粗放"弊端。因地制宜、分类指导,对扶贫对象实施精确识别、精确帮扶、精确管理。一句话,谁贫困就扶持谁,做到真扶贫,扶真贫。

扶贫,既要尽心尽力,更要有科学的方法:必须改变过去单纯依靠"输血"做"加法",我们要瞄准"造血"做"乘法",把产业扶贫作为"治本之策",通过提供技术指导和资金补助,让贫困村自己富起来。

感谢难得的机会,让我以一名调研员的身份,能够深入扶贫一线,去了解改革开放40年所创造的人民福音。每一户家庭,我听到的是不同的扶贫故事,却感受到他们对国家同样的感恩;相隔万里的土地,我遇到的是不同的扶贫措施,却看到他们同样喜人的扶贫效果。

改革开放40年来的努力,为的就是我们中华民族有一天可以完完全全地摆脱贫困的梦魇,让每一个人都能在"站起来"的基础上做到"富起来"。而精准扶贫,就是我们全面建成小康社会、实现中华民族伟大复兴"中国梦"的重要基础。时刻期盼着我们脱贫攻坚战胜利的那一天,让我们共同为此努力:精准扶贫,筑梦未来!

曾经的年轻人

王佳轩

网络与新媒体专业 2017 级本科生

年轻是活力,是动力,是蓬勃生长的力量,是改革开放一项项大事业中极为重要的推动剂。他们燃起火把,他们传递希望,他们筑起栋梁。下面,我将为大家带来这么一组年轻人的故事。他们在自己人生的舞台上焕发夺目光彩,同时,也是生活在新时代的我们,尤其是当代大学生学习的榜样。

第一个年轻人,让中国科学,更有力量!

让我们把时钟往回拨,拨到 60 年前,一起去认识这样一位朋友。那时候,他还是一位三十而立的小伙子。当时他正在苏联留学,接到了一封来自清华大学的电报。电报上写着,因为国家急需人才,所以要求清华大学尽快成立工程力学数学系。就这样一封电报让他放弃了在那个年代非常珍贵的,并且是即将到手的博士学位,坐了六天六夜的火车从莫斯科回到了北京。2018 年已经 91 岁高龄的他这样评价这次选择:"当时我出国就是国家让我出去学习,我现在回来只是履行了我的承诺,做人要讲诚信啊,而且我在国外做的是工程力学,回国还是做工程力学,这是我的老本行,咱们中国人就要敬业!"这位当初放弃了博士学位的年轻人就是固体物理学家、清华大学工程力学教授黄克智先生。到 2018 年,他已经为祖国健康工作了 60 年。

第二个年轻人,让中国精神,更有担当!

有一个岛叫开山岛,距离大陆有 12 海里,是中国的海上东大门。小岛只有两个足球场那么大,但战时是兵家必争的黄海前哨,战略要冲。1986 年 7 月 14 日,开山岛迎来了新的主人,他叫王继才,当时岛上狂暴怒吼的风把王继才逼到了营房的一角。整宿失眠,环境非常恶劣。47 天后,他爱人王仕花登上开山岛来寻找她的丈夫,可是最后只找到一个胡子拉碴、浑身臭味的"野人"。他的爱人非常心疼,说别人都不守,咱们也不守。但是王继才说,要走你走,我决定要留下来。他把妻子送上了船,等船走远了,他自己才坐在岸上放声大哭。接下来的二十多天,他的爱人王仕花其实也经历着非常激烈的挣扎和煎熬。最后她狠下心辞去自己的教师工作,把两岁的女儿托付给婆婆,收拾了铺盖,来到了开山岛。从那一刻起,他守着岛,她守着他。直到他生命的最后一刻。

32年,一口水窖,4座航标灯,数十颗被吹歪的树,200多面升起的旧国旗。这些构成了王继才所有的守岛岁月。他的爱国奉献精神,已成为新时代奋斗者的价值追求。这,就是时代楷模的力量。它让我们的中国精神,更有担当。

第三个年轻人,让中国山水,更加芳香!

我问大家一个问题:你们种过树吗?你们在沙地上种过树吗?像我们这么年轻的时候,陈彦娴和她的伙伴们在塞罕坝的沙地上种树,而且一种就是一辈子。塞罕坝自然条件非常艰苦,冬天上山的时候,男同志只能坐在雪地上进行采伐,女同志把他们伐下来的废木和枝柴用大麻绳子捆好以后拖到山下。要想把枝柴拖到山下,她们要使出浑身的力气,他们的肩膀被大麻绳子磨出了一道道血印子,身上的衣服都刮出了棉花。汗水湿透了棉衣,棉衣又结成冰甲,走起路来哗哗作响,但是让她们骄傲的是,她们打破了塞罕坝林场没有女同志上山采伐的历史。现在50年过去了,当年的小树已长成了大树,当年的茫茫荒原,已经变成了百万亩林海。她们完成了国家交付的任务,堵住了黄沙,含蓄了水源。种树对她们来说,已经不是工作,而是生活;保护环境不是任务,而是责任;尊重自然不是口号,而是行动。盛世兴林,泽被后世,绿色发展,利在千秋!

这不只是几个简简单单的年轻人的故事,更是我们中国年轻一代的缩影和未来。这些年轻人成了时代的楷模,引领着这个时代青年人的三观与人生选择。谱写出了每一代人的前赴后继,每一个脚印的曲折前行。

当然,我们这一代年轻人更加幸运,因为至少,我们没有经历过贫困。这份幸运来自哪里?是偶然吗?是巧合吗?都不是。我认为这份幸运来自40年前那样一个伟大的决策。现在有很多人都在问幸福是什么,我想于我而言,幸福就是有选择,我们有机会选择去过什么样的生活,我们有机会去选择要成为什么样的人,而这个时代给了我们太多的可能。改革开放40年的发展与腾飞,在满足了我们物质需要的同时,也让我们开始去思考人生的价值和梦想的意义。如今,中华民族正在展翅腾飞的路上,而你我有幸,将见证这场万里长风,声声金鼓,千秋伟业,梦展宏图的盛世。一次次思想解放,一代代接力前行。推开大门不停步。改革开放,永远在路上!

那么,我们作为新时代的年轻一代,更应该想想怎么接好这一棒。与时代同心、同力、同行,在为人民利益的不懈奋斗中,绽放青春光芒!

日新月异40年,不变的是初心

缪怡然

新闻学专业2016级本科生

提起改革开放,大部分人可能会说的第一个字就是"变"!是啊,变,变得天翻地覆,变得迅雷不及掩耳,变得目不暇接。

我国国内生产总值从3645亿元跃升至82.7万亿元,我们只用了40年的时间。在这40年里,我们铸就了一部令世界瞩目的家国巨变的辉煌史诗。

今天,我想给大家讲述的就是这日新月异40年里那些代代相传不变的东西:初心。

我首先想跟大家分享的是一名基层干部的日记。

今天跟着市的里医疗队去了因病返贫患者高庆华老人家中。去的时候他正坐在屋檐下听收音机,见到了我们几个,老人赶紧颤巍巍地站起来。当知晓我们来给他复查身体,老人激动得语无伦次,连声说道:"还是党的政策好啊!"等老爷子情绪恢复平静后,我们细致地给他测血压、心电图,进行了一系列常规的检查,又交代些服药的注意事项。临走的时候,腿脚不便的老人执意出来送,他说了一句让我们所有人都心酸的话:"送一送啊孩子们,我这一生无依无靠,我是打心眼里把你们几个当我自己的娃。"今天回来走在村里的路上,看着村子一点点地变化,欣慰而又感动,我们的工作能换来百姓的认可,再苦再难也值了。只是这心里头的疙瘩难解啊。驻村这半年来也就回家3次,女儿"十一假期"回家也没能见上一面,小姑娘下次回家要等到寒假了吧。也不知道我父亲的病怎么样了,一直也没能去郑州看看他。只是苦了这几个队员,都是三十出头的年轻人,得给他们鼓鼓劲克服一下心里头的儿女情长,不能人在曹营心在汉啊⋯⋯

其实这篇日记的作者就是我的爸爸,他是一名普通的基层干部。从今年的2月份,他和几名同事成了尚河村的包村工作队员,正如他所说的那样,半年来他就回家过三次,就连我爷爷因为胃癌到郑州住院,完全不能进食,只能靠输营养液,他都没能去看上一眼。

而事实上,爷爷和我爸爸一样是党的基层干部,是一名测绘工程师。爷爷今年91岁,经历八年抗日战争,四年解放战争,见证新中国从成立到富起来、强起来的整个过程,每当与儿孙聚在一起,爷爷说的最多的一句话就是"现在的生活真是想都想不到,想都不敢想"。后来我听爸爸讲了爷爷的故事:改革开放后爷爷返聘到县城建规划局。大别山麓峰峦叠嶂,地形复杂。用来测量的仪器信号时断时续。当时年过半百的爷爷背着沉重的测绘仪器上山,二十多年来爷爷用双脚丈量城镇的每一寸土地,孜孜不倦地追寻自己的测绘梦。完成了城镇总规、控规、专项规划,以及几十个新农村规划。见证家乡从破败萧条到改革开放40年后,成为全中国唯一同时拥有机场、高铁站、高速公路出入口的建制镇。爷爷最终也因为过度操劳,整个右胳膊已经完全不能用力,在七十多岁的时候硬是拧着一股劲逼着自己用左手绘制图纸。

我问爷爷和爸爸,有没有后悔把一生投入基层事业里,他们的回答大致相同:"能将自己的青春写进改革开放的历程,与国家共成长,无悔!"

而我,深受爷爷和爸爸的影响,高考填报志愿毫不犹豫地选择了新闻学专业,我下定决心,日后要成为一名有担当有使命感的新闻工作者,我要接好爷爷爸爸手中的接力棒。生逢这个伟大的时代,深感荣幸,更觉重任在肩!必定会用我的文字、镜头抓住每一个瞬间,用响亮的声音、翔实的事实和鲜活的事例,讲述改革开放进程中每一个波澜壮阔的故事。

你看,这就是国与家啊。是家风,是一个家庭里代代相传的信仰,爷爷教会爸爸,爸爸又教会我,对于这个国家,我们该有的责任与担当。40年,时光荏苒,岁月变迁,但庆幸的是,砥砺前行者还在,讲故事的人的初心也还在。很自豪,因为我、我爸爸、我爷爷,我们在党和政府的领导下,在改革开放40年征程中,我们家三代人都始终坚守属于自己的那份初心。

回看我们国家的40年,从邓小平同志"摸着石头过河"的大声疾呼,到习近平总书记"改革不停顿,开放不止步"的铮铮誓言,中国在接续不断地努力奋斗中,让改革开放这条伟大的道路不断向前。我们如何书写出这40年的奇迹呢?我想就是靠中华民族这代代相传的始终不变的初心。你、我,你我的家庭,全国4.3亿户家庭,13.9亿勤劳的中华儿女,团结一心,艰苦奋斗。改革开放一路走来,这40年,于国家是一段不朽的历史;于一个家庭是携手同行,风雨与共;于个人是人生芳华,无悔青春,更是永恒记忆。40年,乘风破浪;40年,砥砺奋进;40年,春风化雨;40年,初心不改。40年我们已经走过千山万水,未来依然要跋山涉水。

有一种人生叫自强

张 鹏

穆青新闻实验班2016级本科生

2018年暑期,我在电视台实习,主要进行精准扶贫的采访报道,虽然仅有短短一个月的时间,但着实受益匪浅。下乡采访的过程中,我认识了这样一个人,一个让我感动的普通人。

高占坡,辽宁省建平县哈拉道口镇双丰村五组村民,今年62岁的他有肢体四级残疾,只有小学三年级文化水平。妻子51岁,二级智力残疾,聋哑人,没有劳动能力;老母亲84岁,三岁时就因病致盲,现已瘫痪在床6年;老父亲已91岁,体弱多病,常年吃药,双亲都不能劳动且需要人照顾,家里连个像样的房子都没有。这样的一个家庭,里里外外全靠高占坡一个人料理,没人知道,拖着这个家,他还能再走多远,可他硬是用自己残缺的身体,撑起了这个家。

高占坡一家自2006年起开始享受低保,但是也只能维持全家温饱,生活举步维艰。2015年,他家被评定为建档立卡贫困户。虽然成了贫困户,可他是个不认穷、不认输的人。他没有等着政府管,靠着村里帮,要着补助活。命运没有给他翅膀,他却用自己的方式飞翔。

古话说,授人以鱼不如授人以渔,这句话用在高占坡的身上再合适不过,用习近平总书记谈精准扶贫的话来说,就是找准症结把准脉,开对药方拔"穷根"。2016年,当地政府针对其家庭情况,多次入户走访,帮助他想点子、谋出路,经过一番细致的研究讨论,村里建议他发展养殖项目。高占坡也根据自身实际情况,在对市场进行考察和分析后,最终决定发展养猪业。

创业是艰难的。由于缺少经验,猪的病死率很高,但他不气馁,向镇里畜牧兽医站咨询请教,向养猪大户学习,通过边学边实践,慢慢掌握了猪的饲养技术。通过自己全面掌握的养猪知识,他养的猪现在很少生病,个个膘肥体壮。经过几年的艰苦创业,起初350平方米的猪舍,现已发展为母猪5头,公猪1头,仔猪50余头的规模养猪场。

高占坡经常这样说:"自己富不算富,大家富才是真的富。"因为他觉得,自己现在能过上这样的好日子,不仅得益于党的好政策,还与乡亲朋友的帮助密不可分,所以高占坡的心里始终装着村里的困难群众。在他的带领下,村里有4户建档立卡贫困户相继发展养殖业,只要他们在饲养方面有不懂的地方来找他,高占坡都能第一时间到场,帮助解决问题。对于前来学习和取经的村民,他也毫无保留地传授技术和经验。

高占坡不善言辞,但是在采访的末尾,他告诉我们,截至今年年底,预计能够出售50余头育肥猪,除去成本,年净收入有7万余元,日子一天比一天好,2018年年底就能脱贫,往小康路上奔了。

改革开放以来,我国农村贫困人口大幅减少。从1978年到2017年,减少了7.4亿人。特别是党的十八大以来,农村累计减贫6853万人,也就是说,像高占坡这样的案例,平均每年有1370万人减贫。我特别尊敬高占坡这样的人,因为他的身上有一种精神,叫自强。

没有人甘于贫困,但很多贫困人口却由于种种不可抗拒的因素,陷入贫困中。虽然如此,他们中的很多人依然在努力,试图通过奋斗改变命运。

中国人是自强的。为了改变贫穷落后的面貌,40年前,我们开启了改革开放。我们自力更生,艰苦创业,摸着石头过河,中华大地上的无数人们,克服了无数个困难,创造了一个又一个奇迹。

短短40年,中国人民生活从短缺走向充裕,从贫困走向小康,现行联合国标准下的7亿多贫困人口成功脱贫,占同期全球减贫人口总数的70%以上。

"雄关漫道真如铁,而今迈步从头越"。2017年以来,党的十九大把脱贫攻坚战作为决胜全面建成小康社会必须打赢的三大攻坚战之一,以深度贫困地区脱贫攻坚为重点,做出全面部署,坚持精准扶贫、精准脱贫,确保到2020年我国现行标准下农村贫困人口实现脱贫,做到脱真贫、真脱贫。

久困于穷,冀以小康。这是中华民族的千年梦想,一定会成真!

改革中的改变

吴 静

新闻与传播专业2018级研究生

如果可以给改革开放40年加个注脚,我想加的是"改变"。今天,我想聊聊改革开放这些年来我爷爷的改变,想用平凡人的平凡事来反映国家不平凡的改革。

记得小时候,每次放假回家,爷爷总会骑着那辆二八自行车在镇上的路口等我,然后把我载到那家我最爱的烧饼店门口,买上几块钱的烧饼,我满足地坐在后座上,边吃着烧饼边听爷爷给我讲麦田里的故事,农村的奇闻逸事,还有别人家的孩子考上大学的励志故事……记得每天傍晚,爷爷总会骑着自行车从做生意的地方回到家,准时坐在电视机旁看《新闻联播》,照现在的说法,姿势还有点"葛优躺"。爷爷常说,小的时候,咱们照明用的是煤油灯,用久了鼻子里还会有很多灰,现在咱们都用电灯了;以前谁家买台黑白电视机,全村人都会跑到他家去看,现在几乎每家都有彩色电视机,有的人家里还有好几台电视机嘞;以前谁有个"大哥大"的手机谁就是大哥,现在手机基本上人手一部,俺都用坏好几部手机了。除了这些爷爷常讲的例子外,他还会讲他的算盘的变化,讲电表箱的变化,等等。最后他总能把话题绕回来,语重心长地告诉我们要懂得感恩,忆苦思甜。听爸爸说爷爷小时候吃过很多苦,他曾饿到吃过棉絮,也曾被老奶奶抛弃过……但是爷爷从来没有因此抱怨过生活,他总是微笑着对待身边的所有人,总是会告诉我们要感恩生活,要热爱国家。

一直以为爷爷的二八自行车会一直骑着,但是在2008年的8月8日,爷爷把他那辆比我年龄还大的二八自行车卖了,买了辆新的自行车。爷爷是个不善言辞的人,面对家人的询问,他没有多说什么,只是说了句:"今天北京在举办奥运会,开心嘛!"是啊,2008年8月8日,第29届奥林匹克运动会在首都北京隆重开幕。记得,我曾和小伙伴们为了贝贝、晶晶、欢欢、迎迎、妮妮哪个更好看而争得面红耳赤;记得,我因为在墙上画着奥运会的倒计时而被我妈臭骂……如今,北京奥运会已经过去10年了,我相信,大家和我一样,提起北京奥运会,还是会竖起大拇指,傲娇地说:"我的国,一直这么厉害!"

那场奥运盛会,见证了我们国家的成长,也记录了爷爷出行工具的变化。从二八自行车到新的自行车,爷爷在用他自己的方式来表达对北京奥运会的支持,表达对愈发强盛的祖国的热爱。

4 年前,我从高中生变成了大学生,爷爷接我回家的工具也变成了电动自行车,每次坐在电动自行车上,爷爷给我讲的内容除了那些我从小听到大的故事外,又增加了点新的内容。比如他开始跟我讲什么是"一带一路",什么是"疫苗立法"……除了这些,爷爷最常讲的还是农村的养老保险政策。他常说,咱村的老人从 60 岁开始已经能领养老金了,而且今年我和你奶奶的基础养老金已经涨到每人每月 60 元,听说农民的基础养老金还会涨嘞!虽然那会儿我对国家的政策不是很了解,但听着爷爷兴奋的声音,还是由衷地替他感到高兴。在外地读本科,最想念的还是家里的食物,爷爷为了让我吃到家里的东西,他学会了寄快递,而且还熟练掌握了各个快递的发货速度;而我为了能经常见到爷爷,就缠着爸爸给爷爷买了个触屏手机。于是,每次回家,我就多了一项任务:耐心地教爷爷怎么发语音,怎么开视频通话。现在他已经能够熟练使用微信和 QQ 啦。

前两天,爷爷用微信给我打了个视频电话。视频里,他用轻快的语气说:"俺刚看完《新闻联播》,听他们说,今年是改革开放 40 年,时间过得真快啊,这些年来,咱们国家一直都很重视农民的生活,这不,今年我和你奶奶的基础养老金已经涨到了每人每月 88 元了,一年下来,光是基础养老金都够我们买辆新的电动自行车了!"说完,我和爷爷都笑了……

2018 年是改革开放 40 周年,站在这里,回望过去,我看到了爷爷出行工具的改变,也从爷爷的描述中看到了农民生活的变化……这些变化的背后折射出的是改革开放以来我们国家的改变,呈现出的是一个欣欣向荣、充满生机与活力的国家。

40 载栉风沐雨,40 载春华秋实。改革开放如一把时间刻刀,深刻改变着中国,也广泛影响着世界。就在刚刚结束的"庆祝改革开放 40 周年"大会上,习近平总书记在讲话中指出:"我们现在所处的,是一个船到中流浪更急、人到半山路更陡的时候,是一个愈进愈难、愈进愈险而又不进则退、非进不可的时候。"所以,作为新时代的青年,应该认识到我们的改革不是速战速决的赛跑,而是不断爬坡过坎,永无止境的旅程,我们要在这趟改革开放的旅程中不忘初心,牢记使命,永远奋斗,向着实现中华民族伟大复兴中国梦的光辉目标继续奋勇前进!

教育，让理想照进现实

赵奥博

穆青新闻实验班2017级本科生

苏明娟，曾经的希望工程女孩儿，如今是共青团安徽省委副书记，致力于新时代帮扶贫困学生。还记得，她那双"我要上学"的水汪汪的大眼睛，让全中国人心灵震颤。1986年全国人民代表大会颁布《中华人民共和国义务教育法》，让我国的基础教育走上了法制轨道。可是，在贫困山区，却无法满足孩子们对上学的渴求。要知道，再穷不能穷教育，再苦不能苦孩子。因此，1989年由团中央、中国青少年发展基金会提出希望工程，让无数如苏明娟一样濒临失学的儿童再一次走上了求学的道路。

苏明娟说，希望工程改变了她的一生。如果没有它，自己就没有坐在教室里的机会，更不会有现在的美好生活。自希望工程实施以来，资助农村经济困难学生338万名，建设希望小学15 444所。这些数据，在中国是具有划时代的意义。40年前的中国，基础教育的普及率不足5%；而如今，我国已全面普及了城乡免费九年制义务教育，从根本上解决了适龄孩子"有学上"的问题。改革，让无数孩子享受到了受教育和成才的机会。教育，让她们的梦想更加接近现实。

既然受教育权是一种平等的权利，那么平等地享受教育资源，也是每个人的渴求。发展，会带来"差距"，让不同家境、不同地区的学生享受到不同的教育资源。可是，40年来，改革一直在路上。想必大家一定还记得，前不久那块刷爆了朋友圈的电子板吧？这块来自成都七中的板儿，连接了248所贫困的、教育资源非常缺乏的中学，而这些学校的学生则通过它和七中的学生一起学习和互动。这，给那些从来没有接触较好教育资源的学生创造了机会。他们逐渐赶上来，建立自信，并影响身边的同学，一起追赶差距，从仰望"天才"，到和他们比拼。16年来，7.2万名"远端"学生全天候跟随直播，一起上课、做作业、考试，并走完了高中三年，其中88人考上了北大清华，大多数人成功考取了本科。40年来的改革赋予我们机会，让每个人都能最大限度地享受优质教育资源，让被忽视的人也可以去创造巨大的能量。由技术填平那些鸿沟,让教育资源更均衡,让理想更接近现实。

如果说,谁是改革开放的最大受益者?我想那就是在座的我们了。40年前,邓小平说:靠空讲不能实现现代化,必须有知识,有人才,也正由此,改革春风吹到了高等教育。

正如前不久表彰的改革先锋100人所展示的那样,教育,让梦想照进现实,更为国家建设凝聚人才,积蓄力量。在这100人里,不少人受益于1977年高考恢复。曾经,他们怀揣着理想走进大学,接受高等教育。如今,学有所成的他们在各自的领域发光发热,为新时期的深化改革贡献着自己的力量。

可能,先锋们的故事有些遥远,还是来谈谈父辈们的故事吧。我的父亲,来自一个普通的农村家庭。对于他而言,考大学似乎是个遥不可及的梦。好像,成人后接爷爷的班去种地才是唯一的出路。

后来啊,不愿一辈子待在农村的父亲逐渐走出农村,走向城市。就这样,他由务农转到了务工。受益于成人高考的他,自学考上了本科,考取了国家一级建造师。去年,由他主持建造的恒大绿洲项目,荣获中国建筑界最高奖项——鲁班奖。父亲是我的榜样,他以实际行动影响着我。大学的梦也开始在我的内心生根、发芽。经过十几年的学习,我能够被郑州大学录取,考入穆青班,来到这个舞台上和大家相见。父亲说,恢复高考的最大意义是给渴望改变命运的年轻人以希望。它,让理想照进现实。让你感觉到命运掌握在自己手里,你有未来,这是最重要的。

可以说,改革开放40年,让教育拥有更高质量,更加公平,更有特色。而教育飞速发展的40年,让我们比任何时候都接近梦想。我们,生逢其时。作为受益者,需要我们"担大任、行大道、成大器"。

回首过去,不难发现。教育,改变的不仅是一个人的命运,更是一个国家的未来和希望。如今,改革开放40年,教育迈入历史新征程。2018年9月10日,党中央召开全国教育大会,谋划教育改革发展的宏伟蓝图,全面推进教育现代化,建设教育强国,办好人民满意的教育。

相信大家听了我的分享,对发生在你我身边的教育会有更多的了解和自己的看法。要知道的是,教育很大,但也很小,关乎我们每一个人。以上的种种,只是改革开放中教育的缩影。毋庸置疑的是,40年来,时光有我们,教育有我们,改革有我们,中国有我们。作为国家的未来、民族的希望,我们在教育的帮助下,理想终会照进现实。

这,是最好的时代。在这里,有你、有我、有大家。未来,改革仍在继续,开放永不止步。伟大复兴的中国梦、砥砺奋进的新征程,扬帆启航正当时!未来,看我们!

青年人的"穷"和"富"

赵子安

广告学专业2017级本科生

我想问大家一个问题：大家觉得现在最穷的人是谁？

关于这个问题，有一个很得人心的回答：大学生。

看看这些年的流行语就知道啦，想买的东西太多，于是我们发明了"吃土"；想去的地方太贵，于是我们有了"穷游"；可是口袋里的钱太少，于是我们"双十一"要"剁手"；没有对象的单身不是贵族，大多数时候只能在后面加上一个"狗"字。这些话可以说是无比真实了。

但是，扪心自问一下，我们是真的穷吗？

记得"奇葩说"上的薛兆丰教授曾经说过这样一句话：我经常跟我的学生说，你穷，但不贫。那我们仔细想想，穷和贫的界限在哪里呢？其实很简单，只是两个字：修养。一个有修养的人，即使身无分文也是高贵而有底气的，那种从心底里生发的自信是再多金钱也换不来的。而一个贫穷的人，往往只知道物质的冷暖而感受不到任何心灵的感动。所以，宁愿做一个穷而志坚的人，而不是一个终日忙碌却不知为何而忙的人。

想想几十年前改革开放之初的人们，也并没有几个人是富有的，但是国门一开，人们从思想上首先就有了前所未有的充实，大量涌入的新思想，新观念让人们目不暇接，这个时候人们感受到的，是另一个超出物质层面的富有。这个，我们通常把它叫作"精神"。

是的，作为学生，我们穷，但是思想学识上却比很多人都要富有。君不见，网络上多少新词热词不是由年轻人创造出来的？正所谓光脚的不怕穿鞋的，我们越是一无所有就越是无所畏惧。穷，有时候恰恰是我们勇敢的理由。

生活不止眼前的苟且，还有诗和远方。高晓松放荡不羁，为梦想坚持，为兴趣努力，与我们在改革开放新时期所倡导的观念不谋而合。而他，受到的时代眷顾也实在数不胜数。他自己都说，你看我的脸长成这样都是天上掉馅饼砸的。小时候为了锻炼他的独立能力，高晓松的母亲就让他去清华大学门口卖乐谱,靠着这样得来的钱,高晓松才拥有了自己的第一把吉他。其实作为一名超过分数线60分考入清华大学的学生,高晓松可以说是光环加身的天之骄子。可惜这位骄子只爱风花雪月不理世事无常啊!为着自己的音乐爱好,硬是不顾家人反对与朋友组了个乐队,但是因为没有经费,乐器超级烂,吉他和贝斯不超过100块钱,没有鼓槌,就用刷子把代替。几个人就带着这堆破烂玩意儿,不管不顾地开始了音乐之旅。暑假的时候为了玩音乐,和老狼一起去海南驻唱,但是因为他们的歌在海南缺乏群众基础,又坚持不唱粤语歌,所以被老板赶了出来。准备回家的时候,因为钱只能够一个人的车票,所以高晓松送走了老狼,自己独自去了厦门打工。年轻时可以说是狠狠地穷过一回,但是仍然不改初心。在座的各位都耳熟能详的《同桌的你》就是在这一时期被创作出来的。可见物质上的匮乏从来不是我们停止追求的理由。即使是在那样的穷困年代,大学生的梦想仍然是闪闪发光的。

高晓松从来都是活出自己,不想走被安排好的道路。改革开放的热潮之下,高晓松是思想开放的代表人物。

追梦、玩音乐、摇滚、民谣,这些多姿多彩的文艺,还有更多刚刚兴起的流行追求,在改革开放之前是难以想象的,沉迷于这些甚至是犯罪的,在集体主义是老大的地方,你敢放浪形骸还不如做个梦来得实在。

正是时代的温床,国家积极鼓励开放的风气,才使得这批年轻人得以成长,才使我国文艺事业有了启蒙性的繁荣。

类似的迷茫往往多得数不胜数,回想当初,自己填报志愿的时候,曾经信誓旦旦地想着,我要在专业上大展宏图,天马行空的想法一大堆。但是真正进入大学了才发现事情远没有我想象得那么简单。学习从生活的中心退场,它不再是生活的全部,而变成了生活的一部分。课余时间的极大充裕告诉我,得做点什么了。

但是必须承认,我是个普通人,很多时候并没有像高晓松那样说干就干的决绝,可以说出"在我的兴趣爱好里,想干什么就干什么"那样的洒脱。于是不甘寂寞的我,还是开始了各种各样的尝试。朗诵、话剧、演讲、后期……每一种都全力以赴,每一次都满怀激情。生活不是童话,不会永远给我鲜艳明丽的那一面,自然,我尝试的越多,失败的也越多。所幸,我所处的,是这样一个开放包容的大学,最兼容并包的学风给了每个人最大的展示自己的机会。在这里,没有人会限制我的可能,我可以自由自在地去体验,也可以无所顾忌地面对失败。所幸苦尽甘来,我找到了课余最喜爱的乐趣——跳舞,由此便开始了每周两次雷打不动的训练和学习。我知道,作为初学者,我的身体总是不协调,动作总是僵硬,第二天起床腰背会酸痛,练功房里的汗水不经意间模糊了千百次眼眶。人生中有些坚持,一定是期待着回报的。即使嘴上不说,潜意识里的那份渴望,总是骗不了自己。那天我终于有机会站上舞台,身体随着节拍跃起、旋转、舒展,我尽最大力量把每一个早已练习过千百遍的动作做到最好。我知道,这个机会来之不易,珍惜,并尽力做到最好,就是不辜负。那一刻,是我这半年来最快乐的时候。只是为了快乐,坚持下去的理由,这一个就够了。

感谢这个时代给了我们这么多的可能,给了我们这么多可以尝试自己的机会。这里没有战乱纷争,没有饥饿恐慌。或许你会时不时被世纪难题"减肥"困扰,但是不用担心温饱。

穷的是口袋,富的是学识。

这是一个充满可能的时代,每个人心底的那份渴望都值得被发现,被证明。希望在未来,每一个追梦人都能找到自己最合拍的心跳。

开放潮涌　福建启航

魏卓成

穆青新闻实验班 2017 级本科生

这里是中国的东南角,背山向海,与台湾岛隔海相望。这里就是福建,改革开放 40 年,这里也有一段精彩的故事。

1979 年,改革开放的总设计师邓小平在南海画了一个圈。自此,改革开放的先锋军——中国经济特区走上了历史的舞台。福建省厦门市,作为先锋中的一员光荣应征了。1985 年,国务院批准将厦门经济特区扩大到全岛,也就是这一年夏天,厦门迎来了他新一任市委常委、常务副市长——刚从河北调任南下的习近平。

改革开放,怎么改?改哪里?改多少?建立经济特区在当时都是摸着石头过河。同学们印象中的习近平平时谦逊随和,但在改革的问题上却果敢干脆、态度决绝。他当时就说:"经济特区的任务就是改革,经济特区应改革而生,我们要承担起这个责任。"就这样,抱着一种为国家建设试试水的心态,一系列大刀阔斧的改革轰轰烈烈地展开了。

厦门率先实行税利分流、税后还贷措施,帮扶了 66 家企业的发展;在厦门工业系统开展机构改革,简化企业审批,放权给企业;在全国首次提出"小政府、大社会"原则,建立精简、高效、廉洁、团结的政府;推动金融机构企业化经营,成立华侨投资公司,建立厦门外汇调剂中心……这些,都是习近平与厦门领导班子摸出来的"过河石头",用他们建成了今天繁荣的厦门岛。

习近平在厦门的改革中最值得一提的往事,莫过于组建厦门航空公司了。作为我国第一家合资经营、企业化运作的航空公司,厦航的诞生,是我国民用航空体制改革的初步尝试。它为厦门经济特区的对外开放,插上了翱翔的翅膀。

但是试想,在 30 年前的厦门岛上运营这样一个航空公司谈何容易?机场又小、飞机也少、资金还不足。没法子,厦门要开放,就必须开得进大船,停得了飞机呀!于是,为了组建厦航,从福建到北京遥遥两千多公里的距离,习近平不知跑了多少回,不知找了多少专家与学者。为了筹集资金,他亲自带领团队前往科威特,几番唇枪舌剑,争取到了科威特政府1800万美金的贷款。如今,经过31年的发展,当初那个向美国借飞机,贷款建机场的厦航,已成为拥有200架飞机,运营航线350多条的中国民航唯一连续保持31年盈利的航空公司。尽管现在像我出远门的福建人和家乡相距千里,但是每到假期,总能坐上厦航回家的航班!从无到有,克服万难、直上九天,多么令人自豪的成就!

说完厦门改革的故事,我还想和大家谈一谈我生活的闽北地区。

1999年我们闽北的旅游胜地——武夷山风景区入选《世界遗产名录》,吸引了中外无数游人,更多人欣赏到了武夷山的美好风光,我们都很高兴。但是,来的只是游客,没有企业和投资商。"奇秀甲东南"的武夷山,又怎么会只满足于做一个风景区?开放新形势下,我们也不能落伍,也得更换发展思路,树立品牌意识与创新思维。要发展区域经济,建设像"好客山东""老家河南"一样优秀的区域经济品牌,把清新自然、寄情山水的武夷文化推广出去,让闽北地区的发展更上一层楼,把家乡建设得更美好。

于是,在2017年7月,中国南平武夷品牌建设发布会暨商企对接会在武夷山市召开了。那几天的武夷山迎来了商企界各路豪杰,共同商讨闽北发展大计。宽敞的展示会场里,每个县市都在展区里推出自己的地方特色。从福茅窖酒、武夷岩茶、建瓯根雕,再到精品农特产、特色旅游项目。都凝聚在了我们闽北人自己独有的发展品牌下——"武夷山水"。"源武夷、达天下",这就是我们最自信的开放口号。"共享武夷山水、实现点绿成金",这是我们最终的发展目标。

"对外开放兴,则福建兴",改革开放的春风温暖了八闽大地每个角落,给福建人民带来了实实在在的幸福。

福建省八山一水一分田,以前是出了名的行路难。改革开放以来,福建的交通发生了翻天覆地的变化,从一条鹰厦铁路到"四小时交通圈",实现市市通动车。从"合福高铁"落成开始,向省外铺设的高铁干线越来越多,福建人也能走出海边与大山,去看看祖国各地不一样的景观。从福州出发,3小时就能到瓷都景德镇赏瓷器,4小时就能去安徽爬黄山。这要是在以前,我们想都不敢想。

人们都说山区多贫困,但福建的老百姓们可不同意。福建赤溪村弱鸟先飞,依托5A级名胜风景区太姥山的区位优势和较为便利的对外交通,赤溪村在境内发展特色旅游、种植茶叶竹木、开拓淡水养殖。终是滴水穿巨石,把"贫困村"变成"中国扶贫第一村"。2016年2月,习近平总书记还通过人民网视频连线赤溪村,祝愿乡亲们的日子越过越好。打赢扶贫攻坚战,实现全面小康,福建人民绝不会掉队!

我们来看看这样一组数字,从1978年至2017年,福建省的GDP从66亿元增长到32000亿元;人均GDP从不及全国平均水平的70%,增长到82700元,比全国平均水平高出39.1%。亮丽数字的背后,是波澜壮阔40年里每一位辛勤拼搏的福建人共同谱写的辉煌篇章,这是属于我们自己的奇迹,这是改革开放带给我们的奇迹。

　　中国近代开眼看世界第一人林则徐曾说:"海纳百川,有容乃大。壁立千仞,无欲则刚。"今天的福建要发展,仍要放眼大海的彼岸。600年前,郑和下西洋的船队从福建起航,如今,"一带一路"的远景让福建飞扬。福建人开放、拼搏的信念,立德、行善的信条,对美好生活的不懈追求,如今仍闪耀在这广阔的东海之上。

　　开放发展,风起帆张,福建始终在路上。不忘初心,砥砺前行,中国潜力无限量!

我的朋友和那片海

姚沛东

广告学专业2018级本科生

东临碣石,以观沧海;水何澹澹,山岛竦峙。

这是千年之前,一代枭雄曹操望向那片海的感慨,如今人事已非,碣石无存,只有那片海依然不舍昼夜,哺育着它的孩子们。我和我的朋友们,都是它的孩子。

请允许我隆重地介绍一下我的第一个朋友,它和我一样,从小呼吸着海风长大,听着海浪安眠。但不同的是,它已经从一个名不见经传的小人物,变成了人人喜爱的全民偶像。它最初的名字叫"瓦良格",是被乌克兰人抛弃的孩子。1999年,它抵达澳门;2002年3月,它来到我的家乡大连。2012年9月25日,它终于从中国海军C位出道,并有了一个崭新的名字"辽宁舰"。它也成了我最最信赖的朋友。

可是啊,它光鲜亮丽的外表,包含着多少泪水、汗水,甚至生命的付出。为了它的明星之梦,整个工作团队用15个月的时间完成了30个月的工作量。没有五一,没有十一,没有春节。在整个工程中,15位设计师因公殉职;2012年11月25日,在辽宁舰上执行任务的时候,歼15总负责人罗阳突发心肌梗死,抢救无效去世;一名副总设计师的妻子罹患癌症,他却无法陪伴治疗,甚至连最后一面都没有见到。我这个朋友的背后,那片海的背后,还有数不尽的故事。1894年7月25日,丰岛海战,"济远"舰降下大清龙旗,先悬白旗,又挂上日本海军旗;9月17日,黄海海战,邓世昌下令"致远"全力冲刺,同归于尽,最终难逃战争失败,北洋舰队退入威海卫;1895年2月23日,威海卫战役,北洋舰队全军覆没,海军提督丁汝昌自尽殉国……1950年,中国第一任海军司令萧劲光在视察刘公岛的时候,连一艘船都找不到,最后,向渔民借了一艘渔船。1974年,西沙海战,中国所有参战舰艇吨位总和,还不及对方的一艘。中美建交,刘华清一行人来到美国参观他们的航母,有人回忆说:"航母给我留下的印象固然深刻,但差距太大,不现实,我们只是看看罢了。"美国人也有意炫耀,带中国代表团走马观花,一天之内参观了三艘航母,把一行人看得眼花缭乱。65 岁的刘华清将军在美国航母上,百感交集,他从来没有见过这么现代化的装备,踮起脚直勾勾地盯着,盯得出神。彼时彼刻,他是多么羡慕渴望,又是多么不甘,多么落寞,此后三十多年,他的心从来没有离开过他的航母梦。当我的朋友赢得国人欢呼之时,他的梦,那个从1970年要求建造航母却因为国力弱小而无法实现的梦想,终于实现了。即使,他没有等到那一刻……

2018年5月13日清晨,我的第二个朋友从大连码头缓缓起航,完成了首次的试验任务。偷偷告诉你们一个秘密,今年,它就要出道了!它的艺名会是什么呢,大家拭目以待吧!而我的第三个朋友也即将面世,毫无疑问,它也绝对不会让我们失望的。我令人信赖的朋友们正在不断证明中国强大的实力,让以前看不起我们的人对这个屹立于东方的大国肃然起敬!

改革开放40年,我们接触了截然不同的生活方式,也得以研发我们以前想都不敢想的新事物。中国海军从绿水走向深蓝,中国科技从制造走向创造,中国故事正传遍千家万户。中国声音正响彻五洋九天!改革开放我们改的是贫穷,革的是弱小,可永远不变的,是中国历经风霜却百折不挠的民族精神,是中国人对他的同胞和祖国深沉的爱。在你享受安稳生活的时候,不要忘记,有这样一群人,在默默为你保驾护航;有这样一个强大的国,在身前为你遮挡风浪!这个国,正在向着星辰大海,向着无限可能的远方,一往无前!

"积润容零露,无涯任蠡酌"。再次望向那片海的时候,依旧是那么蓝,可谁又能想到,它是从落后、混沌,任人宰割的一片漆黑,到用生命与奋斗泼洒的血红,才换来今天无比的湛蓝。此时此刻,我为我的航母"朋友"骄傲,也为无数在那片大海,为这片土地奉献的人感到无上光荣!改革的脚步不会停歇,我的朋友和那片海的中国故事,永远没有终结!

是什么让我们奋勇向前

崔国玉

穆青新闻实验班 2017 级本科生

我今天想与大家一起思考一个问题,那就是改革开放 40 年,到底是什么让我们奋勇向前?

我想从我的家乡谈起。我的家乡在河南省林州市,地处晋、冀、豫三省交界,以前叫林县,曾经是一个极度缺水的地方。缺到什么地步呢?从 1436 年到新中国成立的 1949 年,共五百多年里,林县就发生自然灾害 100 多次,大旱绝收 30 多次。有时大旱连年,河干井涸,庄稼颗粒无收。因为缺水,新中国成立前林县 96% 的地区是光岭秃山,98.5 万亩耕地不到百分之一是水浇地;四十万林县人里有 28 万人常年翻山越岭到几里,甚至二十里以外的地方挑水生活。

"光岭秃山头,水缺贵如油;豪门逼租债,穷人日夜愁。"这就是我的祖辈们世世代代生活的写照。

直到新中国成立后,一条水渠的修建成功。

1960 年,在三年自然灾害的严峻形势下,林县人民的生活再次陷入生死攸关之中,情急之下,时任县委书记的杨贵带领着 10 万林县人一头扎进茫茫太行山,在国家并没有给予多少援助的情况下,一干就是整整 10 年,硬是在太行山腰凿开了一条长渠,将山西的漳河水引入林县。

是的,这条长渠就是红旗渠。其总干渠有 70 多公里,灌溉面积达 54 万亩。她的修建成功,不仅重新安排了林县河山,从根本上彻底改变了林县人民的生活面貌,更孕育了伟大的红旗渠精神,也就是这十六个字"自力更生、艰苦创业、团结协作、无私奉献"。

在这种豪迈精神的鼓舞下,后来的林县人一鼓作气,建设家乡。

20 世纪 80 年代,林县人十万大军出太行,大力发展建筑劳务,解决了林县温饱问题;90 年代,建筑大军又用挣回来的钱扶持家乡企业发展,实现了"富太行";1994 年,国务院把林县设立为县级市——林州市;十八大以来,林州人又大力加强生态建设,全力打造金融和科技产业,因此又称为"美太行"。

如今,林州市不仅在经济上位居河南省县域经济前十,而且还是全国知名的建筑之乡、园林城市、旅游城市,红旗渠也早就被国务院授予"5A级风景区",胡锦涛、江泽民等党和国家领导人都曾来此参观。凭借着艰苦奋斗的红旗渠精神,林州当地的林州一中,被评为全国的百强中学;我们的市歌《推车歌》,讲的就是当年林县人民推着小推车修建红旗渠的故事。此外,我们还总结出了"难而不惧、富而不惑、自强不已、奋斗不息"的当代红旗渠精神。

这就是我的家乡林州市的故事,回顾多年来故乡的巨变,战太行、出太行、富太行、美太行,我想说,我们林州人就是凭着红旗渠精神走到今天的。

是啊,林州人是这样走过来的,中国人又何尝不是呢?

回首改革开放的40年,我们取得的哪一项重大成就不是像当年林县人修建红旗渠一样,自力更生、艰苦创业,一步一步走过来的呢?

40年过去了,我们实现了7亿人口的脱贫,GDP和国民收入增长了几十倍,我们的工业化能力从远远落后到位居世界第一;我们的人均寿命提高了十几岁;我们的国际地位也水涨船高……

而在这背后,就是包括红旗渠精神在内的中华民族精神在支撑。

我是穆青班的学生,说起来穆青先生跟我们林州人也颇有渊源,修建红旗渠的县委书记杨贵和国家劳模任羊成都曾被穆青先生采访过;红旗渠精神得以发扬,也离不开穆青先生的报道。作为一名在郑州大学穆青班学习的林州学生,我太幸运了,因为我不仅是红旗渠精神的传人,还是穆青精神的传承者。

朋友们,2018年是改革开放40周年,在过去的40年里,我们的父辈们凭借着他们的拼搏精神,奋勇向前,让中国人走进了新时代,而在将来的30年里,我们要实现中华民族的伟大复兴。

重要的历史时刻,已经到了。我能够感觉到一股沧桑的使命感扑面而来,感受到父辈们精神的召唤。习近平总书记说:"实现中国梦必须弘扬中国精神,这种精神是凝心聚力的兴国之魂、强国之魂。"而要弘扬民族精神,凝心聚力,新闻人怎能不一马当先?

曾记否,20世纪90年代初,风云变幻之际,穆青与人合写的《风帆起珠江》曾以生动雄辩的事实,为改革开放"正名",而在26年后的今天,站在两个一百年奋斗目标的历史交汇点,我想请诸位与我一起,传承父辈们的精神,推动中华民族伟大复兴,创作同样伟大的作品,向穆青先生致敬!向父辈们致敬!

第一期 家庭说

中国人最慌过年。

小时候,老人说,过了腊八就是年。于是,小孩儿都盼着腊八粥。

对很多中国人来说,过年不仅是一个家庭最重要的节日,更是一种信仰,一个图腾。

对于新传学子来说,我们更盼过年。因为除了好吃好喝,亲人团聚,回家过年更是我们观察社会、记录时代进步的良机。

家庭是什么?在传媒人眼里,家庭无疑是时代变迁和社会进步的最好记录者和绝佳见证者;家庭的春节,无疑是一座永远开采不尽的新闻富矿。

一转眼,恢复高考40年了,改革开放也40年了。在国人的记忆里,这40年是风云变幻的,进步是翻天覆地的,幸福是难以想象的。

希望同学们能在享受快乐假期的同时,重温历史、观察现实、记录家庭的变化。

我们相信大家一定能够通过最年轻的视角,回顾最真实的过往,发现最鲜活的生活,找出最感动的故事。

中核八楼演播厅,我们等着你畅谈对家庭的理解和诠释,聆听你的"家庭说"。

"家庭医生"

许荣光

新闻学专业2017级本科生

医生,在我们的观念里,这个名词代表什么?

生病的时候,医生是我们的依靠,他们以心为灯,做守护我们生命的天使,而对于我爷爷来说,我的奶奶就是他的家庭医生。

1950年,在叶县许庄村的一所学校里,爷爷奶奶相识了。爷爷的大嫂和奶奶同村同姓,就把我爷爷介绍给奶奶认识。爷爷奶奶在不断的交往中,感情逐渐升温。

由于爷爷性格比较羞涩,没有把握好机会,奶奶被介绍给另一户人家,并且很快就过了彩礼。爷爷听说奶奶有了婆家,十分后悔,找借口将奶奶约了出来,在谈话中,爷爷坦白了自己对奶奶的感情。奶奶笑了,极力埋怨爷爷没有说透,并向家里表示坚决退婚。

就这样爷爷就和奶奶谈起了恋爱。每到星期六下午,爷爷上学回来,走近奶奶村边时,就特地将自己的红领巾,绑在一个小棍儿上举起来。奶奶看到,就知道他回来了。于是,两个人便完成了一次约会。

"关关雎鸠,在河之洲。窈窕淑女,君子好逑。"奶奶治好了我爷爷的相思病,两人喜结连理。

随后,我爷爷进入了报社,奶奶也成了报社发行部的一员。在日常生活中,奶奶经常给爷爷做他爱吃的面片、烙馍、油馍、臊子面,纠正爷爷的不良习惯,当好呵护爷爷的好医生。几十年的风风雨雨,两人一起奋斗,共同前进。

一次清明节外出后,我姑姑写下了这样的文字:

山风好大,我情不自禁地把衣服拉链又往上拉了拉。寒风吹乱了母亲花白的头发,吹斜了父亲戴着的灰礼帽。父亲缩着脖子,弓着腰,努力地攀登着台阶。母亲紧随其后,喘着气,急急地赶上父亲。母亲用手理了理被山风吹乱的头发,解下围在自己脖子上的围巾,重新对折叠好,环围在父亲的脖子上,把围巾的末端掖进父亲的衣服里,并拉拉衣服,顺手在父亲的胸前轻轻一按。我惊异于母亲这些细小的动作,她哪里知道她在父亲胸前这轻轻地一按,在我心里却地动山摇。

当爱变成了一种习惯,便可以,成为永恒。

如今,爷爷已经80岁高龄了,对生活却依然热情不减。在奶奶的陪伴下,爷爷坚持看报、看电视,关心国家大事;坚持读书,增加知识;学习电脑、手机新技术;坚持锻炼身体,经常在奶奶开垦的小菜园里劳动。爷爷还花不少时间回顾他的人生经历,写成了一本《我的故事》的小书;收集整理从事新闻工作几十年发表在报纸上的稿件,写成了《我的新闻稿件选》集子。

每逢节假日,我们一大家子人都会去看望爷爷。爷爷作为一名资深的新闻工作者,总是对我有说不完的话。有一次,他说:"我们新闻工作者就是社会活动家,你要学会在实践中总结经验,一定要实践才行。还有,别忘记老百姓,老百姓才是我们最鲜活的素材呀!"

这时,耳畔传来奶奶的一句话:"嗯,你还教小光呢,蚂蚁尿尿!"

我疑惑,问爷爷。爷爷笑着说:"你想想,蚂蚁能尿多少呢?这是说我没文化呢,你看看,这语言多生动啊!"

在爷爷、奶奶的言传身教下,我们整个家庭和睦、美满。奶奶成了我们整个家的家庭医生。大年初一的时候,她将自己的工资包成红包,送给晚辈的每家每户。至今,我们家还保留着磕头、发红包的传统。哥哥嫂子结婚的时候,爷爷奶奶更是携手送给他们钻戒。

奶奶,像一根纽带,联系着我们整个家庭;像一位医生,医治着我们整个家庭的疑难杂症;像一缕阳光,温暖着爷爷那颗沧桑的心灵。

十八大以来,习近平总书记强调了"家风"建设。家,是最小国,国是千万家,每个家庭都是我们国家的一个文化基因。家庭医生,是几十年风风雨雨的陪伴,是那些细微之处的关心与爱护,更是解决家庭矛盾、构建和谐社会的忠言良药,秉承家族传统,将这份爱传递下去。

修身、齐家、治国,平天下!

老爸,醉话家庭录

安佳维

广告学专业2015级本科生

俗话说"酒后吐真言",所以我今天的演讲主题是"老爸,醉话家庭录"。讲述我父亲醉酒后说过的三句话,以及与此相关的三个故事。

第一句是关于坚持的故事。

我向上,砸锅卖铁也要治你爷爷的病,虽然最后也没治好,但我一点也不后悔;向下,我把你们抚养长大,家里两个大学生,谁也不敢说我教育的不好。我觉得我很幸福。

1997年8月我出生,我刚出生,我爷爷就病重了。那段时间,家里没什么钱,一边需要照顾我和刚生产的妈妈以及我三岁的哥哥,另一边又要照顾我病重的爷爷。我父亲把这段时间描述为"灰天黑地"。从那以后,多大的阵仗,也能经受得住。其实当时医院已经对我爷爷下了病危通知,说不用治了,回去准备后事吧。但是我爸还是要试一试。我曾问爸爸:"已经确定救不好了,还要花那么多钱,你后悔吗?"他说:"我一点都不后悔!"

那段时间真的是砸锅卖铁的光景,连我们家本来要盖房的砖都是低价卖出的。还有家里种的玉米也没时间去收,被偷了好多。后来我也经常被调侃:"生你真不值,丢了好几包玉米呢。"

故事的结局,1997年年末,我爷爷去世。家庭也逐渐回到正轨,但是每次听到这段故事,"灰天黑地"这四个字就一直在我脑子里转来转去,我甚至都能感受到爸爸当时的无助但又始终坚持的毅力。我觉得他坚持的这股力量,就是来自家庭的力量。来自家人,来自我们的力量。

第二句是关于爱的故事。

说实话,过年你不回家,我心里挺失落的,真的挺失落的。

我哥2018年大学毕业,然后去厦门工作。2018年大学春节,哥哥说:"今年我就不回家过年了,不如留在公司还发三倍工资呢!"后来我问我爸:"你想不想我哥?"我爸说:"这么大了,有啥想不想的!"

大年三十夜饭时,我哥打来视频电话,我说了两句就把手机给我爸了。

到现在我都记得那个场景,我爸他是双手捧着手机,脸凑得很紧。看了半天,说:"说实话,过年你不回家,我心里挺失落的,真的挺失落的。"

看着他们两个父子情深,自己也突然心跳加速。第二天我就给我爸复述了一下他昨天说的话,听完之后他说:"不会吧?这么夸张?"

父爱如山,一点都不夸张。其实父亲的话与女朋友的话非常相似。他说不想,就是想;他说没事别回家,其实就是没事就回家吧!

第三句是关于正直的故事。

这个世界是灰色的,但我希望你是一个正直的人。我们这个社会并不是完全的一团和谐。

我爸一直担心读书把我读傻了,将来到社会上受欺负。就一直给我讲一些社会的负面信息,比如校园贷、赌博、毒品、非法组织之类的。尤其是校园贷,估计我爸当时看了相关的新闻,那段时间每次聊天都少不了一句,"一定一定不要乱贷款……"

当时他说了好多社会的这儿不好、那儿不好,最后还自己来个总结,就是这句"这个世界是灰色的,但我希望你是一个正直的人"。这句话我也一直存疑,我认为这个世界应该还是彩色的吧,各种颜色都有。有美好的事物,有邪恶的事物,但是,做一个正直的人,确实是在任何时候都应该坚持的。用当下很火的话来说就是"不忘初心,砥砺前行"。

以上就是我爸的三段话,还有相关的三个故事。无论如何灰天黑地都要为家人始终坚持;无论相隔多远都始终牵挂热爱;无论世界黑白与否都始终不忘正直。

"坚持、爱与正直",这就是我们的家风。

列夫·托尔斯泰在其小说《安娜·卡列尼娜》中说:"幸福的家庭总是相似的,不幸的家庭各有各的不同。"老话说"家家都有本难念的经",但是幸福却依然是家庭的主旋律。我们不必为各不相同的烦心事而烦心,而要珍惜在一起的共同的幸福。

最后,希望每一个人都做一个永远坚持、永远热爱、永远正直的人!

心中那缕阳光

李贝青

广播电视学专业2017级本科生

家庭,这个简简单单的名词,对18年来同样一个我来说,却有着不同的感受。

小学时的我,感觉家庭就像是一个虚有的保护罩,不能为我遮蔽狂风,也阻挡不了暴雨。

我是一个留守儿童,从小学二年级开始。与其他留守儿童不一样的是,我有一个同龄又异常讨厌我的表姐,而她的妈妈——我的小姨,也是我那一直陪伴她,为她撑腰的班主任。小学二年级,我穿着手纳的布鞋,别人给的旧衣服,住在学校的大宿舍里,睡着潮湿的大通铺;表姐像个小公主,穿着我梦寐以求的白纱裙,躺在爸爸妈妈的怀里,享受着他们的爱。我很是嫉妒,那时候的我常常在想,为什么我的家庭对我来说就像是一个虚有的保护罩,遮蔽不了任何无情伤害我的风雨。很多个熄了灯的夜晚,小小的我蜷缩在被窝里,摸着手背上表姐长指甲留下的新掐痕,双手搂着自己的肩膀,偷偷地抹眼泪。没有那份来自家庭的关爱,我似乎像一个精神病人,从自己身上榨取自欺欺人的爱。

六年级的寒假,妈妈接我去石家庄过年,那是我度过的最幸福的一个春节,因为我们的家庭是团圆的。快要开学的时候,我坐在地上撒泼号啕大哭,抱着妈妈的腿求妈妈跟我回家。妈妈怪我不懂事,动手打了我,然后心疼得直掉眼泪。那个正月,那新的一年,我们牵着手踏上了回家乡的汽车。我近乎病态地开心,我的家庭终于不再名不符实。

初中时,叛逆期的我,感觉家庭就像是一个牢笼,看守和束缚我的就是家里的爸爸妈妈。

初中或许是一个人一生中最为洒脱不羁的岁月。在这段时间里,我们要尝试去遇见或者感受各种各样的人和事,然而来自家庭的管束一次又一次让我心生厌烦。独自旅行不可以,和男同学出去玩不可以,假期出去打工赚钱不可以……对外面美好世界的渴求和父母过多的约束让我想要逃离这个家庭。有一次我和一个小伙伴到村子里的坑塘边上玩耍,去捡拾贝壳。

那个坑塘有五十多米深，如果摔下去，后果不堪设想。妈妈听说后，怪我不顾危险，大吵了我一顿。我一气之下，摔门离家出走了。晚上无处可去，我又厚着脸皮踏进家门，惊讶地发现爸爸在客厅里焦急地来回踱步，妈妈不断擦拭着眼泪……我的心被痛击。静下心来，我反思自己，家庭的束缚，对我们而言，又何尝不是一种保护呢？

高中时，家庭是我心里最坚实的后盾，是那段黑暗时期中唯一不会熄灭的光亮。

我的高中读了四年。因为第一次高考没有发挥好，我成了一名高四的学生。高四那年，我来到了河北衡水中学。学校的学习气氛非常浓厚，大家谁都不肯浪费一点的时间。我们每天跑步去食堂吃饭，跑步回宿舍睡觉，跑步到教室上课……边跑边拿着小册子读着背着。临近高考的时候，为了争取那一点的时间，我们晚上睡觉连袜子也没有脱过。刚到衡水中学，紧张到窒息的学习生活让我濒临崩溃。每次给家里打电话，都是用哭腔说出第一句话。爸妈知道我想家，每个月从邢台开车来衡水。他们在宾馆住宿一个晚上，就是为了给我洗洗衣服，陪我说说话，为我缓解压力。那段时间，妈妈买香蕉上了瘾，只因为她偶尔听说香蕉可以减压……太多的感动，陪我走过了最为苦涩的复读时光，也让我真正感受到了家的温暖。

大学了，十八岁的我独自在异乡读书，我的家庭，就成了我的精神寄托。

上学期期末考试我的成绩并不理想，要强的我心里难受极了。那个时候，迷茫无助的我第一时间想到的就是告诉我的家人，希望能够从父母那里获得一些安慰和鼓励。视频通话时，妈妈告诉我，她只要我健康快乐，这次没考好，还有机会！我根据家人的建议，制订了新学期学习计划，每天晚上给爸妈汇报一天的学习情况，接受来自爸爸妈妈的鼓励。每次遇到困难的事、不开心的事，想想还有支持我的爸爸妈妈，我都会从容地面对，坚定地走下去。我的家庭，一直都是我的依靠，给了我战胜挫折的勇气，更给了我着手改变未来的信心。家庭，这个简简单单的名词，对18年来同样一个我来说，却有着不同的感受。

我的家庭，这么多年的酸甜苦辣，让我经历了不一样的风景，体会到了各种味道的人生。或许，有孤独与排斥，但在我心里，我的家庭永远是我的阳光，温暖我的心，照亮我的路。

家风，一种国家情怀

孟凡帅

广播电视学专业 2016 级本科生

今天我演讲的题目是："家风，一种国家情怀"。

我从小是我姥爷带大的。

我记得小时候做得最多的事儿就是吃完饭，坐在姥爷身旁，听他讲述他那个年代的故事。

我的姥爷叫顾洪仁，洪水的洪，仁义的仁，我一直认为我姥爷做到了人如其名，因为他是一个非常热情并且善良的人。姥爷今年 72 岁了，如果你认为我姥爷受到尊敬的原因仅仅是年纪大，那你就错了。我尊重姥爷是因为我觉得他是我们家庭家风的传承者，因为姥爷潜移默化的影响，我们家人很注重"情"这个字。现在我就给大家讲一讲我姥爷年轻时候的故事。

那是在改革开放的前两年，我姥爷在一个冬天捡了一个孩子，那个时候我妈和我两个舅舅都已经出生了。一个农民抚养 4 个孩子，那种生活过得该有多么艰辛！常常听我妈给我讲，我姥姥当时和我姥爷一直在吵架，"为什么要捡这个孩子，万一这个孩子身体不健康怎么办，万一儿子女儿以后有意见怎么办？"面对姥姥的抱怨，我姥爷就说了一句话："你看这孩子多可怜，不管这孩子他就活不了，咱良心过不去啊！"后来我姥姥也就很少再抱怨了，即便她心里再生气，也总会有一丝的感动和安慰。看着眼前的这个男人，她也觉得自己没有嫁错人。不过遗憾的是我姥爷捡回来的孩子身体确实有重病，不到两年就夭折了。听我妈说我姥爷那个时候伤心了好久，因为他总觉得自己没有照顾好这个孩子。

我记得我姥爷跟我说得最多的一句话是：你对别人好，别人也会对你好。当然我也这么做了，虽然大都是一些公交车给老人让座之类的小事，但是当我看到老人坐在我让的座位，向我点头感谢时，那个微笑，那种和蔼，使我心里真的很温暖。

当然，可能大家不太相信，这个时代怎么还会有我姥爷这么无私的人。其实我觉得很正常，这是因为我们与他是两个时代的人，每个时代的人都有自己的思维方式。我们的爷爷、姥爷那一辈的人是什么样的人？他们都喜欢讲集体主义,他们愿意把自己的一生都奉献给这个国家,奉献给这个社会,他们认为自己就是这个社会的一块砖和一块瓦,哪里需要哪里搬,这就是他们表达情感的方式。而现在我们这些"80后""90后"乃至"00后",追求的是什么?我们追求的是自由,我们更讲探索,我要看到宇宙的疆界,但也永远看不到宇宙的疆界。貌似英雄主义在我们这一代人的身上更加明显。

所以今天我想说的是,不论这个时代发生多大的变化,我希望我们能在追求梦想的时候,多一些集体观念,像我们的父辈那样多一些社会责任感,充分发挥家庭文化熏陶的作用,由上一代人将这种文化与情怀传给下一代人,再传给我们的子子孙孙。而我们也要主动接受良好家风的训教,使这个家族团结,再让这个国家团结。如果这样的话,我想这个社会将会少很多像"扶不扶"等类似的问题。

所以,有的时候我会觉得是我姥爷让我相信这个世界还是好人多。是他让我觉得,人生在世,有一个信念是何等的重要。现在姥爷老了,拿不动锄头了,就开始在家门口修起了自行车。即便离得远,村里的很多人也只找我姥爷来修。国家还给了姥爷很多政策上的补助,姥爷每个月拿到国家补助金的时候都很开心,因为他一直信任这个国家,就像村里人也那么信任我的姥爷那样。也是姥爷的原因,让我明白了这家与国之间的关系,那就是我们每一个家庭对于国家要全情付出,而国家对于每一个家庭也要有万般珍惜,只有这样,这种情怀才会永恒而卓越!

每个人都有老去的时候,当然我也会老去,但我愿像我的姥爷一样,将来会有一群孩子围在我的膝下,听我讲过去的故事!

谢谢各位!

关于我，他们的特殊记忆

钱博宇

穆青新闻实验班 2016 级本科生

说起家庭，不知大家都会想起什么？

是高中备考时深夜里妈妈送来的一杯热牛奶？是小时候爸爸妈妈拉着手跑过家门口小广场的酣畅淋漓？还是上大学时，爸爸妈妈在机场、火车站拥抱你时留下的眼泪？

这些，都是我们自己眼里关于家庭的故事，那么，在我们的父母眼里呢？关于我们，他们又有什么特殊的记忆呢？别着急，下面，听我给大家讲几个故事。

就在刚刚结束的寒假，因生病我做了一个手术，从鼻子里取出一块骨头还有两块肉。在过去的二十年里，我虽然身体不太好，小病不断，但是真的要穿上病号服，躺在床上看医生护士给自己打针准备开刀，真的是一种特别刺激的体验。

手术很成功，麻醉师也用精准的麻药计量向我们证明了他熟练的业务能力。当我从手术室被推出来的时候，我的两侧鼻腔塞着止血棉条，喉咙里还残留着被呼吸机摧残的疼痛。我睁开眼看到的第一个人就是我妈妈，麻药没过，眼镜又没戴，我只能模糊地看到她的轮廓，却能清晰地感觉到她因太过担心而哭泣。

手术之后的前三天晚上，不能吃饭不能上厕所，要一直戴着呼吸机，鼻腔里又塞着粗大的棉条，我当时觉得世界都黑暗了，头疼得要死，口干舌燥，那种感觉就像被套在了一个塑料袋里，天昏地暗。那几天晚上疼得睡不着，爸爸妈妈就整夜守在我的床前，一人拉着我一只手，一直在按摩和抚摸，直到我昏昏睡去。我妈妈身体不好，晚上休息不够，很容易犯心脏病。可那几天，只要晚上我发出一点声响，她一定会爬起来，跑到我的床边，一边抚摸我的手，一边像小时候哄我睡觉一样，念叨着："博宇乖，博宇听话，忍一忍就过去了。"

就这样，在爸爸妈妈的陪伴下，我度过了术后最艰难的时光。有一天晚上我在想，我有多久没有像爸爸妈妈那样牵过他们的手了，那两双在岁月摧残下越来越沧桑的手,居然还是那么温暖。

后来我们回忆那场手术的时候,我滔滔不绝,眉飞色舞。我说自己像个英雄一样只身走进手术室,我说自己越来越坚强,挺得过病痛熬得过折磨,我说自己还记得医生把我叫醒的时候呼吸机插在喉咙里的感觉,我说得很开心,觉得自己又长大了,觉得这世上没什么难事了。可我一回头,看见爸爸妈妈都哭了。

妈妈是一名教师,平日里很严厉;爸爸是个典型的东北汉子,刀砍在身上都不吭声的那种人。就是这两个人,一声不吭,就捂着脸哭了。妈妈一边哭一边说:"你知不知道,你从手术室被推出来的时候,脸上好多血,妈妈恨自己,怎么这么多年都没照顾好你,还让你遭这种罪,妈妈恨自己。"

原来,在他们眼里,我永远都不是个成年人,也不需要有一双坚强的臂膀去扛起生活的磨难,他们,总想把我保护得好好的。

我忽然想起高考结束之后,我和妈妈一起收拾衣柜,整理出了好多以前的衣服。我看着那些衣服,告诉妈妈,这一套是我去哪里表演的时候穿的,那一套是我中考的时候穿的。可妈妈,却抱着一摞衣服开始发呆。我说,妈,你咋了。妈妈说,这套衣服是你第一次离家军训的时候穿的。那时候你害怕,哭得不行。这套,是你高中重病,我和你爸爸去医院接你,那天穿的。

很多时候我们其实没发现,在我们记忆里,我们的成长,和爸爸妈妈眼里的,一点都不一样。我们记得自己所有的成长和成就;而爸爸妈妈,他们更在乎的,是我们什么时候哭了,什么时候病了,什么时候累了,什么时候需要他们保护了。

可能这就是家庭。爸爸妈妈既然是爸爸妈妈,当然就不是我们现在能够理解的。这也就是为什么,爸爸妈妈经常说,有些事情等你为人父母,你就懂了。

后来,我渐渐明白,父母让我填一个离家近点的大学,不是为了限制我们的自由,只是想让我们需要他们的时候,能第一时间出现在我们面前。妈妈说:"你上了大学,我都不敢问你想吃什么,因为问了,我也给你做不了,我猜你哪天想吃饺子了,哪天想吃红烧排骨,可妈妈没用,妈妈不能陪在你身边。"

有时候我在想,家到底是什么。后来,我明白了。家,就是爸爸知道妈妈喜欢吃玉米和糖葫芦,每天晚上回家时绕路带回来给妈妈,而妈妈在做饭的时候会注意搭配,防止爸爸犯痛风病。

你懂了吗?

家,就是他在想着你的时候,你,也在想着他。

我的父亲我的家

陈志宏

广告学专业 2016 级本科生

有时候，父母站起来就是我们的一片天

大概是一个冬天吧，我爸带着我和妹妹，骑着他的摩托车从我外婆家往回赶。江南的天气总是令人难以捉摸，说变就变。转眼就下起了冰雹，劈头盖脸地向我们砸过来。我的父亲就挺起他的胸膛，直起背脊，让我和我妹低下头把脸趴在他的后背躲避冰雹。那一刻我竟不知哪儿来的勇气，偷偷地直立起身子，但又立刻缩了回去。也许是我觉得自己长大了，也可能是我的倔脾气上来了，缩回去的瞬间我又很快地立了起来。我记得那时候，车速很快，风很大，冰雹砸在脸上很疼很疼。我没有站在我父亲的位置去挡住那些风雨，但我知道，他面对的冰雹更多更大也更疼。父爱和母爱的伟大是因为他们站起来就是我们的一片天，他们倒了，天便塌了！

爱与不爱，他们眼中只有我

自从来到郑州，来到郑州大学，我和我的父母交流更少，频率更低。远离了故乡的柴米油盐，才发现我和故乡的生活节奏全然不在一个节点。每次想起来打电话，一看时间已经晚上十点多了，也只好作罢。然而更多的时候，拿起电话拨通了却忘了早已准备好的言语。知子莫如父，我父亲好像懂我的尴尬，每次他都在饭点给我打电话，第一句话都是"吃饭了吗？"

今年回家过年我发现了我父亲的一个秘密，他手机里只有一条短信，发信人是我，发信时间是 2017 年 4 月 22 日，信息的内容是我的银行卡账号。我们每天都接受巨量垃圾短信的轰炸，对于这些信息的处理方式都是全选，删除，完成。那条信息我早已删除，而我的父亲却刻意留下了。

走遍世界的坚强，一回家，就服软

还记得是初三那会儿吧，我经常偷偷地用我母亲的手机玩 QQ，而且还莫名其妙地有过一段网恋，然后也是真的谈人生，谈理想，憧憬未来。不过后来也和所有的故事一样，不了了之。原因在我，长江中下游的伏旱天气是最热的时候，也是当地农民最忙的时候，俗称"双抢"，抢收抢种。我家农活早早就忙完了,我的父亲便去做散工,帮别人扛稻子,一大袋稻子差不多200斤,而且是顶着烈日,每天上百个来回,扛一袋稻子是2块5毛钱。那一袋袋稻子比我父亲体重重得多。那一刻我害怕,害怕那一袋袋稻子会突然变成一个个恐怖的巨兽,在一刹那把我的父亲吞噬,我害怕我的父亲会突然栽倒在地,再也起不来。我害怕,我恐惧,那一刻,我明白,我的父亲背负得起这样一个家庭,而我背负不了那样一段感情。

而现在我的父亲也正在以一种我肉眼可见的速度苍老下去,特别是在与我成长的对比之下。现在的我比父亲更高更壮,而他也渐渐不复年轻,终究是我们长大他们变老。

父母是我们所有人最大的软肋。提及他们,我们就像是一个个蜕了壳的螃蟹,脆弱得不堪一击,一有风浪就会飘出十万八千里。对于家庭,我们有再多的坚强也都无济于事,毕竟我们面对的是在人类血脉中向下流淌了几千年的父爱和母爱,他们源于基因,发于灵魂!

"家"期如梦

房靖欣

广播电视学专业2017级本科生

每个人的一生都像一趟从未停下的列车,列车上人来人往。有些人,从列车启程时,就在车上,他们成为你的亲人;有些人,在后来的不同时段登上列车,成为你的朋友、伴侣;然而列车有它的运行规则,不能超载,因此总会有人下车,或许他们仅与你有一面之缘,但难以忘却;抑或许,他们曾陪伴你走过几十载的春秋冬夏,却难以陪你到终点……

那天晚上,在梦中,我经历了一场列车旅行。

在梦中我看见了他们。那一刻,我多么想自己能成为这辆列车的售票员,我将会毫不犹豫地给他们全程票。

一

列车的一张桌子上,放着一盆绽放着的菊花,阳光透过窗户照到菊花上面,就如您还在时那般温暖。

每年菊花盛开的时候,我又不禁想起您——亲爱的大姨。您病房中的菊花,是您的宠儿。较长时间的站立都会感到无力的您,却总花掉大把时间去照料那盆菊花。而在十月份的末尾,您却让表哥将那盆挚爱的菊花移出病房。您虽然笑着说:"这花需要阳光,别让我这个病秧子把病传染给它喽。"但是眼神中却有着别样的神情,其实您是不舍得的?就像不舍得我们吧!

您会原谅那个没能见您最后一面的我吗?您还记得我们一同赏菊的时光吗?您在天堂依旧有菊花的陪伴吗?您是我的亲人啊,可是您怎能狠心丢下我,独自下车呢?如果您是为了告诉我,亲人对我来说有何意义的话,那么现在我已经学会了、懂得了、明白了,您能补票上车,继续与我同行吗?

二

在列车的餐厅里,坐着一位慈祥的老人,正在收拾丝瓜,似乎是为了给我做我最为熟悉的丝瓜炒蛋。这位老人就是我的姥姥。

还记得那段只属于我们两个人的日子吗？和您，和您的小院子，和您的丝瓜炒鸡蛋。一盘简简单单的丝瓜炒鸡蛋，却陪伴我度过了那段最无忧的日子。5岁之前的记忆模糊不清，但是丝瓜的清香却总在心头萦绕。

除了丝瓜以外，让我一直难以忘却的就是您对家的珍重。姥爷去世的早，您便一个人支撑着这个家，您总是以大家长的形象出现在每次需要您的时候，您就是这个家的定海神针啊！

大姨去世时，您已年过古稀。面对白发人送黑发人的悲痛，面对我们一个个的涕泗横流，您却表现得很镇静。您知道您不能垮，您是大家长，即使儿女都已经成家立业，成为自己家的家长。而那一刻，是家让您战胜了悲痛。家对您来说，不仅仅是一个名词，而是一种责任，一种信仰，一种习惯。

看着现在依旧在我身边的您，我只想拥抱您，将您的车票延期至永远。

三

车厢中挂着一幅中国地图，鸭绿江上的红色五角星和桌上放着的一本本工作笔记，都让我情不自禁地想起了您，亲爱的爷爷，您在天堂还好吗？

虽然您已离开我很久了，但是每当翻开那些笔记本，我总能想起您，每个笔记本的扉页上都写着"为国家奉献，为人民服务"，这十个字是如此刚劲有力，正如您正直勇敢的一生。您用实际行动诠释了"一个人可以为国家为人民奉献一生"。年轻时，参加抗美援朝战争；归来后，成为一名人民的公仆。在我还不到一岁就离我而去的您，却用一本本工作笔记滋养了我。"为国家奉献，为人民服务"，也让我明白一个人对国家的意义。

我一直在努力向您学习，向您靠近，只是不想成为让您失望的孙女。虽然您已下车，但是您看到了吗？我还有如此多的不足，您能补票上车来教教我吗？

梦醒了，但是一切确实如此地真实，我不会忘记这个梦，因为逝去的大姨，我会更加珍惜还在我身边的亲人；因为还在身边的姥姥，我会更加珍视这个家；因为一直活在我记忆中的爷爷，我会更加明白作为中国人应该为国家奉献。

因为有一个个爱我们的亲人，我们才有了那温暖的家；因为有了一个个温暖的家，我们才会有这强大而幸福的国。我爱我家，我爱我国，也因此，我会努力为我的家、我的国，做出自己的贡献！

家是一场穿越未来的流浪

杨 岚

新闻学专业2016级本科生

今天咱们的主题很温馨,叫作"家",这个字让大家最先联想到什么?我一开始想到的是家人、亲情、乡愁,大家可能也是这样想吧。肯定会有许多高手一展风采,所以我决定另辟蹊径。在今年第一场"新传青年说"的现场,给大家提供一个新的视角来看待我们最熟悉的家。

春节回家的时候,我没有和往常一样选择乘飞机,而是选择了坐火车。本意是为了游山玩水,但是在这里,我接触到了这样一个使我深刻反思的群体,他们有一个统称——"中年人"。说实话我当时的内心其实很不解,甚至有一点点的傲慢和偏见。我觉得他们的疲态太过于潦倒,不明白他们为什么要把自己的人生经营得这样灰头土脸。

然后我回到了家里,在春节期间参加一场又一场的宴席,因为各种各样的人都用自己的方式欢庆团圆。其中有一场同学会给我的触动最深。参加者和我的父母之间,有的是少年时睡同一张床的玩伴,有的是十年寒窗的同学,还有促膝夜谈的知己。到现在,他们是相互之间隔阂深厚的故人,见面的时候连嘘寒问暖都显得客客气气。我挂着标准的笑容坐在一边,安静地听他们感叹:谁家的孩子又高了,谁这么多年也没变老,哪个老师已经过世,哪些同学已经遭遇不幸离开。气氛越来越低迷,不知道谁说了一句:"今年钱不好挣啊!"然后又再次热闹起来,"别提了,别提了,大过年的说这些搞啥,来来来喝酒……"突然意识到,我的父母、亲人,以及在座的每一位,和我在火车上看到的那些疲倦的旅人面临的是一样的处境:他们平凡、普通、渺小,没有背景没有家世,甚至没有学历。他们的肩膀上是一个家庭,双手要去挣柴米油盐,双耳只能听见鸡零狗碎,双脚要拼命奔走,直到走不动的那一天。

我们是幸福的一代,我们以接受教育为名,将成年的期限往后延迟了至少五年。我们的父母在20岁出头大多已经成家立业,开始承担生命之重。

而现在已经 20 岁的我，眼神依旧单纯，肩膀仍然稚嫩，还可以在这里享受着良好的教育，天南地北地做着梦。婚姻和事业对我来说还是遥远的事情，感情无非是喜欢和不喜欢。最操心的事是喜欢的饭菜窗口太挤，最紧张的瞬间是突然被老师叫起来回答问题。

我们是"不幸"的一代，我们将成长的期限提前了 20 年。我们在本应朝气蓬勃的年纪里却垂垂老去，像耗尽了生命力的树，苍老又麻木。社会对于我们太过宽容，甚至是一种纵容，才能让我们心安理得地享受一切，然后毫不留恋地消磨。曾经在我心中，年轻就是无限的可能和选择的权利。而我现在终于意识到时间是平等的，我年轻生命消逝的同时，我的父母亲人，何尝不是在走向最终的归途！而命运又是何等的不公，它让你觉得轻松，却让别人为你的前行负重。龙应台的《目送》里有这样一段话：

我慢慢地、慢慢地了解到，所谓父女母子一场，只不过意味着，你和他的缘分就是今生今世不断地在目送他的背影渐行渐远。你站立在小路的这一端，看着他逐渐消失在小路转弯的地方，而且，他用背影默默告诉你：不必追。

是啊，不必追，只要你过得好，他们比什么都幸福。可是，我们要拿什么让自己过得好呢？

家是一场穿越未来的流浪。在这场时光之旅中，我得以走出固有的安全区，窥见属于成年人的残酷真相。在那里没有老师也没有课堂，每一条经验背后都是一次受伤。在那里弱肉强食，没有竞争力，你就什么都不是。

我懊悔，为什么这样的审视来得这么迟，但我更加庆幸它来了，它来了！我明明白白地看个清楚，然后认认真真地思考——

我是谁？我要成为谁？我想要什么样的人生？我在这个社会上承担着什么样的责任？想清楚了，就得奋起直追。最后我想给大家分享一句话：每个人都有自己的特长，也都有自己的觉醒期，但是觉醒得早晚，影响的是命运。

我的家庭感想

韩思佳

广播电视学专业 2016 级本科生

今天我不是一个参赛者,而是一个分享者,我想要把我终于想明白的道理分享给大家,我想让在座的各位和我一起思考,我们的家人有多么重要,在我们进入大学后,我们和家人的相处方式要如何变化。

我家一共 5 口人:奶奶、爸爸、妈妈、哥哥,还有我。在我尚且懵懂时,他们就已经言传身教地影响了我的性格与人生。

小时候的事情我记得特别清楚,包括我当时的小心思,我的观察,我的反应。我却从不记得爸妈在我面前抱怨过谁,也不记得爸妈跟谁吵过架,也从来没有听过爸爸妈妈说半句脏话。

我六七岁的时候认识了两个小女孩,就带她们去我家玩。前几次她们对我特别热情,每次都嚷嚷着要去我家玩,后来突然有一天就不理我了。我并不是很在意,就这样过去了。长大后,有次家人在一起聊天,爸爸妈妈才告诉我这两个女孩每次都从我家柜台里偷钱。被我爸妈发现了,他们便不再来了。他们选择忽略真相,因为不想让我太早体会到被利用的滋味。

我在那些琐碎又平凡的日子里一天天长大,爸爸妈妈好像并没有谨慎地将我圈在安全范围内,但处处都用心呵护着我。他们不抱怨别人,让我在判断力尚未成熟的年龄不对任何人有偏见;他们待人和善,让我从不畏惧与人交往;他们不说脏话,让我很少言行粗鲁。他们好像并没有对我进行直白地说教,但时时都在用行动,让我明白什么是真善美。

他们让我在最天真的年纪,对这个复杂的世界抱有最大的信任与憧憬。是他们给予我对生活的热爱,对陌生人的善意以及对未来的向往。

在我最迷茫时,他们对失败的包容,让我选择了不断努力。初二的转学是我人生中一个很重要的转折点。从一所落后学校的尖子生变成一所名校的差生,对于一个 13 岁的女生来说的确是一个不小的打击。这个时候我的态度就十分重要了,是受挫后一蹶不振,还是克服种种困难奋起直追。这很有可能导致两个完全不一样的结局。简言之,一个站在"蓝翔"的我,和一个站在这里的我。我发奋图强了一个月,迎来了第一次月考。很遗憾,我考前因紧张导致失眠,考了一个历史最低分。回家后,妈妈依旧做了一大桌好吃的。他俩啥都没说,只是开玩笑地说了句,"这,两个学校的确差别挺大的哈。"然后就说起了别的话题。睡觉前,两个人到我房间里告诉我说,"这不算什么,不能气馁。"妈妈向我嘲笑爸爸当初成绩多差,考试非要抄她的,结果被全校通报。爸爸一边笑一边说起当初妈妈打篮球的尴尬事。两个人吵吵闹闹的,我的压力担心焦虑,似乎都过于矫情了。我返校后收拾好心情,成绩很快就赶了上去。

初中也好,高中也罢,在家长最关心孩子成绩的阶段,他们选择了包容我的每一次失败。只有在接连退步时才会提醒我两句:"是不是偷懒了?"他们并不是不在意我的成绩如何,他们每周都会问我,最近状况怎么样呀?学习情况如何?他们让我感到更多的是关心,而不是要求。好像不管多糟糕的事情,在他们那里都没有什么大不了的。他们不介意我犯错,他们在我每一个失意时都给予我最大的轻松与鼓励。所以啊,直到现在不管我把事情搞得多砸,总会有勇气和自信选择重新开始。

在我独立成人的时候,他们选择了慢慢放手与默默支持。现在,我离开家在大学里生活学习,爸妈不再像高中那样,每周问我一次"怎么样?最近状态如何呀?"少了我的依赖,他们好像一下子变老了很多,他们也必须重新规划自己的生活。

一下子涌入大学这片丰富多彩的汪洋里,我忙着社团活动,忙着尝试新鲜事物,忙着开阔眼界,忙着追求人生的意义,唯独忘了与他们分享我的喜怒哀乐。有次回家,爸爸去车站接我,我兴致勃勃地跟他讲,我认识的大佬、我主持的活动、我参加了什么志愿活动。爸爸一直都很沉默,只是"嗯""哦"。终于小心翼翼地发问道:"意思是你以后会做记者了吗?"我不经意地反驳说:"哎呀,不是!"爸爸沉默了许久,说:"佳佳,你现在发的朋友圈爸爸都看不懂了"。

龙应台在《目送》中写道:

我慢慢地,慢慢地了解到,所谓父女母子一场,只不过意味着你和他的缘分,就是今生今世不断地在目送他的背影渐行渐远。

我想当时爸爸的心情也大抵如此吧。也许,你也会跟我一样,在某些时刻突然就感觉到,我的爸爸妈妈变了,好像有一种非常沉重的无力感压迫着他们。你想要去做些什么,却突然发现这并不仅仅是因为他们老了,更是因为你长大了,你已经不再像小时候那样会被小朋友利用,会因为成绩伤心难过。你的问题他们甚至都听不懂了,又该如何去帮助你呢?

别让我们的成长让他们感到可望而不可即,而要让他们因为我们的成长更加幸福和充满希望。"我长大了"这四个字不单单代表年龄越过了18岁,而是我们该承担起更多的责任了。用我们的努力让他们更有信心,用我们的成就让他们更加满足,用我们的未来让他们更加充满希望。我想,这才是我们现在应该做的。

这就是我今天想要跟大家分享的内容,谢谢各位。

王家的姑娘们

康勇涵

广播电视学专业 2015 级本科生

今天我想和大家聊一聊我们家的姑娘们。她们是我姥姥、我大姨,以及我表嫂。我想说一说她们几个的爱情和婚姻。

我姥姥是"30后",她和我姥爷是青梅竹马。他俩从小一块长大,小的时候一起经历过抗日战争,后来又共同见证了新中国的成立。他们结婚的时候,婚礼特别简单,没有长袍马褂、凤冠霞帔,礼服就是粗布的衣裳,姥姥的那身还是借的,婚宴就是萝卜杂菜和玉米饼子,连喜糖都没有,主婚的是街坊邻居,宾客就是亲戚朋友。后来,赶上了60年代的饥荒和70年代的"文革",虽然社会很动荡,但是家里却很平静。听妈妈说,一直到姥爷去世,都没见过两个人吵架。大事姥爷说了算;小事则由姥姥做主。他们两个相伴60年,婚姻对他们来说,不仅仅是爱情,更是亲情。

姥姥的婚姻是亲情,而大姨的婚姻却充满了悲情。

大姨是"50后"。1979年,姥爷和姥姥希望给舅舅安排一份体面的工作,就想把大姨嫁给供销社主任的儿子,也就是我后来的姨父。可是这个姨父天生就有点儿口齿不清,也干不了什么活儿。就算是这样,为了舅舅,大姨还是答应了。当时的彩礼就是两百斤麦子。没多久,大姨就生下了一双儿女,含辛茹苦地把两个孩子养大,看着他们结婚成家。没几年,姨父又去世了,大姨一直沉浸在悲痛之中。前年,大姨终于抱上了孙子,她本以为从此就能安安生生地享享清福,可没想到的是,2018年正月,大姨的儿子因为意外突然去世。大姨就在自己家里为儿子举办了葬礼。她一直看着那两个还在院子里玩耍的孩子,眼泪不停地流。我知道,孩子又成了大姨的压力。为了舅舅的工作,大姨牺牲了自己的幸福,她的婚姻就是一场悲剧,而这个悲剧是由父母的偏心造成的。大姨黝黑的脸上,总是挂着憨厚的笑容。对她来说,生活就是家庭的责任。

接下来要说的是二表嫂,她的婚姻就是爱情。

二表嫂在石家庄二院当护士,她一直想上研究生,但是有家有孩子,顾虑重重。好在表哥很支持,在他的鼓励下,表嫂终于下定决心考研。在考研的过程中,表哥对表嫂也是格外关怀,凡事都为她着想。表嫂早上六点起床背单词,原来喜欢赖床的表哥,也会早早地起床,然后准备早餐、收拾家务、送孩子上学。通过初试之后,表嫂觉得终于可以松一口气了,就想找份兼职,挣点学费。表哥严令禁止,反而催着她抓紧时间准备资料,联系导师。最终,在表哥的帮助下,表嫂实现了一直以来的梦想。有人说,婚姻是爱情的坟墓,可我认为表嫂的婚姻却是爱情的延续。他们相互支持,那是因为爱情。

　　对于我来说,婚姻还有些遥远。我对爱情的理解是,它应该有三个阶段,激情、亲密还有承诺。激情就是怦然心动的感觉,是初恋的样子:是那个在篮球场上满头大汗,虽然姿势不帅但是依旧可爱的阳光少年;也是那个扎着马尾辫,趴在桌子上写字,回头一笑,眼睛里有星星的白衣女孩。亲密就是在恋爱中感受到的温暖,可能是一杯甜甜的奶茶,也可能是一个暖暖的拥抱。承诺则是对未来的期许和担保,就像婚礼中那句"我愿意"。我认为理想中的爱情应该像阳春三月般温暖,没有夏日的轰轰烈烈,也不像严冬,只会摄取热量。因为我,你的生活更明媚;因为你,我会成为更好的自己。

　　姥姥是"30后",大姨是"50后",表嫂是"80后"。三代人整整跨越了一个甲子的时光,时代在他们身上留下了深刻的印记。姥姥的婚姻是亲情,有亲密,有承诺,但是可能少了一点激情。大姨的婚姻充满了悲情,因为只有冷冰冰的承诺和沉甸甸的责任。表嫂的婚姻是爱情,既有热烈的激情,也有温暖的亲密,更有庄严的承诺。我希望大家的爱情和婚姻里有亲情,不要有悲情,永远是爱情。

偏 爱

沈静愉

穆青新闻实验班 2016 级本科生

我是 90 年代末出生的,和我年龄相仿的朋友大多都是独生子女。我是一个特例,我的童年和少女时期都有一个和我长相、性格、身高等各方面几乎一模一样的双胞胎妹妹陪伴着。

在计划生育比较严格的年代,我的父母幸运地踩到了灰色地带,我们家成为所有人羡慕的家庭。但就是这样一个幸运而又幸福的家庭,却也无法避开所有非独生子女家庭都有的一个共同问题——父母的偏心。

电影《奇迹男孩》里姐姐 Via 说过的一句话让我深有感触,"我的家就像宇宙,我和爸爸妈妈是围绕着太阳旋转的行星。我爱我的弟弟,也习惯了这个宇宙的规则"。

我的双胞胎妹妹就是我们家的太阳。妹妹从出生开始身体就不太好,大大小小的伤病使得父母总是习惯性地更加关心妹妹。作为姐姐,我听到最多的一句话就是"你是姐姐,你要让着妹妹"。虽然这是父母为了息事宁人而做出的无奈选择,但是年幼不懂事的我只觉得委屈。

小的时候,如果做了错事,爸爸妈妈必定先骂我一顿,不管这件事到底是谁干的。妹妹做了错事,我还得跟着一起挨骂受罚。有一次爸爸带回来两个新的双肩包,一个是好看的粉紫色,一个是暗沉的黑色。我和妹妹都还没说话的时候,爸爸就直接把那个好看的包包给了妹妹,因为他记得妹妹说过她喜欢紫色。听到爸爸说记不起我喜欢的颜色时,我觉得很失落。我和妹妹不都是你的女儿吗,你怎么能只记得妹妹说过什么呢。记忆最深刻的是有一回妹妹发烧,爸爸妈妈很着急,都围在妹妹的床头照顾可怜的小太阳。可是当时同样感冒发烧的我一个人倚在门口,看着他们三个人的身影觉得自己在这个家里实在多余。

随着时间的飞逝,我也渐渐理解父母的选择,开始慢慢习惯被忽略的委屈。我妈特别喜欢问我一个问题,"我和你爸没有对你们两个偏心吧?"从第一次听到这个问题时候的尴尬,支支吾吾地不知道是向她抱怨我的委屈,还是善意地说谎,到后来,我每一次都面不改色地告诉她"没有"。可是毕竟在我的父母面前,我还只是个孩子,再怎么假装,再怎么习惯被忽略,还是会有忍不住难过的时候。这些积攒起来的委屈,终于在这个寒假里爆发了。

对于一直在外地读大学的我来说,回家的日子尤其奢侈,我总是希望在假期里可以得到他们的陪伴和关心。但是不知道是不是因为我是家里长女的原因,父母对我的要求总是要严格很多,也总是希望我能够更早地独立起来。相比之下,他们对于我的妹妹则只希望她健康就好。

就在我寒假回家的第二天,爸爸就提出送我一个人去乡下采访的提议。胆怯的我拒绝了父亲的好意。父女之间长期存在的矛盾由此引爆。父母都理解不了自己的孩子为什么如此抗拒来自他们的督促,而他们的大女儿却一直纠结于为何父母对自己的宽容度尤其的低。我们的争吵持续了很久,我长时间得不到父母理解的委屈在争吵进入白热化的时候突然爆发。我哭着控诉他们的期望给我造成了多么大的伤害,为什么只对我这样苛刻。

在争吵过后,父亲再也没有提起过让我自己独自出门的提议,只是在寒假快要结束的时候小心翼翼地和我谈起了面对人生挑战的事。他说:"我还是希望你能够趁着年轻的时候多尝试一些新的事情。多尝试,多挑战,不要害怕。"一直在逃避的我被这句话说得愧疚万分。这时候,我才意识到一个多月来,我的父母一直纵容着我。懦弱的我却依然躲在自己的小世界里拒绝鼓起勇气,接受挑战。

爸爸找我谈话后,我一个人想了很多。爸妈对我和妹妹到底是不是我一直所认为的偏心。妹妹除了身体上的问题好像从来没要父母担心过,反倒是我,随着年龄的增长,却让父母越来越操心。高三那年,因为高考压力大,我的脾气变得非常暴躁,是妈妈一直包容我的任性;报考大学的时候,一心想要离开父母的我,与想把我留在身边照顾的父母,大吵了一架,父母最终还是败给了固执的我;好不容易进入了大学,第一次面对病痛而崩溃的我,父母吓得马上坐着火车来安慰我。其实仔细想想,爸妈在妹妹身体很糟糕的时候给予妹妹更多的关心,和当我任性胡闹时给我的包容或许是一样的。

爸妈给我和妹妹的爱是一样的多,又或者,父母给孩子的爱根本就没有一个衡量的标准。

我一直以为自己很懂事,一直以为父母偏爱妹妹多一些。可是20年了,我才明白,早就已经成人了的我其实一直都没有长大,还是家里最幼稚而不懂事的孩子。连妹妹都比这样的我强了不知多少倍。

现在的我还是会畏惧挑战新的事物,会害怕必须要独立这件事,但是我也鼓起了勇气,哪怕我害怕,我也会去学着迈出第一步。比如说参加这次"新传青年说",我知道,如果父母知道我参加了这样一个演讲比赛,他们肯定会非常开心。所以,哪怕我还是会害怕,站在这里的时候紧张得发抖,语无伦次,把整个演讲搞得一团糟,我还是报名参加了。因为我希望我的父母能看到我的改变。

我告诉妈妈我要去参加演讲比赛的时候,她给我发了很多鼓励的话,她很高兴我终于勇敢地走出了这一步。当我看到这些,我就觉得这次参赛已经很值了。

最后我想用老师留给我的话来总结。"成长中,我们都会面对'公平'这个问题。等长大后,我们就明白,家庭中的爱是不能用公平来衡量的。"

我眼中的家

苏 宇

网络与新媒体专业2017级本科生

我相信,每个人都有自己眼中的"家",而在我的认知里,我的家庭很平凡,也可以说它并不是我所理想的完美。它会有争吵与抗争,有对立与嫌隙。当然也有平静、温情和幸福的时刻。

记得小时候,我们家一直分两个派别。我、妈妈还有弟弟在一起,而爸爸对于年幼的我们来说却是有些严肃与可怕。我仍然记得爸爸每次工作回来,开门声一响,弟弟马上扔掉手里的游戏机,"嗖"地起身,坐到早已准备好作业的书桌前,一本正经地开始写作业。而我呢,则飞速跑到厨房,盛一碗米饭,开始细嚼慢咽。等父亲去洗漱时,我与弟弟便都会松一口气,相视一笑。每当爸爸开始教科书般地说教时,我总是表面显出一副很乖巧的样子,心里却在偷偷地反击,明明觉得他说得很不对,却不得不屈服于他的威严。只能等他说完一转身,眼睛一瞥,一瞪,便扬长而去。那时,我和弟弟在每次爸爸妈妈吵架时,总是两手一叉,气汹汹地看着爸爸,偶尔会伤心大哭,嘴里喊着"妈妈,妈妈",爸爸也便很快败下阵来。当然,偶尔爸爸也会展现出对我们的关心,让我又突然感觉不那么讨厌他了。小孩子的世界总是那么单纯,我就这样一边爱着父亲,一边咬牙切齿地记恨着他度过了我的小学生活。

随着我慢慢地长大,到了初中,我开始羡慕别人的家庭。每次当我看到舍友和她的爸爸牵着手谈心时,我都很惊诧。那是我从来没有过的与父亲的亲近,也是我从来没有感受过的一种美满。在我看来,很多我与母亲可以畅所欲言的话题,我是无法与父亲相谈的。他的沉默与固执,我的倔强与骄傲,在我们俩之间深深地筑了一道墙,隔开了对方。那时候的父亲对我而言就像是那个我最熟悉的陌生人。彼此小心翼翼,如履薄冰。

后来,我们家的派别发生了变化。我和弟弟进入叛逆期,开始与父亲和母亲相对立。虽然与母亲有过争吵,但能够主动认错,再无嫌隙。可与父亲却是常常冷战,等待时间将这份矛盾慢慢抹去。终于有一天,战争爆发了。

弟弟不小心骑摩托摔倒。面对着深深的伤口，父亲却用责备的语气去教训他。我忍无可忍，开始了歇斯底里地大吵。我用尽全力去反抗、去控诉，用我所能想到的最冷酷的语言向他下战书。为什么你要事事都否定我们？为什么你要用这种态度对待我们？我清楚地记得，那时候的我发了记忆以来最大的火。当我发泄完所有情绪之后，看到父亲通红的眼睛，一只手在扬着。一瞬间，我懵了，呆呆地不知作何反应。最终，父亲还是将扬起的那只手慢慢放了下来，转身离去。战争后的我流着泪，边哭边听着母亲的劝说。家，对那刻的我来说似乎并不是那么的温暖美满，我彻夜未眠。

  可就是在那个对我来说最不美满的一天，我却真正地开始了解父亲。深夜，在沙发上躺着的他蜷缩着身体，不断地叹气，一根又一根地抽着烟，有几次甚至被呛得咳嗽声不止。我再一次毫无征兆地流泪了。那时的父亲是那么脆弱。我慢慢地冷静，去理解他，去包容他，也去审视自己。这是我的家啊，我还未曾好好了解的家！

  渐渐地，我开始去了解家，去看到它的好，去理解它的缺憾。去感受它的完美，也去体会它的不完美。妈妈一如既往是我心底最柔软的地方，支撑着我，爱着我。爸爸，也慢慢地渗透到了我内心的深处。我开始发现了一些我不曾注意的小细节，发现了父亲那不善言表的爱。我永远记得在学校举办的18岁成人礼那天，我与爸爸进行了我记忆以来第一个正式的拥抱。那天我可以感受到坐在我身边的父亲是那么开心，一边笑，一边抱着我。而我却有羞涩，有感动，同样也有释然。种种情绪闪过，我抑制着泪水，去感受着自己一直以来自认为缺失的那份爱。那一天，我真正了解了我的家。

  上了大学后，我渐渐地长大。不再像以前那样非爱即恨，多了一份成熟与稳重。家就像是我心灵的一个安放处，而与家人之间的相处也更多了一份平淡，每日听着妈妈唠家常，感受着爸爸的简单问候，一切都似乎是那样地真挚。经过了岁月的沉淀，现在的家就像是一杯茶，清淡中透着一番韵味，偶尔感觉到微苦，随之而来的却是回味无穷。

  我的家庭不算完美，但却在多年的风风雨雨、磕磕绊绊中坚定前行。于我而言，它是美满的。我从不畏惧前行，也从不害怕受伤，因为我知道，家就在我身后。转身，便是家。

寻根，寻我

杨 苑

新闻学专业2015级本科生

寒假刚结束，不知道在座的各位有没有像我一样，每逢佳节胖三斤。一个寒假，我不仅变胖了还变黑了。返校那天，舍友给我开门。一见到我，她就觉得"眼前一黑"。是的，我来自神奇的云贵高原，这个地方寒假也能晒黑。今天我想跟大家分享的是我们家的逆袭史。

为什么说是逆袭呢？这就不得不说到我的民族——傈僳族。相信在座很多同学都有一个穿越梦，而我们，就是一个穿越的民族，学名：直过民族。

什么是"直过民族"呢？之前有同学听说我是直过民族，会问我说，是不是指你们的祖先建国之前像猿猴一样住在树上，之后才从树上下来。当然不是。"直过民族"特指新中国成立后，直接由原始社会跨越几种社会形态过渡到社会主义社会的民族。代表民族有傈僳族、白族、独龙族等20个民族及尚未确定族属的"克木人"，共66万人。

在我的家族里，除了婶婶和伯母两个是白族人，其余都是傈僳族人。我们民族有自己的语言、文字（这在直过民族中是非常少见的），我们有自己的"春节"——阔时节。

我的家在云南省西北部一个傈僳族小村庄——核桃箐。核桃箐原名"黑铜箐"，因丰富的铜矿资源而闻名，但偏远的地理位置大大限制了核桃箐的发展。核桃箐的主要农作物有玉米、土豆，主要经济作物是大豆。村民主要经济收入来源是外出打工和养牲畜，以及种植大豆及少量中药材等。全村共81户，297人，目前有建档立卡户49户153人，报名异地搬迁44户145人，外出打工将近30人。

2004年，村外修通了第一条土路来连接山外的公路。由于是盘山公路，通常村民走山路步行都比坐车快。走到最近的进乡公路搭车赶集，通常需要走1小时山路，即使这样也很难搭到车。不通车的时候，村民走到最近的集镇需要4到5个小时。

2008年，也就是我上五年级的时候，我国举办了北京奥运会，村子才实现通电。目前,为了给牲畜喂食,村民主要还是采用上山砍柴、烧柴生火来生活,由于土地倾斜度太大,也沿袭着以人力耕种为主的生产方式。

就是这样一个地方,养育了我们家五代人。故事要从我的高祖父说起。

1864年,也就是清穆宗同治三年,我的高祖父出生于四川省"原阳县"一个叫"杨家湾"的村庄,排行老二,因为官府征兵逃到核桃箐,他在这里买地娶妻扎根下来。在农村,历史基本上是靠口口相传来记忆的。在刚过去的寒假,我探访了很多村里的老人。据他们介绍,我的高祖父在村里是一位德高望重之人。非常遗憾的是我的爷爷奶奶生前并没有对我高祖父做过太多描述,我对他的印象主要来源于他做的一件事。在选坟址时,我的高祖父请来村里的风水先生测地,最终选定了一个面朝"砚碗笔山"的坟址。据说,他当时是寄希望于子孙后代,希望我们家成为一个书香门第。从那时起,这成了我们家世代传承的一个梦想。

建国前后,到了我曾祖父这一代,他们共有五个兄弟姊妹,我的曾祖父排行老二。分家之后他抚育了四子四女。据我的小姑奶(也就是我爷爷的妹妹)回忆,当时家里困难,她直到十岁才能穿上用布做的衣服。而就在这样的条件下,我的曾祖父还是咬紧牙供两个儿子读了几年书。

在我幼年时期,经常听爷爷怀念他一年零两个月的读书生涯。我的曾祖父45岁就去世了,之后家里再也供不起孩子上学,爷爷学业上的遗憾也更坚定了他要让孩子读书,要让孩子们走出大山的决心。

这个时候,我们国家开始实行集体经济。当时普遍贫穷,而奶奶又是地主的女儿,导致我们全家人都带上了"地主身份"的枷锁,对于我们这个已极度贫寒的家庭而言,无异于雪上加霜。

我的大姑妈是在牛圈里出生的。她是第四个出生的孩子,但却是第一个存活下来的孩子。我父亲一共有一个哥哥一个弟弟,两个姐姐。据我大伯回忆,在他小时候,有一年大年三十,家里实在没有吃的,他和爷爷只能踩着雪翻山越岭到别人家要饭。

为了供孩子读书,爷爷试着做过各种各样的活计。他做过木匠、铁匠、篾匠、养蜂、找蘑菇、兰花进行售卖,等等。爷爷经常会在做一天工回家时带一些数学题来给孩子们做。在爷爷的理念里,家里再穷生活再苦,读书是不能耽误的。直到爷爷去世前,我们也经常能听到他念叨在艰苦岁月帮助过我们的那些好心人,让我们要好好报答人家。

我的大姑妈读完初中,考上了州里的师范学校,但因为"出身不好",学习的机会被剥夺,这成了我爷爷耿耿于怀的一件事。二姑妈因为是聋哑人,在当时的情况下读不了书。我的大伯和我的父亲最终都成了教师,叔叔成了公务员,都凭着上学读书这条路走出了大山。

三兄弟有了工作，每月就约定一起寄钱回家，家里的情况慢慢好了起来。我童年的暑假基本都是在爷爷家度过的。当时印象很深，家里没有自来水，也没有洗衣机。每次回家我妈妈会把所有的衣服背到山下的水沟旁，洗完晾干再把衣服背回家里。晚上没有电灯，我们就围着火堆聊天。

　　小时候我父亲要求我每天都要背毛泽东诗选。他们帮家里干农活我就在田埂上背书，我们家的田地正对着一座山，有时候我大声喊："恰同学少年，风华正茂。"对面山上的朋友会回我几句山歌。

　　直到现在，我们家奋斗到了第五代，终于走出了大山，实现了我高祖父一辈子的梦想。现在的生活条件相比之前而言，真是发生了天翻地覆的变化。我父亲童年还经常挨饿，甚至因为饥饿而哭泣，直到他上高中，家里都不舍得买一条围巾、一块香皂。我已经习惯了衣食无忧的生活，使我烦恼的是如何找到好工作，如何应对竞争压力。当我回望我先辈们走过的路，我知道，我的幸福生活来之不易，我应当珍惜，应当传承，应当感恩。

我心中的"家"

张学铭

广告学专业2017级本科生

其实,对我而言,每每谈及"家"这个字,心中会有一种五味杂陈、难以言说的感觉。我的家庭,很普通;可对我而言,它又不普通。

小时候,我总以为我是不幸福的。因为每每看到同学们跟家人在一起说说笑笑、相互依偎的场景,我的心情就会变得很沮丧,因为在我印象里,爸爸妈妈交谈起来总是很冷淡,他们之间似乎有一道看不见的鸿沟,把彼此隔绝起来,偶尔也会有融洽相处的时候,不过那只是因为有外人在场或者商量家庭重大事宜罢了。我的家里,经常充斥着不和谐的争吵声,我常常在想,是不是爸妈之间根本没有爱,只是因为我才结合在一起,所以才会这么彼此排斥呢?

我心里一直存着这个疑问,直到一件事发生后,我才解开了这个疑惑。

我还记得那天,爸妈吵得很凶,我吓坏了,呆呆地站在一旁。我不敢说话,不敢靠近。看着厨房里那两个张牙舞爪的身影,我心里满是恐惧。可就在这时,耳畔突然传来一声尖叫,紧接着,就是菜刀滑落的声音,再接着,就是爸爸抱着妈妈冲了出来,头也没回地夺门而去。我真的吓坏了,瘫坐在那里,看着地上那一摊触目惊心的血迹,恍恍惚惚间,联想到无数个情节。我甚至在想,可能,妈妈再也回不来了,爸爸马上就成为杀人犯了,而我,马上就成为一个无家可归的孤儿了。一想到这里,害怕的眼泪再也忍不住,瀑布一般涌泻了出来。我焦急地等待,直到爸妈推门回来的那一刹那,我才松了一口气,可马上又把那口气提了起来,因为,我怕他们带给我一个难以承受的结果。可是他们,什么话都没有说,又恢复了往日的平静。

直到多年后,我才揭开了事情的真相。原来那天在吵架时,妈妈一不小心,用菜刀切断手指了,爸爸吓坏了,抱着妈妈就冲到了医院。明白了事情的真相,我松了一口气。一想到爸爸抱着妈妈夺门而出的背影,我心里就觉得暖暖的。可一想到那个瞬间,我突然发现,自己似乎忽略了些什么。

我忽略了什么呢?当我问自己这个问题时,脑海里就像放电影一般,浮现出无数个画面。我看到了爸爸醉酒后,妈妈守在床边,彻夜不眠,悉心照顾;我看到妈妈伤心时,爸爸拍着妈妈的肩膀,不厌其烦,不停安慰;我看到爸爸劳累一天后,妈妈为他捏着双肩,眼里满是心疼与怜惜;我看到爸妈送我远去时,互相搀着,满脸不舍,依依惜别。

以前的我,天真地以为,自己是父母联系的唯一纽带,可后来才发现,自己明明就是一颗纽扣,一颗镶嵌在父母纽带上的纽扣。因为有了纽扣的存在,所以才会产生摩擦;也正是因为有了纽扣,纽带才会联系得更牢固。

明白了这些,我内心是幸福的,是作为一颗纽扣的幸福。尽管我的家庭表面上看起来没那么和谐,但至少我明白,爸妈之间是有感情的,是有一种超越了血缘,饱含着关心与依赖的情感。

以前我总认为,爱,就是要时时刻刻表露出来。可后来我才发现,爸妈之间,存在着另一种爱,那就是——爱你在心口难开。这种爱不似烈酒一般强烈,反而像一杯清茶,袅袅飘香,慢慢沉淀在细碎的时光里。

父母的爱情,没有小说里的浪漫,但他们却把这份爱揉碎了,融入生活的琐屑中,成为生活的点点滴滴,成为一部旧时光的老电影。

其实,家,就是这么奇怪的三角恋,没有那么多奇葩的剧情,只有彼此的深爱与依赖。

我记得,有篇文章曾经写道:"家是一座充满爱的房子。即便豪华也不失温情;即便朴素,也有美丽的憧憬。房子里应该充满欢声笑语,充满和谐温馨,而不是冷冷冰冰,磕磕绊绊。或许两个素不相识的人就组成了一个家,但这就是一种缘,每一个人在这座房子里都有着无可替代的位置,缺少了谁都是今生的遗憾。"

家是什么? 有人说,家是黄昏湖边的搀扶,家是灯下互剪的丝丝白发,家是一件旧风衣,风也是它,雨也是它;也有人说,家是倦鸟归来的巢,家是小船避风的港。

如果你问我,家是什么? 我会说:家就是家,"家"是一辈子围绕着我们的一个字。

用浓浓的墨蘸满浓浓的情来书写这个"家",一生有多长就能写多久……

第二期　读书说

书,真是一件非常神奇的事物;读书更是人类独有的技能;很多时候,读书人是一个尊贵的称号。

于是乎,跟书有关的事情,就非常重要了。

"文章,经国之大业,不朽之盛事""书中自有颜如玉,书中自有黄金屋",这是统治者的号召。

"书犹药也,善读之可以医愚""读书破万卷,下笔如有神",这是读书人的体悟。

"学而不厌""学不可已""集财千万不如读书""少年易老学难成,一寸光阴不可轻",这是教育者的呼吁。

历史证明,一个人的进步,一个家庭的幸福,一个民族的发展,一个国家的兴旺,都离不开读书。

郑州大学新闻与传播学院一贯推崇读书。2014 年"世界读书日",学院公布了《郑州大学新闻与传播学院推荐阅读书目(200 本)》;2015 年春天,新华社原总编辑、新闻与传播学院原院长南振中先生出版了《大学该怎么读——给大学生的 75 封回信》,这本"从心灵到达心灵的书",更成为大学生的读书宝典;2016 年至今,新闻与传播学院召开了 13 期博士读书沙龙;2017 年,新闻与传播学院教师开展的读书会达 40 余次;2018 年寒假归来,研究生、本科生各个班级都开展了读书分享会。

可以说,读书、分享、交流已经成为新闻与传播学院的"新常态"。

当下人间四月天,正是学子读书时。

又到世界读书日,4 月 24 日晚七点,郑州大学图书馆四楼三报,我们期待你能畅谈心得、分享经典、启迪智慧。

"新传青年说",等你来说读书!

读读博物馆

李雨函

穆青新闻实验班 2017 级本科生

一个人是一本书,一件文物也可以是一本书,那千千万万个纪念馆、博物馆就是图书馆。

现在的世界日趋浮躁,我们很少有人可以静下心来一本一本地读书,那么这时候,我想提一个小小的建议,不如先出去走走,去哪儿呢?博物馆。

我们为什么要去博物馆,我想引用《博物馆评论》中的一句话,"博物馆"是一种很古老的存在,然而实在是太少人清楚博物馆的价值所在。有人说,顾名思义,博物馆是存物的地方。这观点并不完全对,因为"博物馆"这个词来自翻译,从词源学角度来讲,真要"顾名"的话更应该顾"Museum"这个名,也就是缪斯。比如张謇在创办中国最早的博物馆"南通博物苑"时的初心是"导公益于文明,广知识于世界",这就很好地诠释了博物馆的内涵。博物馆可以讲"国宝",但更要论智慧,智慧才是博物馆的根本。溯源智慧、激发智慧,为未来开辟天地,这才是博物馆的宗旨所在。

所以说走进博物馆,寻找智慧,也是一种读书,一种修行和沉淀。

在此我想分享一下最近参观过的几个博物馆的心得。

首先是上海博物馆,在这里我有幸遇见了来自雅典卫城博物馆的珍宝。有意思的是,外面大大的海报展现了属于雅典卫城的典雅与狂欢,本以为会有满满一展厅的展品,进去后才发现只有两个玻璃罩的文物。有一张图的左边据说是雅典最美的女子,但由于时代久远颜色剥落,这是它的复原图——不是很理解他们的审美。好在中间电子屏幕详尽地展现了从卫城全景到博物馆内部陈列的种种,看了两遍还是意犹未尽,那是怎样的国度与文化呢?

在河南博物院,我赶上了金字塔展、键陀罗佛教艺术展以及大象中原。无论是充满力量的异邦文化,还是本国的泱泱历史诗意中的文明,都足以撼动人心。

这就是博物馆的一大好处,你可以利用就近的资源看到全国乃至全世界的展品。也许你会问,这些东西我在手机上也可以百度到呀,但是我想说,那样,你能真正阅读到展品中属于文化的力量吗?

在脱离了属于博物馆的氛围和将全身心都投入感知的情况下,大概不会吧。

博物馆里不仅有历史,还有对当下的独特省思。

在上海当代艺术博物馆,我见到一个 PSA 青策计划,主要凸显青年策展人对当下社会现实的密切关注,以及对当代生存状态的敏锐捕捉。

还有一张图,是一对夫妻的理想房间设计图。妻子说,我们相爱但不相同,所以应该设计两个不同的建筑相互交叉。在它们内部直线排列我们想要的房间。这样一来,我们就拥有了自己的风格、最优化的视野和彼此间最小的干扰。在交叉点布置我们共用的房间,我们就可以随时方便地回到像现在这样的没有距离的生活。丈夫说:"嗯,是个好主意,而且分开做事也应该会让咱们见面时有更多话题可以聊。"

由此想到,我们在爱情、亲情上是否可以给彼此多一些空间,哪怕是再亲密的人,也不要模糊人与人之间的界线,那道关乎隐私与尊重的边界。

有意思的不仅是展览的发人深省的内容,更是展览方式,青策计划的另一个展览,叫作#标签#,将展厅转化为实时更新和存储的云空间,艺术家首先通过社交媒体上频繁使用的标签符号"#"关键词定义自己的作品,像这样以弹幕的形式展现,同时观众通过扫码为每件作品添加新的"#"定义。

我们可以看到每个展品的下方会有一个标签,用以解释展品的内容,那么关于这个的解释是什么呢? 让我们看下

"工作室"

"可以是个架子"

"也可以是个凳子"

"也可以是个放凳子的架子"

"也可以是个画框"

"但是可以坐"

"坐的时候要慢慢的"

"太重就不要坐了"

那么,当我们在看这个展览时,我们究竟了解到了什么呢? 可以观察到,一些艺术家正试图借助数字手段制造陌生:抽象的画框、信仰、街道,以及背后这张图中的城市……日常事物被赋予了新的状态并被重新认知。

这就是博物馆的另一好处,在这里你可以跳出眼前生活的局限,这些天马行空又恰如其分的设计,点到你刚有所思考为止,不再赘述时,这就是你静下心来读书的开始。

多看看博物馆,不是非要等我们学会了所有知识再去看,况且总看理论说不定把兴趣都看没了,我们的审美、理解能力在实践积累中会提高得更快。

迈入博物馆,打开一本书,共同指向的是对人类精神家园的回归,和对人类当下现实意义的终极关怀。

走进博物馆如读书,愿你收获最真切的感动。

读书与读我

牛如意

广告学专业 2016 级本科生

在演讲开始之前,我想先问大家一个问题,如果这辈子你只能再读一本书,你会读什么?你为什么想要读它呢?

这个问题,是梁文道先生曾在《理想国》中问过的。被采访者几乎都不假思索地给出了答案。有人说我要读《小王子》,因为它能让我找回丢失的纯真;有人说,我要读《局外人》,因为我喜欢荒谬带给我别样的体验;有人说要读《论语》,因为它可以帮助我回忆我的一生,检点我的得失,给我一个客观的自我评价;还有人说要读《字典》,因为它能压住我在信息爆炸时代越来越撑的生命。梁文道先生则说他要读《南传巴利大藏经》,这是一本包含许多佛经的大藏经,里面的内容足够他用一生去拜读。

这些都是经常读书的人,是把每天都过成读书日的人。因为不经常读书的人,一听到这个问题的时候,脑子是一片空白的。他不能流畅、由衷地表达自己的喜爱,只能东拉西扯、生搬硬造。

这让我想起了几年前网上的一个段子,说如果你读书多、有文化,当你伤心的时候,你会说"问君能有几多愁?恰似一江春水向东流",而不是说"蓝瘦,香菇"。当你夸女孩子好看的时候,你会说:指如削葱根,口如含珠丹;纤纤作细步,精妙世无双,而不是说:哟,这妮儿长得真不赖。当你因为别人的言行,尤其是炫富言行感到愤怒时,你会说:朱门酒肉臭,路有冻死骨;而不是说:老铁,扎心啦……不过要我说,写这个段子的人,还差那么一点意思,不如几百年前黄庭坚说得简短有力。他说:一日不读书,尘生其中;两日不读书,言语乏味;三日不读书,便觉面目可憎。可是说了这么多,我不禁有一个问题,你说阅读究竟有什么力量能够让他们、让黄庭坚、让我们一直坚持下去呢?

我也曾经问过我的父亲:如果这辈子只能再读一本书,你会选择什么?父亲指着书架上的《曾国藩家书》说:"它就是我现在最想读的书。因为人总是在变,时代总是在变。你20岁时的回答是这个,当你30岁时,还会给出一样的答案吗?40岁?50岁?"他说,"你永远不知道你会从下一本书中获得什么,就像你永远不知道下一秒会发生什么。所以你要时刻去读,时刻保持这种好奇心,你才会找到真爱。"说到这儿,我父亲突然很悲悯地看了我一眼,说,"像你这种平时不怎么读书,读一本书就要花好几年的人来说,可能这辈子都找不到真爱了。"

  我就这样被我父亲一语双关地讽刺了。可是我父亲说的一点都没错。中国有14亿人,将纸质书和电子书加起来,平均每个人一年的阅读量连8本都不到,会几句诗词全拜九年义务教育和《中国诗词大会》。而这14亿人中,有多少人浑浑噩噩、得过且过,有多少人大半辈子过去,才明白原来许多道理早就被人写在了书里。所以我们才总会听到那么多遗憾和渴望,遗憾丢失了纯真时捧起了《小王子》,不会面对人情世故时捧起了《局外人》;渴望获得公正评价时捧起了《论语》,渴望内心平静时捧起了《字典》。我们发现,不论我们选择哪一本书,这本书一定蕴藏着我们的遗憾和渴望。因为有些书,只有经历了才读得懂;有些事,只有读过书才知道该怎么做得更好。我们想成为什么样的人,我们想要什么样的生活,我们对于未来的好奇与渴望,这一切的一切构成了我们阅读的原动力:在别人的文字、故事和人生里,去学着读明白自己。

  你会发现自己竟然可以与不同年代、不同国籍、不同身份、不同阶层的人秉烛夜谈、称兄道弟;你会发现它让你在今生的某个时间段突然福至心灵地体会到:原来作者当时是这样的体验;你会发现原来你惆怅的事,他和她也惆怅;你关心的,他和她也关心;你会发现他的成功和失败,你会发现原来世界上真的有人在过着你想要的生活。终于到最后,你会发现你自己。你终于明白你最想要和最需要的到底是什么。你会发现那个听雨阁楼上的少年,历尽千帆变成了听雨客舟上的中年人,最后又变成了听雨僧庐下鬓已星星也的老人。这辈子走了很多路,写过很多字,却总是在读他人文字的时候,从字里行间看到了自己的影子。

  这,大概就是阅读最奇妙的地方了。

读书的收获

刘溪逸

新闻学专业2017级本科生

孔夫子好读书,"不知老之将至";陶潜好读书,"欣然忘食"。杜甫曾读破万卷书;孙中山先生"甘面壁读十年书"。

关于怎么读书,孔夫子说要"学""思"结合,要温故知新;陶潜"不求甚解";苏轼"旧书不厌百回读"。所以,我认为有关读书的方方面面,可谓"前人之述备矣",但这不妨碍我分享自己的读书心得。

我有故事,你有酒吗?还请诸君侧耳听。

有一个成语,叫作"汉书下酒"。讲一个叫苏子美的人,有一次到岳父家做客,而且每天晚上饮酒一斗。岳父不高兴了,认为他太过嗜酒,于是就派人去偷看他晚上到底在干什么。原来他是在读《汉书》。每次读到激动处,拍案而起,饮酒一斗。苏子美确实是一个读书十分带感的人。除此之外,他还让我对"我有故事,你有酒吗?"有了更多维度的理解。

一是,书好要配酒。酒是指你的学识、情感、阅历。同样是读《红楼梦》,鲁迅先生在杂文中写道:经学家看见《易》,道学家看见"淫",才子看见缠绵,革命家看见排满,流言家看见宫闱秘事。就像苏子美豪饮一斗,除了汉书写得精彩,我想更多的是苏子美的豪情。王国维先生有言"以我观物,物皆着我之色彩"。酒品不同,滋味亦不同矣。

另外一维度是,阅读是一场老友之间的夜话。我认为作家们在书写时是相当坦诚相待的。书甚至是作者唯一的知音。很多作家都是相当孤独的人,他们常在灯下独饮独酌,而当情绪漫上心头,不可自抑时,便凝成文字。作为读者呢?作家一句云淡风轻的话可能引得我们心绪难平。我们便和他们一起,玩命不恭或者亡命天涯;忧思郁结或者横眉冷对;气急败坏或者超然洒脱。这个场面,不就是两个老友重逢,把盏言欢,酒过三巡,情感更是炽烈。大家妙语如珠,把人生如意者、不如意者都端来,把七情六欲摊开,把人生的苦难啖下,然后寂然。好一幅故友夜话图!

上面说的,是读书时如痴如醉的情态。倾诉之后是静默;酒酣之后是忘却。读完一本书,时间长久了,不但记不住情节,有时连主要名字都叫不出来。那么,读书后,剩下了什么呢?从我的历程中,我的所获有三:

一曰善良。《古今和歌集·假名序》中写道:"以人心为种,由万语千言而成,人生在世,诸事繁杂,心有所思,眼有所见,耳有所闻,必有所言。聆听莺鸣花间,蛙鸣池畔,生生万物,付诸歌咏。"这种感怀在大多数诗歌中都有。《诗经》中有"关关雎鸠,在河之洲";《唐诗》中"感时花溅泪,恨别鸟惊心";《宋词》里"今年花胜去年红,可惜明年花更好,知与谁同"。这种感怀、触动,让我们感知"天地之大德曰生",对生命的不尽感激让我们变得善良。沈从文先生认为,"一个好的文学作品,照例会使人觉得在真善美的感觉以外,还有一种引人向善的力量。'我'说的向善这个词,并不属于社会道德中'做好人'的理想,'我'指的是这个读者从作品中接触到另外一种人生,从这种人生景象中有所启示,对'人生'或'生命'能做一个更深层次的理解"。所谓的对生命更深层次的理解就是去感知自己的灵魂。这种善良是一种大善良,是对人性予以宽容和理解。这种善良通向一切生命。让我们懂得万物同源,众生平等的道理。这种善良也许就是常说的赤子之心吧?其实我深刻地感受到,人们总是在这种大善良的震动中去书写、绘画,甚至建筑雕塑。在这种震动中才能感受到一棵小草在承接清露时的颤动;在这种感动中才能感受到,行走在林间,与小鹿遥相对望,我与她都是林间的精灵。

二曰高贵。高贵这个词,我这样认为:一个人能建筑他自己的帝国,并且优雅从容。进一步说,成为自己的王者,在生活中游刃有余。所谓王者,首先是个人自我的成功。子贡指出:"纣之不善,不如是之甚也。是以君子恶居下流,天下之恶皆归焉。"君子,勿居下流。然后,不唯思所以感己,更必有以励人,"己欲立而立人,己欲达而达人。"其实,这个层次是相当复杂的。立人绝不是简单地扶持他人,而是洞察到灰暗的东西后,去感召。如果大多数人有着灵魂,有一颗高贵的心,那是再好不过了,但事实并非如此,我们分明看到人的冷漠、暴戾、愚蠢以及脆弱。更隐蔽的是受迫害者并不比施迫者高贵;人群一聚集便是乌合之众。现实中也会发现这是一个"普遍不高贵"的社会,我们除了保持自己,横而不流。另一方面试图去拯救,唤醒黑暗中的人,让有灵魂者不再孤独。这事实上是一种情怀,虽然作家、读者一次次感到失望甚至绝望,但还是要为往圣继绝学,为万世开太平!

这种高贵能让我们把生活过得诗意,能够让我们跳出洪荒,用舒缓的节奏演绎生命。能在平凡中不至于庸碌,在窘境中亦不狼狈。在天地不仁,以万物为刍狗的情况下,保持人类原初的尊严。在泱泱之中,奏响生命的凯歌。

三曰智慧。读书可以引导思考。我真切地感受到,我思所能及的东西都是我有所阅读的东西。阅读到的智慧帮助我认识"世像"。比如专制,比如娱乐至死。此外,我还学会用自己的逻辑去思考,用理性去判断,学会质疑,我对一切以宏大命题剥夺个人利益的号召保持警惕,在所谓的大势所趋前保持冷静。

读书我得三宝。一曰:善良;二曰:高贵;三曰:智慧。

最后,我想说:书籍的力量值得我们无限信仰,阅读的习惯值得我们终生保持!

重拾《呼兰河传》

吴鸿瑶

穆青新闻实验班 2017 级本科生

我清楚地记得我上初二那年,与我的语文老师争论的画面。那时,我刚读完萧红的《呼兰河传》,围绕人物冯歪嘴子写了一篇读后感。

语文老师读完后,非常生气:"你怎么能说冯歪嘴子的一生是精彩的呢?你怎么理解'精彩'这个词?"

我理直气壮地回答:"他这一生经历了那么多坎坷,虽然他遭受了地主的压迫,虽然他媳妇难产死了,但是他积极乐观地活着,战胜了那么多困难!比起那些平淡如水、寡淡无味的人生,怎么不'精彩'呢?"

"但是他这一生吃了多少苦头啊!"老师皱着眉,一脸严肃。

"对啊,可他并没有被困难打败!您看看骆驼祥子有多堕落。相比之下,冯歪嘴子太值得敬佩了!"

我们俩争论得面红耳赤,最终也没有分出胜负。老师叹了口气,似乎觉得我有些无药可救。而我呢,固执地坚持着自己的一套理论。那时候我想,我俩相差了四十多岁,他根本就无法理解我,我们有着无法跨越的代沟。

从那之后,《呼兰河传》这本书就被我丢在了书架的角落里,再也没有翻看过。

直到刚刚过去的这个寒假,我重读这本已经泛黄蒙尘的书时,猛然想起当年那个跟老师争得脸红脖子粗的自己,这时,我才明白老师的那声叹息的含义,我不禁觉得可笑,笑自己的无知和浅薄,笑自己冰冷的看客心态。

我意识到,那时年幼的我以一个读者的身份,以一个旁观者的身份看待别人的故事。我的认知仅仅停留在表层的感动里,无法做到真正地感同身受。我眼中的"精彩",我的鼓掌叫好、拍手称快,面对的可能是个体的悲哀、群体的悲哀、社会的悲哀。

正如杨绛先生所说:"年轻的时候以为不读书不足以了解人生,直到后来才发现如果不了解人生,是读不懂书的。读书的意义大概就是用生活所感去读书,用读书所得去生活吧。"

我记不清我是什么时候渐渐明白这个道理的,也记不清我从什么时候开始,从读者变为作者,将我的生活经历写进故事里,化成别人捧在手心的书,记不清从什么时候起,我与文字结下了无法割舍的缘分。

也许是经历中考失利,我把自己对未来的坚定和憧憬敲进笨重的台式电脑里,以一篇发表在报纸上的《有梦想的人会发光》激励更多的人;也许是我去山区支教,用《会哭泣的鸡蛋糕》这篇小说,讲述城里来的老师与山区孩子的冲突与磨合;也许是我目睹听障儿童的父母对他的冷落后,将他的心声写进《千阳》里;也许是我收到第一封读者来信,她告诉我,要一直保持对文学、对生活的热爱,要一直写下去;也许是在全国创新作文大赛的赛场上,看着与文字的约定在我的笔尖被点亮,千般感念和万般柔情皆涌上心头……

阅读,体验,和写作,这是一个作者与读者互换身份、共享感悟的过程。

捧起,丢掉,再重拾,这是一个读书所得与生活经历相互交流的过程。

我相信,如果没有这些过程,重读《呼兰河传》时,我的想法、我的理解还是会在五年前原地踏步,无法上一级更高的台阶,而这一级一级台阶,便是我们的成长之梯。

知乎上有很多类似"读书到底有什么用?""读书的意义在哪里?"这样的问题,透露着当代年轻人对于读书的恐慌。我的答案是,罗大佑曾说过,假如一首歌的长度是3分20秒,你听完了,就有3分20秒的人生被改变了。读书也是同样的道理,而且读书的影响埋得更深。

不读《大卫》,我将不知情诗会这样写。《大卫》说:我习于冷,志于成冰。莫侬假我。然后却是升焰而万木俱焚,温馨而自全清凉,他说:"来拥抱我。""将我的诗交与伶长,用丝弦的乐器!"我停留于这样的感动无法自拔。

我相信,"读万卷书,行万里路"是永不过时的道理。既有上天揽月之心,青云鸿鹄之志,又能端坐学子之席,冥想静思,方为治学之貌。捧起丢掉再重拾,其中奥妙非常,难以言语,当穷一生追寻。

读书,让人诗意地栖居

张朴煜

汉语言文学专业2017级本科生

前一段时间有一句话在网络上非常火,那就是"朋友,游泳健身了解一下吗?"昨天,恰逢世界读书日,我也想问大家一句:"朋友,读书了解一下吗?"

首先,我想和大家分享一首诗:

半亩方塘一鉴开,天光云影共徘徊。

问渠那得清如许?为有源头活水来。

这首诗是南宋理学大师朱熹的《观书有感》。在这里,诗人将自己的思绪比作一湾清水,为什么他的思绪如此澄澈清明呢?这就是因为总有像活水一样的书中新知,在源源不断地给他补充。

是的,读书自然是能给我们提供新知的。不仅如此,"学而优则仕",读书还是我们踏入仕途的敲门砖。在我看来,读书带给我的,也许不是财富的累积,或者仕途的高升等功利目的的达成。读书带给我的,更多的是美的体验,让我可以诗意地栖居在这片土地上。

所谓"诗意",就是给人以美的享受并带有抒情意味的意境。如果你们觉得这个解释太过于抽象,那么我就给大家举一些我们身边的例子。

前两周我们学校举办了规模浩大的校运会。只是天公不作美,当我看到天上乌压压的一片,当时就想到了晚唐五代诗人韩偓的一首"猛风飘电黑云生,霎霎高林簇雨声"。虽然如此,但是我们大家有的穿雨衣,有的打雨伞,谁也不愿意错过这场一年一度的盛会。这时我又想到唐代著名诗人张志和那句"青箬笠,绿蓑衣,斜风细雨不须归"。的确,激情与兴奋交融,热情与掌声并进,在我们这样高涨的情绪下,就算是"斜风细雨"又算得了什么呢?

我们都知道水利与环境学院的教学楼有很多24小时长明的通宵自习室。有天夜里,当我做完策划走在水环学院办公楼门前的那条路,看到晚上静静绽放的海棠花。我仿佛明白了日本著名小说家川端康成那句"凌晨四点醒来,发现海棠花未眠"表达出的寂静的美丽。当我走在眉湖边,听见了其中时不时传来的蛙鸣声,我就知道这是夏天快要来了。"何处最添诗客兴,黄昏言语乱蛙声",也许晚唐诗人韦庄在池水边听到了如此清脆的蛙鸣,这才勾起了一代文豪作诗的雅兴。

读书不仅让我能够诗意地生活在校园里,它更能让我诗意地栖居在神州大地的每个角落。

傍晚,当我站在滕王阁上眺望,看到赣江上的水鸟起起落落,这种自然和谐的美景,如果只用"哇""好看""美呆了"这些词语,未免太折煞这风景。就在这样的景色里,我读懂了诗人王勃笔下的"落霞与孤鹜齐飞,秋水共长天一色"的自然与灵动;当我在初夏的清晨,漫步在杭州西湖,看到太阳照射在水面上,微风拂过,湖面波动,我终于领会到了那句"水光潋滟晴方好"所表达的意境;当我闲庭信步地走在苏州的拙政园里,看着奇石假山的互相辉映,感受着鲜草落英的清丽自然,仿佛一切城市的喧嚣都被置于脑后,正是应了明代文学家文徵明那句"绝怜人境无车马,信有山林在市城"。

诗意地栖居是我们发出的"芙蓉如面柳如眉,对此如何不泪垂"的赞赏,而不是"你长得真好看"的敷衍;是恋爱时"一日不见,如三秋兮"的思念,而不是"爱情是糖,甜到忧伤"的庸俗。

诗意地栖居还是春天"桃之夭夭,灼灼其华"的娇媚,是夏天"接天莲叶无穷碧,映日荷花别样红"的绚烂,是秋天"满园花菊郁金黄,中有孤丛色似霜"的清冷,是冬天"不经一番寒彻骨,怎得梅花扑鼻香"的傲骨。

"恰同学少年,风华正茂,书生意气,挥斥方遒。"同学们,我们正处于一生之中最美好的青春时光,为什么不拿起手边的一本书来细细品读呢?青年一代有理想、有本领、有担当,国家就有前途,民族就有希望。在我们走向中华民族伟大复兴的今天,在我们建设社会主义文化强国的今天,我们青年学子更应当肩负起文化复兴的重任。希望我们大家可以让读书成为习惯,像呼吸一样自然。

读书,做优秀的自己

孟 亚

新闻学专业2017级本科生

有这样一个故事:有一对爷孙在河边聊天,孙子问爷爷:"爷爷,我看您每天都在读那本厚厚的《圣经》,您记得住多少呢?如果迟早是会忘记书中内容的,那为什么还要看呢?"

爷爷笑着说:"孩子,去把那装煤炭的竹篮拿来。"孙子虽然很疑惑,但还是拿来了脏兮兮的满是煤渣的竹篮。然后爷爷又说:"去拿这个篮子打些水来。"孙子更疑惑了,但还是照做了,很明显竹篮是没有办法装水的。孙子很气恼,跑来问爷爷:"爷爷,您到底要我干什么?"爷爷说:"你再去试试。"就这样反复多次,孙子也没能打来水。爷爷这才笑着对孙子说:"你现在看看竹篮,这还是之前的竹篮吗?"孙子愣住了。之前满是煤渣的竹篮,因为多次受到清水的清洗,现在已经焕然一新了。

爷爷说:"读书的过程就像用这个竹篮打水一样。虽然清水都从缝隙中流走了,表面上看我们什么都没得到,但在不知不觉中,人的心灵就像这竹篮一样已经被净化得澄澈明亮了。"

对于我来说,近几年才慢慢体会到这个故事的真正含义。因为从六年级开始,到高三,整整七年,我所遇到的每一任语文老师都要求读书,而且还强制地要求做读书笔记。到现在,我已经读完了沈石溪的整套动物小说,唐诗宋词300首,汪国真诗歌集,龙应台作品全集,等等。我的读书笔记积累保存到现在还有两大本!我之前一直认为,读书就读书,为什么还要费劲去做读书笔记?直到有一天我发现,我写的文章能发表了,而给我灵感的正是多年积累下来的读书笔记!而且,无论心有多乱,当我拿起书时,文字给我的是平静。它好像在我的身上,有一种力量去对抗这个时代的慵懒和匆忙!我,何其幸运,遇到这些优秀的老师,遇到坚持读书的自己!

其实,许多时候,自己可能以为许多看过的书籍都成了过眼烟云,不复记忆,其实它们仍潜藏在气质里、谈吐上、胸襟的无涯中。

比如:修养。就像三毛说过的一句话:"读书多了,容颜自然改变",其实若有诗和书藏心中,岁月从不败美人,更重要的是你的修养。读书多了,尽管你知道旁边有"老幼病残专座"空着,你还是选择站着;车站尽管只有你一个人,你还是选择站在黄色安全线外,静静排队候车。你的修养有多高?看看你读的书就知道了。

比如:思维。高中的时候,我有一位历史老师,他讲课的角度总是与别人不一样!有一次他问我们:你们觉得陶渊明除了田园诗备受称赞外,还有哪些方面值得称道呢?当我们回答说是陶渊明的"不为五斗米折腰"的精神气节时,老师却给了我们一个更让人意想不到的答案!他说:"陶渊明得到这么高的评价,不仅是他的诗文素养,也不仅是他的精神气节,更重要的是,他为以后的读书人指了一条新路!要知道在古代读书人要么做官,要么默默无闻,但他却指出,还可以归隐田园,并且同样能获得好的名声!"我听完以后,觉得很震撼,他让我明白,原来读书是可以改变思维,去接受新的思想,去领略新的世界!

当然,在读书的我们可能仍然清贫,也可能将来未必成功。但是,只有自己知道,我还有更多的可能性去探索更好的生活,自己有多爱那个在安静阅读的灵魂!

所以你看,可能读书就像吃饭和运动一样,一天两天没有效果,但时间久了,总会凸显出来的。当生活以跌宕起伏的面貌出现,当疲惫、浮躁像波浪涌来,你却可以多一份沉稳和纯净,用《菜根谭》里的一句话来说:"此身常放在静中,是非利害,谁能瞒昧我?"

世界总会偷偷奖励爱读书的人,所以无聊的时候,少翻点手机,多读点书,因为阅读,可以拯救灵魂。

而今天,你,读书了吗?

你为什么不读书

邱锦仪

广告学专业2016级本科生

不知道大家有没有这样一个微信群,充斥着亲戚们发的各种微信推送和小视频,他们的标题通常是让人不想打开的震惊体。有一天,我还是谨慎地打开了其中一篇推送,但这篇推送似乎有点不一样,它说了4个数字,分别是25、15、180、2。

这组数字指的什么呢?日本人每天的读书时间平均为25分钟,中国人不足15分钟,中国人平均每天看手机180分钟,位列全球第二。

现在观众席上正在玩手机的同学们,你每天看手机的时间应该远超180分钟。恭喜,你是世界第一。

我们会在什么时候什么地方玩手机?睡觉前玩,睡醒后玩;在宿舍里玩,在课堂上玩。刚刚过去的校运会,许多人的第一项准备就是把手机充满电,顺便再带上个充电宝。我们在手机上看到手机的各种危害之后依然钟情于它。我们一边喝着枸杞泡水用着最贵的眼霜,一边玩手机熬着最久的夜。可以说,其实我们随时随地都在玩手机,手机是我们最专一的对象。那我们什么时候读书呢?手机玩得不想再玩后的时间呢?在我们的邻国日本,在电车上,不论是坐着还是站着,不分男女老少,总是会有一部分人,手里捧一本书或者一份报纸认真地读着。即使一群日本孩子在喧闹的机场候机时,也没人玩手机,每人手里都捧着一本书。

我无意去放大这样的行为,也不是想要以外国人来贬低本国人,然后发一些无可救药的感慨。但是,为什么我们不一样?为什么我们不喜欢读书呢?

我们会说,生活中的乐子多着呢,为什么非得看书?我们不亦乐乎地找一些客观原因。比如太忙了;书太大不方便带,书的设计影响阅读。在这样的借口之下,愿意静下心来好好读一本书的时间变得尤为奢侈,读书似乎成了最后一个选项。

然而优秀的人往往都有书籍这个好朋友。歌手李健,毕业于清华大学,被称为稀缺的知识分子型音乐人,《我是歌手》采访拍摄到李健的家时,大家都被他的书架震惊了。还有主持人董卿,在主持《中国诗词大会》《朗读者》等节目时,浑身散发着知性淡然的魅力,她在回答《南方周末》采访时说,这种魅力就来自于读书。

说近一点。郑大书霸,历史学院的郑豪,曾一年借阅图书240本,是普通图书馆读者的21倍。他每天读书至少2小时,月均读书20本,不到四年已读书824本。强大的知识储备使他不仅成为读书达人,也成为学习和工作达人。他思考问题有深度,能侃侃而谈一个半小时对《山居秋暝》的理解;他思维敏捷,可以两三天搞定一万多字的挑战杯策划书;他执行力强,历任年级学习委员、年级长,主编历史学院《嵩阳》期刊,协助校史编辑。最终被保送至名校攻读硕士学位。

再说近一点,新传院国家奖学金获得者、全能女神毛雪学姐,学习、工作、新闻实践、主持,样样出色,在她的计划本里,书单也占据了非常重要的位置。在他们面前,你还觉得自己忙得没有时间看书吗?对读书这件事,时间的有限从来都不会成为拦路虎。勤勉的人可以从24个小时里再挤出24个小时,而懒惰的人挤出的全是借口。

生活在同样的环境中,有些人能够找到平衡,借力科技的同时,不忘坚守最传统的方式获取成长的养分,而有的人却陷入了现代科技的泥潭,裹足不前。时代在改变,我们在享受着科技进步的时候,也被科技束缚着。地铁上、聚会时,越来越多的人选择专注于自己的手机,哪怕身边就坐着自己的亲人和朋友。的确,一条根据大数据推送的热点、八卦更能抓住我们的心,我们的指尖在屏幕上划过的距离远远超过了在书页上划过的距离。碎片化的信息接收方式让我们越来越习惯在大部头、经典名著面前说"不"。你从图书馆借来的书看了吗?是不是早就超过了归还限期?你立下的那些"flag"是不是早就溃不成军?

别再找借口了,放下手机吧,书籍会是你最宝贵的财富!因为读书的意义,它不在于读几本畅销成功学"著作"就立马走上人生巅峰,它在于开阔眼界不狂妄,它在于积极乐观不厌世,它在于内化于心更沉着。

郑大图书馆藏书达713.9万册,你为什么不读书?又是一年"世界读书日",你为什么不读书?读书分享会、流动图书馆建立,读书、分享、交流已成为新闻与传播学院的新常态,你为什么不读书?

读书,让我们清楚地知道炭火泡水不能治好咳嗽,大蒜不能防癌;读书,让我们在看到夕阳余晖、孤雁翱翔时,发出的可以不是一句"哇,真好看"的朴实感慨,而是吟咏出"落霞与孤鹜齐飞,秋水共长天一色"的好句来;读书,让我们可以担当起新传人的责任,用真实动人的文字"铁肩担道义,妙手著文章",用精彩有创意的文案,直击人心!所以,你,为什么不读书?

信息爆炸时代
还需要与书籍肌肤相亲吗

肖田田　许佳欣

广告学专业 2015 级本科生

2017 年的传媒业涌现出许多新现象：直播经济回归理性，短视频进入下半场，VR 渐入佳境，AI 倍受关注。同时，2017 年也是知识经济大行其道的一年。喜马拉雅第二届"123 知识狂欢节"创造出高达 1.96 亿的销售规模；知乎 live、得到付费专栏以及其他知识共享平台，都在探索更多元化的变现模式……数据显示，2017 年中国移动支付用户规模为 5.6 亿人，其中 1.88 亿人有过内容付费行为。

为什么知识付费会得到资本的追捧和用户的青睐？我想一方面是因为信息内容高度碎片化，使我们不得不依靠某种过滤机制过滤出更有价值的信息和知识。另一方面，可能是它成功戳中"小白中"（年轻人、白领、中产阶级）的需求痛点。与其说知识付费是在用碎片化时间提升自我，毋宁说它是一种缓解焦虑的心灵按摩。真实的数据给了我们很好的诠释，某些需要花费 199 元的订阅内容，竟有 85% 的推送都不曾被打开过。不信，我给大家举几个例子。微信上关注了那么多公众号，有几篇推送你会打开来看？郑重其事收藏下来的教程，你又看了多少？或许被标题的吸引，我们会打开一些推送，随意地草草浏览一下，但很少去认真地思考和体会。我想，我们都欠了阅读一份虔诚。

古人说：书卷多情似故人，晨昏忧乐每相亲。冯唐关于书曾有这样一段描述：文字写成的书在古时候金贵异常，刻在龟甲兽骨上的《诗经》《周易》只存在于王宫豪宅。写在羊皮上的一本《圣经》要牺牲三十只小羊。那时候，有一本书不异于现在有一辆奔驰或是三桅游艇。那时候，只食素斋饮清水的僧侣在一盏豆油灯下读那金贵异常的书籍，心中虔诚异常。

回忆起我小时候，身边的资源十分有限，小学和初中都是没有图书馆的。上小学的时候班主任老师会把家里的书带到学校让同学们轮流借阅,我每天掰着手指数日子,盼星星盼月亮地希望赶快轮到自己。初中的时候老师鼓励我们养成睡前读书的习惯,学校也会组织各类比赛,把各种文学名著、名家著作作为奖品。我还记得我第一次得到的比赛奖品是《朱自清散文集》,宝贝极了,每天晚上读完都要放在枕头旁才安心入睡。那时候对书真的是有一种"如饥似渴"的情感。每每沉迷于书中,仿佛进入到另一个世界,那里春风拂面,满眼生绿,可嗅到花香,可目睹蝶舞。一直到现在,我还保留着阅读、做笔记、做摘抄的习惯。会在每天早晨,留出半个小时去朗读我一笔一划记录下的文字。这个时候,我会觉得自己是个很富有的人,世间的美好,任我一字一句朗读。

朱光潜先生说:凡所难求皆绝好,即能如愿便平常。现在书籍很容易得到,一件衣服的钱够买好多本书。电子书更是便宜,一顿饭的钱就能买几个G的内容,还可以用云盘免费分享各种各样的资源。可是,我们反而体会不到阅读的乐趣了。有多少本书,被加入到我们的电子书架上,却没有读完;有多少书,被我们动动手指就保存下来,却很少点开;有多少本书,买来以后就此再也未翻看过?

我们需要坚持一些事情,来对抗生活的无能为力。在信息爆炸的时代,我们更需要与书籍肌肤相亲,来对抗无所适从的迷茫和焦虑。

在我的心里,书是无法取代的精神伴侣。

第一,书能抚慰心灵。纪伯伦在其《先知》里说:在城里建造房屋之前,先要用你的想象,在原野之中搭一座窝棚。因为你内心的那个漂泊者,那个永远疏离的孤独魂灵,也需在薄暮之时回家,一如你自己的情形。读书是在我们的心里建了一座小房子,我们从那里汲取温暖和力量。想象一下,夜晚,万籁俱寂,一座温暖的房子里,一人、一灯、一书。白日里挤进心中的琐碎杂务被抛弃,生活磨砺出的角质层得到修复。一颗心变得轻盈,可飞天之涯月之上,与星辰共舞。

第二,书能美化灵魂。对于我这样一个"颜即正义"的人来说,如果让我从当红"小鲜肉"和高晓松之间做一个选择,我想我还是会选择"矮大紧"的高老师。年轻姣好的容颜会随年岁衰老,而一个有趣的人却会被时光酿成一壶酒,越老越有味道。我国著名作家亦舒讲过:上亿珠宝,百万华服,太多脂粉,太少灵魂。美化灵魂有不少途径,但我想,阅读是其中易走的,不昂贵的,不需要求助他人的捷径。知名主持人大冰说:"五独"俱全的姑娘才最动人:独立的价值观,独立的思辨能力,独特的生活方式,独特的人格魅力,爱读书。我想,这适用于每一个人。

我国晚唐文学家皮日休有言:唯书有色,艳于西子;为文有华,秀于百卉。浮华时代里理想有国,人文不丢,世界才会一直安好。无数的信息汹涌而来,是被推搡着前进,还是坚持一份独立思考;是被裹挟着盲目接受,还是固守一份理性判断?

在信息爆炸时代,我们更需要与书籍肌肤相亲。

与君共勉!

在最好的童年遇到爱

张艺琼

新闻与传播专业 2017 级研究生

今天要和大家分享的这本书是我小学时就读过的《爱的教育》。虽然这是一本儿童读物,虽然现在读来好像稍显幼稚,但我想在这里与大家分享,是因为它确实有很多值得分享的地方。

《爱的教育》的作者是意大利的亚米契斯,我国最早的译者是开明书店的总编辑夏丏尊先生。夏老先生翻译的这个版本是一派民国风范的语言风格,一页页翻开,浓重的怀旧气息迎面扑来,译本骨子里的传统文人味道挥之不去。再次重温这本书,看到夏丏尊先生的序言就已经被打动了。他翻译这本书时说"记得曾流了泪三日夜读毕",之后翻译和再看时"还深深地感到刺激,不觉眼睛润湿"。"书中叙述亲子之爱,师生之情,朋友之谊,乡国之感,社会之同情,都已近于理想的世界,虽是幻影,使人读了觉到理想世界的情味,以为世间要如此才好。于是不觉就感激了流泪。"

在当下纷扰杂乱、躁动淡漠的社会环境中,在追求可见可检可控可支配的收益价值体系中,《爱的教育》——这本由一名意大利小学生的日记和亲人的叮嘱构成的记录,显得那么不合时宜却又弥足珍贵。孩子清澈的视角与成人温暖的心灵在其中交织呈现,一个人与人之间有情有爱、平等尊重、秩序井然的乌托邦式的画卷徐徐展开。尽管此书诞生于 1886 年,但现在读来仍是引领孩子和父母前行的光亮,其中的真挚、素朴、勇气、责任、力量,永不过时。

主人翁安利柯只是一个小学四年级的孩子,但是他却可以从每一件小事中,甚至一个眼神中,感悟到身边的爱。即使有时候,安利柯会因为受到生活上的挫折而失去勇气,但是,他那颗能够敏锐地洞察爱、发现爱的心,又会使他燃起对生活的渴望。安利柯常会因为别人对自己还有伙伴的一点点帮助而感动至深,常从许许多多平凡的事情中感受到爱,牢记他人的爱,也常常在他人奉献爱的时候给予他们最诚挚的祝福。书中记叙的事件只发生在短短的一个学期,看似平淡的每一天,在安利柯的眼里,在他的叙述中都充满了美好、圣洁以及深深浅浅的感悟。有时候我会想,他仅仅是一个小孩子,为什么会具有一份连大人都无法超越的对生命的赞美和热爱?这个问题的答案或许能从父母师长的教诲中找到:

初雪的时候,安利柯和伙伴们在雪中狂喜,但父亲却在殷殷叮嘱"你因为冬天来了快乐着,但你不要忘记世间有许多无衣无履,无火暖身的小孩啊!"

温暖的春日,安利柯说:"啊!好快活!我为什么这样快活啊!"母亲说:"这是因为时节既好,而且心里没有亏心事的缘故啰!"

校长对学生告诫:"不要喂着嫉妒的蛇!这蛇是要吃你的头脑,坏你的心胸的。"

父亲还教育过安利柯:"走街路是最要当心的呀!在街路上也有我们应尽的义务,既然知道在家里样子要好,那么在街路上也是同样,街路就是万人的家呢!"

成人不仅教育孩子,他们自己也是这样做的。

绅士的儿子对卖炭者的儿子傲慢无礼,作为父亲的绅士不仅严正地要求自己的儿子道歉,并且"把手向卖炭的伸去",还向先生请求"从此,请叫他们两个坐在一处"。

"小石匠"来家里玩,身上的白粉粘到了椅背上,安利柯要用手扑打,父亲制止并悄悄将之擦去。原因是"凡是从工作上带来的,绝不是脏东西",见了劳动的人,绝不应该说脏,他身上有着劳动的痕迹。

卡隆失去了母亲悲恸不已,安利柯见着母亲来了跑过去想求拥抱,母亲却将他推开。等看到卡隆羡慕的眼神时,安利柯方才明白母亲这样做的深意。

因为这点点滴滴的爱的浸润,安利柯和其他的孩子们自然而然地将爱也给予了他人,他们怀着那感悟爱的心情,去面对所有的日子。

整本书中没有一蹴而就的急功近利,只有点点滴滴的春风化雨。

读这本书,不禁想起惠特曼的一首诗:

有一个孩子每天向前走去

他看见最初的东西

他就变成那东西

那东西就变成他的一部分

…………

《爱的教育》最让人动容的地方就在于此吧,在最宝贵的童年,让孩子们遇到爱。

也许生活总是充满着平凡和乏闷,时不时还会遇到一些不顺心的事情。

时间一天天流逝,我们却无法在短暂的时间里完成自己伟大的理想,这个时候我们感到挫败,感到失望,怀疑人生,甚至否定自己。如果我们也能尝试像安利柯一样去体会身边的爱,或许我们就会发现:早晨的第一缕阳光,是太阳给万物的爱;妈妈的一声叮嘱,是母亲给子女的爱;街上忙碌的人群中,一个小孩子一脸的欢乐,那是他给大家传递幸福时所播撒的爱。

当我们感叹一天中居然有着这么多的爱时,才明白爱从来就在我们的身边;当我们真正的感悟到身边的爱时,我相信,我们都会拥有像安利柯那样快乐的生活,会像他一样,期待着每一个新的清晨。

《月亮与六便士》与我的新闻理想

李沛菁

新闻与传播专业2017级研究生

很荣幸站在这里参加本期的"新传青年说",这次我想给大家介绍的是英国小说家威廉·萨默塞特·毛姆的《月亮与六便士》。

这本书的主人公叫查尔斯,他人到中年事业有成,并且拥有一个幸福的家庭。这种外人无比艳羡的生活,却被查尔斯亲手打破。在留下一张字条后,查尔斯抛弃妻子前往巴黎,他深知:人的每一种身份都是一种自我绑架,唯有失去才能通向自由之路。在异国他乡的查尔斯贫病交加,却依然执着于心中的"绘画"梦想,他说:"我必须画画,就像溺水的人必须挣扎。"在经历过一些离奇的遭遇后,他选择来到南太平洋的一座孤岛,同当地的一位姑娘结婚生子。他也成功创作了一系列惊世的作品,但就在这时,他患上了绝症并且双目失明,在临死前,他告诉自己的妻子,在他死后把他影响力最大的作品销毁。

介绍完这本著作,现在,请大家跟我一起想象,假如我们有一位朋友,他平时勤勤恳恳学习,话也不多,但是突然有一天,我们从同学那里听说他退学的消息,再次听到他的消息,已经是他孤身一人在国外学习绘画了。他告诉你,他要做一名画家。这时候的你,一定非常惊讶,因为环顾周围,我们并不太可能找到这样的人。《月亮与六便士》的作者毛姆,就写了这样的一个人。

其实这个故事并不带有心灵鸡汤的色彩,主人公也没有在历经千辛万苦后走向人生的辉煌,他追逐着心中的月亮,但是这"月亮"带给他的却是看似无尽的厄运。生活的贫苦,旁人的冷嘲热讽,作品的埋没,加上伤病始终伴随着他。在我看来,与其说他在追逐梦想,不如说是梦想选择了他。"我必须画画,就像溺水的人必须挣扎。"不是他选择去追寻梦想,而是他必须去追寻梦想,就像人必须吃饭、喝水和呼吸一样。他无法抑制头脑中这种疯狂滋长的念头,只有做出改变,顺应这种想法才能使他得到片刻愉悦。他为了追求这种精神上的愉悦,只能选择放弃很多东西,人的每一种身份都是对自我的一种绑架,唯有放弃这种外在的禁锢才能走向通往自由之路。而无论身处何种境地,无论年龄、受教育程度、外界环境如何,我们都有选择一生中最想为之努力的自由,这种自由只取决于我们自身,与周遭的其他任何东西无关。当我们有这种勇气来选择自由的时候,我们就已经身处这种生命的自由之中了。

就我个人而言,本科时我学的是英语专业,因为怀着对新闻理想的无限热情,决定跨考新闻与传播专业硕士,在说出我的决定后,周遭的亲朋好友大多持怀疑的态度,我一直很崇拜那些为了发布真相,为了公平正义而付出一切的新闻工作者,就像战地女记者法拉奇,在她采访以色列的强权人物,当时的国防部长沙龙时,曾被沙龙评价:"您不好对付,极难对付。但是我喜欢这次不平静的采访,因为您是一位勇敢、忠诚和能干的女士。从来没有一个人像您这样只为一次采访而冒枪林弹雨。"作为一名美丽的女性,法拉奇却在当时和男人一般在战场上拿起相机,记录这些生死瞬间,伟大的新闻记者,就是不畏惧生死,将真相呈现在大家面前。成为一名有良知、有勇气的新闻人,也成了我心中的"月亮",尽管很多人说不理解,尽管跨专业要面对的艰难有很多,我还是决定抛下这一切,从零开始去追逐属于我的"月亮"。从某种程度上来说,我理解查尔斯,同情查尔斯,甚至觉得和他有灵魂上的共鸣。我追逐心中的新闻理想,就像他追逐那遥不可及的绘画梦想一样,我不知道这是厄运还是幸运,我只知道,不是我选择了新闻理想,而是命运把它作为礼物送给了我,这是我不得不做的事情。

每一个人都是极其微小的存在,我们生活在这世界上,可能碌碌无为,可能身份低微,但只要能散发出一点点的光芒,哪怕只能照亮几个人,就有了存在的意义。而新闻记者,就是那能散发着光芒的存在。可当今社会,物质丰富、精神缺乏、金钱至上、理想遥远,假新闻、有偿新闻和有偿不闻的现象时有发生。还有多少人能坚持新闻理想,追逐光芒,追逐着心中的"月亮",就像查尔斯一样勇于抛弃那禁锢着自己的东西。是否涅槃,已经不重要,重要的是追逐的过程,与自己内心深刻的对话。"遍地都是六便士,只有他抬头看到了月亮",遍地都是六便士,希望我们都能抬头看看月亮。

读书功用说

宋荣俊

穆青新闻实验班2016级本科生

在座的诸位肯定都是读书的,至少是读过书的。关于读书,诸位应该都想过这个问题:"读书有什么用?"

在讨论这个问题之前,我们先来看看另一个问题。前两年有个很火的话题"寒门再难出贵子",且不论其中关于"贵"的定义是否正确,但这个话题所反映的阶层固化问题,确实值得思考。

自古以来,我国社会的垂直流动率一直是比较高的。由于科举制度的存在,即使你"朝为田舍郎",只要刻苦读书,依旧能"暮登天子堂",这才有"万般皆下品,唯有读书高"的说法。

在中国经济百废待兴的改革开放初期,"读书"这件事情似乎没有那么"高大上"了。脑体倒挂现象催生出"搞原子弹不如卖茶叶蛋"的说法,"大学生就业包分配"制度的废除,更是使得"读书无用论"甚嚣尘上。

然而,随着中国市场经济体制的不断健全,能够在时代的风口浪尖上腾空而起的人越来越少。在居民个人的职业发展中,先赋性因素,也就是由你出生就决定了的因素,所造成的影响逐渐增强,自致性因素起到的作用不断减弱,阶层固化问题也日趋严重。

于是乎,读书又成了打破阶级壁垒的一把利刃。

"Give me a child he is seven, and I will give you the man."这是一句英文谚语,翻译过来就是"七岁看老"。英国有一部纪录片叫作《人生七年》,相信大家或多或少也都听说过。1964年,BBC记者采访了来自英国不同阶层的14个7岁的孩子,了解他们的现状,倾听他们的烦恼,询问他们的梦想。此后每隔7年,节目组便会再次采访当年的这些孩子,以做记录,从7岁到56岁。

纪录片中,富裕人家的孩子在成年之后仍然富裕,且看上去拥有更广阔的未来,中下层家庭的孩子却依旧挣扎在社会的底层。

我们必须承认,人人生而平等并不代表人人都能在社会竞争中处于同一个起跑线上,有人通过条条大路到达罗马而有人就出生在罗马附近。

但在纪录片中,有个叫尼克的穷孩子。从乡村小学一路走进了牛津大学,最后成了一名物理学教授。他大概是《人生七年》这部纪录片中唯一打破阶级壁垒的人,通过自己的努力成为命运这张大网中的漏网之鱼。

站得高看得远,顶峰之上才有海阔天空。我并不是所谓的学历崇拜者,改变人生的途径也确实不只有读书,毕竟没有人知道你会不会遇上什么虚无缥缈的机缘巧合,但通过知识改变命运却是最光明的道路。也就是说,读书的重点其实不在于读书,而在于获取知识。

而读书就是获取知识最简单的方式之一,不是每个人都有机会接受大师们的言传身教。但通过阅读,你能获得的甚至是那些大师们如泱泱江水一般厚重知识的精华所在。

借用《盗火者》中的话:"一个人学会了阅读之后,其实你就挡不住他的成长了。我们相信阅读是一个最为基础和核心的自我教育的途径。"

谈完了实质性的作用,当然还要谈谈一些形而上的东西。

北大历史学教授罗新曾谈及历史学家的三个美德——批判、怀疑和想象力。其实读书也是如此,比获得知识更重要的,便是学会思考。

以史为例,当我们面对旧的历史知识时,首先需要的是批判、怀疑,批判性思维是人类理性的一个基础。阅读的信息太少,容易沉浸在已有的历史论述中,变成历史的囚徒,就失去了选择的能力,不可能生产新的知识。

至于想象力则更好理解。当我们在阅读文学作品时,不都是将他人的文字描述由抽象转为具象吗?可以说,我们是同作者一样的那个文学国度的构造者,那些瑰丽的宫殿都有我们的一块块砖瓦。

除此之外,读书还有另外一个很重要的作用——塑造你的灵魂。

知乎上有个问题——"既然读的书都忘了,那么读书又有什么用呢"。底下有个高赞回答让我记忆犹新:"你不会记得你吃过的饭,但它们会变成你的血与肉。你也不会记得你看过的书,但它们会变成你的灵魂。"

我可能不会记得美人鱼化成的泡沫,不会记得史湘云芍药茵里的醉卧,但那一份对于美的感受是不变的。我可能也不会记得《朦胧诗选》里的太多诗句,但"卑鄙是卑鄙者的通行证,高尚是高尚者的墓志铭"这句话给我的触动至今难以忘怀。

"腹有诗书气自华"并不是一句空话,在我看来,每个人的灵魂都是由铭刻在血肉之中的所有感知所组成的整体,很多事情并不是你忘记了,而是你想不起来,但那些东西确实是组成了现在的你的一部分,不论是好是坏。

现在让我们回到开头的问题:"读书到底有什么用?"

"获取知识,学会思考,以及塑造你自己独一无二的灵魂。"这就是我所认为的读书的功用。

读书的"无用"和"有用"

罗 碧 孙 奕

穆青新闻实验班2015级本科生

在我们所处的这个时代,读书所包含的意义在悄然地发生着变化。伴随第三次阅读革命,网络新媒体以不可阻挡之势,从知识世界的内部对"读书"产生了冲击:

有搜索引擎还用记书本知识吗?读书所得跟得上日新月异的知识更新吗?经典都做成了视频还有必要读书吗?这是传统阅读前所未遇的危机,站在新一轮技术革命的潮头,会不会像汽车取代马匹,电灯取代蜡烛一样,我们手机里的APP,逐渐取代书架上的书本呢?我的生活经验告诉我,这正在发生。

这样我们就不得不提出这个问题,年轻人为什么不再习惯读书了?

首先,搜索崇拜令读书"无用"。

明代的大学问家宋濂小时候要想知道《论语》里一个句子怎么断句,就要"长驱百里外,从乡之先达执经叩问",在信息匮乏的时代,知识是宝贵的,这是知识崇拜的时代。

而今天的我们,只需要掏出手机,百度一下,从古人至今人,从大师到草根,凡所应有,无所不有。不读书的人不再受眼前的世界所禁锢,这是搜索崇拜的时代。

能搜索,我不必再记住"秋水共长天一色"的下一句是什么;能搜索,我不必读完《中国新闻史》就能知道张季鸾是何许人;能搜索,我只管向信息海洋里提取我需要的那一条。既然能搜索,又为何要读书。

其次,碎片化令读书"无暇"。

本来,我们的知识体系,我们的时间,都像一个精致的花瓶。书籍将一个又一个知识点按照线性结构串联起来,从第一页到最后一页,从第一章到最后一章,条分缕析、层次分明。

新媒体很蛮横,它首先将我们知识的花瓶打碎了。网络通过超链接,把所有的信息连成一种错综复杂的网状结构、三维立体结构。而且它永远处于变动之中,还在不断扩大、更新和变化。我们不知道接下来要面对的那条信息是我们所需要的,还是完全不了解的领域。

时间是第二个被打碎的花瓶。生活的节奏越快,意味着我们的时间被切割成越来越碎的片段。于是,微信、微博、短视频等应运而生,这些应用在帮助我们应对碎片化时,也将我们的时间变得更加碎片化。

今天,我们每一个人,都是被新媒体摔碎的花瓶,我们不再沉思、不再深刻、不再从容,因为我们不再有时间慢慢思考,我们无暇读书。

第三,娱乐令读书"无趣"。

麦克卢汉曾提出"媒介即讯息"的观点,当技术成为阅读所依赖的对象和承载形式时,它就制约着整个阅读过程,直接左右人们的阅读体验。

看漫画和看动画片的乐趣绝不一样,读原著和看电视剧的体验有天壤之别。屏幕胜利了,这是麦克卢汉笔下的"热媒介"对"冷媒介"的胜利。文字这"冷媒介"提供的信息少,需要读者调动较多热情与想象力,配合更多的感官和思维活动,而视频等"热媒介"信息量非常丰富。

就这样,我们被剥夺了想象空间,抑制了感性体验,在五光十色的娱乐狂欢里,把读书当作了"无趣"。

搜索令读书"无用"、碎片令读书"无暇"、娱乐令读书"无趣",读书的危机已经明晰地摆在我们面前。面对这样的危机:

首先,需要明确的是:无用即为有用。

许多时候,我们可能会认为自己看过的许多书都成了过眼云烟,不复记忆,其实他们都是潜在的,在气质上,在谈吐上,也在生活中和文字中显露着。所谓腹有诗书气自华,这个时代越来越期待读书的面孔,一个不是脂粉装扮起来的面孔,而是纯然由思想的力量创造起来的面孔。

曾经沧海难为水,除却巫山不是云。在我们真正领略过一本好书的魅力后,我们才能够真正发觉搜索的浅薄和荒诞。

其次,愿意读书的人永远有空。

一个人不好读书,那么,一年四季都有不读书的正当理由:春天不是读书天;夏日炎炎最好眠;等到秋来冬又至,不如等待到来年。其实,读书没有合宜的时间和地点,一个人有读书的心境时,随便什么地方都可以读书。

即便是碎片阅读,虽然阅读的时间上具有碎片化的特征,但是阅读逻辑仍旧具有联系性和系统性。采用"零存整取"式阅读方式是一个从草料堆到知识树的学习过程,是符合大脑认知规律的。

最后,也是最重要的一点,去发现读书真正的乐趣。

一个人读书的目的并不是要改进心智,因为当他想要改变心智的时候,一切读书的乐趣便丧失尽了。所以不要抱着一颗急功近利的心去读书,而是用艺术的心态去面对。

关于读书的乐趣,李清照晚年在《金石录后序》自传小记里,留下了这么一句话。"于是几案罗列,枕席枕藉,意会心谋,目往神授,乐在声、色、狗、马之上。"

我想,这份乐趣千百年前,能在声色犬马之上,那在今天,也一定在微博抖音之上。

第三期　与美同行

爱美之心，人皆有之。

不同时代，不同国家，不同年龄，不同性别，人们对美的理解或许不同，甚至大相径庭，但对美的向往和颂扬却是人类永恒的主题。

不论是圣贤、伟人、英雄，还是芸芸众生，大家追求美的权利、欣赏美的事物、向往美好的生活，是共通的。

两千多年前的孔子对《韶》的沉迷和赞叹，与当代青年对周杰伦"中国风"的喜爱一样，都是对美好音乐的欣赏。

苏舜卿喜欢《汉书》，与大学生们喜欢《平凡的世界》《白夜行》《小王子》等一样，都是对美好文字的喜爱。

郑板桥对徐文长的崇拜，与现代人对钱锺书、王小波的景仰一样，都透着一股亲近、思齐的味道。

与美同行，是每一个人都向往的人生境遇。

与美同行的人生，自然充满着真与善。

追求美好生活，是任何一个正常的社会必然的追求。

那么，我们相聚在一起，畅谈美的感悟，分享美的历程，共享一段美好的时光，一定也会成为一段美好的记忆。

成长路上，与美同行

宋嘉琳

新闻与传播专业2017级研究生

庄子云："天地有大美而不言。"

关于美，没有一个准确的定义。红袖朱颜是美，德高品正也是美。小时候的我觉得，美就是穿上漂亮的裙子，陶醉于声色的感官之美。但随着年岁增长，现在的我认为，那些富有影响力的人和事就是美，这种美是能潜移默化地感染我，是使我不断进步和成熟的一种力量。这种影响力之美来源于三个人。他们在我的人生中扮演着非常重要的角色。

第一个人，教会了我"严谨是美"。他就是我的导师，孙保营老师。我知道此刻坐在我对面的孙老师一定在想："嘉琳，不是说好比赛的时候不奉承吗？"老师，您得先听听我要讲什么。这本书是去年开学第一天，孙老师发给我和其他同门的小册子，《新闻报道常见差错提示》，当时我拿起来大眼一扫，这里面说的都是些易错词，容易用错的标点符号。我想，我从小就语文最好，这种错误我在上初中的时候就不再犯了，所以，这本书我不太需要……后来，我参加学院的学术论坛，写了一篇论文拿去让孙老师帮我修改。孙老师说，他花了两个小时的时间帮我检查文章中出现的语句、标点错误。当时的我十分惊讶，不是惊讶我文章中出现了多少错误，而是惊讶孙老师对细节的严苛程度远远超乎我的想象。大家再看这些，研究生群里最活跃的就是孙老师，但是大家从来没有注意到的一个细节，就是无论他说什么，句子长短，都必须加标点符号。快节奏的生活让我们忽视掉很多细节，打字不加标点已经是司空见惯的事情了，但孙老师对语言文字的严谨程度让我不得不敬佩。这种严谨的态度映射在他工作和生活的各个方面，这让我从他身上学到了很多，让我学会了不去怠慢任何一件小事。

严谨是一种美，美在不轻视细节，不降低对自己的要求。我从孙老师身上感受到，美体现于严格之中，体现于"认真"二字。

第二个人，教会了我"智慧是美"。他就是郑大党委宣传部的杨明老师。自去年九月，我在党委宣传部担任学生助理后，就每天看着他如何有条不紊地处理各种工作,对待我们学生助理,也本着"行要上,不行也要上"的原则来要求。近一年来,我写文稿,拍照片,制作公益广告,虽然过程很艰辛,但得到了很大锻炼,并在学校官网和微信公众号上发表了近百篇文稿和照片。在我犯错时,他也从不训斥,而是优雅地吐槽,三言两语点出我的问题所在,而不让我觉得难堪和自责。这让我觉得,他不仅是一个能在繁忙之中保持条理清晰的人,还是一个情商很高的老师。他的智慧,潜移默化地影响着我的做事方式,逐步提升着我的工作能力。

智慧是一种美,美在繁中见微,不桎梏于自我的表达而忽略他人。我从杨明老师身上学到,美体现于智慧之中,体现在举手投足之间。

最后一个人,教会了我"细致是美"。他就是我的爸爸。他的这种美,影响着我的一生。

我记得刚上小学那会儿,学校只提供书桌而不提供板凳,每个小朋友都要从家里带小板凳去学校。我见别的小朋友带的都是小巧轻便的小凳子,而我的板凳,是我爸爸在我开学前,专门拿电焊、手钢锯给我做的……全班只有我一个人抱着铁腿凳子去学校,以至于我的整个小学阶段都充满了"铁锈味"。我向爸爸抱怨,为什么要给我做一个这样的凳子,他说,你没看你的板凳是全班最结实的吗?没错,就是它,快20年了,除了旧了点,的确不影响使用。可我当时很不屑,心想,如果这板凳不是铁的我还能坐烂不成?后来我发现,在我们班,我的凳子是和我的书桌高度最契合的,因为它是我爸爸量过书桌高度和我的身高之后做出来的,当时我骄傲了很久,这种量身定做的限量款,我从小就享受过了。那时候,我在他身上看到的是一种细心之美,对我细致的关怀中闪烁着父爱的光芒。

细致是一种美,美在大巧若拙,不放弃对细节的追求。我从父亲身上继承的,就是美体现于细致之中,体现在分毫尺寸之间。

孙老师对细节的严谨影响着我,让我更加严格要求自己,严谨之美美于行;杨老师对工作的智慧影响着我的工作态度,智慧之美美于心;我爸爸做事认真细致的态度影响我的性格,细心之美美于细微。

他们的美,使我对自己有反省、有思考、有渴望、有向往,在我身上,这些真真切切的体察和感受,实实在在的进步与成长,就是他们对美最好的诠释与传递。

与美同行　品味墨染丹青

魏卓成

穆青新闻实验班2017级本科生

各位尊敬的评委老师、亲爱的同学们，大家好，我是2017级穆青班的魏卓成，今天我的演讲主题有关我们的一项传统艺术——书法。

请先看这一副行书书法：山阴兰亭，群贤毕至，少长咸集。这是被称为天下第一行书的由王羲之所写的兰亭集序，我相信这秀美字迹给大家带来了不少震撼。而接下来，我想给大家讲一讲我与大美书法艺术相识的故事，回忆一段墨染丹青的过往岁月。

还记得6岁时的每个周末，我和一群同龄的小朋友相聚在书法老师的工作室，跟着他临摹"颜柳欧赵""行草篆隶"等各种书体。下课了，我们有的跑到教室外头嬉戏玩闹；有的留在教室里看老师买来的报刊和连环画；如果老师兴致不错，还能听到他独有的端砚品质鉴赏课。每当临近下课，我们就诵读一篇唐诗宋词，结束一天充实的学习。小时候学习书法的时光是我人生中最难忘、最值得回忆的日子。

当然，我们学习到的并不只有如何写好书法。老师经常给我们唠叨这样一则故事。书法家柳公权对于书法有着过人的天赋，他小时候就很喜欢向其他人显摆自己的书法。但有一位卖豆腐的商贩不置可否地说："小朋友，你写的字没有筋骨，软软塌塌的像我的这块豆腐一样。你去看看城东那位老人家的字，那才叫真本事。"柳公权满腹狐疑，到了城东一看，只见一位没有双臂的老人，坐在地上用双脚写字，笔下的字迹似群马奔腾、龙飞凤舞。柳公权为其折服，想拜老人为师。老人沉思一番后给他留下了两句诗："写尽八缸水，砚染涝池黑。博取百家长，始得龙凤飞。"柳公权把这诗牢记在心，从此发奋练字，而他的书法也最终享誉天下，流芳百世。

包括柳公权在内，褚遂良、欧阳询、颜真卿这些书法家都不仅以书法闻名，他们都是当时的朝廷重臣、国家栋梁。颜真卿亲自率兵抗击安禄山叛军；柳公权刚正不阿劝谏皇帝，犹如当年魏征现世。他们身体力行着何为"德艺双馨，知行合一"。

不只是书法家,看当代画家徐悲鸿的"万马奔腾图",那是中华民族砥砺前行的呐喊!京剧大师梅兰芳不肯为鬼子唱戏,蓄须明志,尽显妆容后中国男儿的铮铮铁骨!谁说书法家就只会提笔泼墨?他们在艺术修为上登峰造极,人生事业也名垂千古。如同柳公权知耻而后勇的传奇故事一样,书法家们的艺术贡献不仅让我们通过学习告别拙劣的字迹,更让后人通过品味他们的气节风骨,把自己塑造成为一个有理想、有担当的大写的人。

六七岁的年纪,我们这群孩子连学校里的美术课和思想品德课都还没上过几节。但我们的书法老师就这样用名家碑帖,用唐诗三百首,引导着我们的童心向往美的天性,充实了我们懵懂的童年,让我们对艺术、对美有了生命中最深刻的一段体验。老师教给我们书法的字形意蕴,更教给我们谦虚、好学、诚实、友善这些为人处世的智慧与道理。书法艺术传承两千年,变的是书体篇幅,不变的是书法背后清静高雅,不拘于名利世俗的本心。

书法的美是一种安宁的美,她给我专注的定力,无论写字还是学习,都不骄不躁;书法的美也是一种活泼的美,当我心情抑郁时,写一篇泼墨狂草,就能把心头的阴霾一扫而空。而平常在社交圈子里的我,也通过书法这张名片,结识了更多坦诚相待的好朋友。

就这样,通过一个微信书法学习平台,我很幸运地认识了许多来自全国各地的同我一样喜爱书法,立志当一名书法传播者的大学生。我深深折服于他们刻苦练习、孜孜不倦的钻研精神。尽管功课繁忙,但他们从不松懈每天的练习,按时上交作业,积极与大家讨论互动,相互鼓励。他们学习书法这么多年,也爱书法这么多年,不忘初心。我也愿意同他们一起共同努力,让书法作为我们中国人特有的高雅游戏回归到每个人的心田,构建我们自己和谐、幸福的精神生活。

往事历历在目,从父母老师抓着我的小手教我写字开始,走过懵懂的童年,如今我也尝试登上书法的讲台,带着跟当年的我一样纯真的孩子们再去亲近书法,品味墨香之后的古韵悠悠。我由衷地希望他们能在书法之美的熏陶之下茁壮成长,成长为自信、尚美的书法传承人,让更多人在人生路上有一份墨香相伴!

我们都走在一条有美相伴的路上,那份美,也许是一幅美丽字画、一本好书、一种乐器。也许因为种种原因,我们曾把它放下,但是艺术的美从未消减,书法的魅力从未消减。现在,我将携这份书法之美同行,再次感受最初相识的那份感动,赏花开花落,品味墨染丹青。

内外兼修乃是美

刘伟亚

广播电视学专业2016级本科生

美是什么？

如果你让一位男士回答，可能他不假思索地就会蹦出一句"漂亮妹子"。就算是让我这个女汉子回答，我也会说"脸长得好看"。

回顾我的成长历程，我发现其实小学的我一直对美是没有什么概念的，因为我总是留着超短发，163 cm的个子混在男生堆里完全不显眼。到了高中，青春期，我对那个前排的学霸帅哥渐渐有了一种崇拜的好感。放学的时候，我都会和一帮小姐妹讨论"他到底喜欢什么类型的女生？"有女生说："别想了，刘伟亚，你不是他的菜。"我一脸不甘心："凭什么说他会不喜欢我这种类型的？哼！"

"他肯定喜欢那种娇小可爱型的，你吧，虽然白，虽然眼睛很好看，但你是个方脸，显得不够柔和。"

什么？我是方脸？方脸哪里不好看了？于是放学后，我开始在网上搜各种定义"什么是方脸？"

然后你们知道搜索引擎都给我推荐了什么关键词吗？——"方脸女生难看死了""方脸打瘦脸针作用不大""拯救大方脸的六种发型"……

我真的懵了，原来方脸真的不好看啊。于是有一段时间我每天只想一个问题：要不要去整容？

后来我就去质问我爸："都说女儿长得像爸，我怎么全遗传你的缺点了呢？都怪你！"我以为他会安慰我说："谁说你丑了？你在我们眼里都是最美的。"可是，你们猜猜他说了什么？他严厉呵斥我道："你怎么不跟别人比内涵、比学识？"

是啊，这个问题一下问懵了我。难道美仅仅是外表吗？我也开始质问我自己：鲁迅写道"把悲剧毁灭给人看是一种美"；卢梭说"只有把善付诸行动才是美"；约瑟夫说"一切美的东西都应该有其精美的内涵"……为什么我单单关注了外表美，并狭义地将它概括为美的全部。

我不得不承认,是自己在寻美中迷失了。古人说:爱美之心,人皆有之。追求外在形象的美丽大方并没有错,但是我也不能因此忽视了自己的内心。

外在美和内在美都很重要,都是一个人美的体现。但是,我在这里阐明的观点是,我们更应该追求内在美。首先,随着时间流逝,外表的美很容易凋谢,而心灵的美才是持久的。其次,内在美比起外在美对别人所产生的影响要更强更持久。比如,古希腊著名哲学家苏格拉底虽然其貌不扬,但是他品德优秀,博学多才,心灵的美已经远远超过了形体美,以至于当时向他请教的人几乎感觉不到他普通的外表。

再来说说身边的例子吧。还记得发生在 2015 年 8 月 12 日天津港爆炸事故吗?这场事故造成 165 人遇难。那些冲在第一线的消防员为了救援和灭火,他们有的脸部、手部、背部被大面积烧伤,也许他们的容貌被毁了,但谁能否认他们是最美的英雄?最美的消防战士?他们昏迷后醒来问的第一句话是:"怎么样,火灭了没有?"没有询问或者注意到自己被烧伤的脸颊,因为他们心里有更看重的东西——人民生命和国家财产;因为他们身上有这个时代该看重的东西——心灵美。

前几天,我看了一部评分很高的电影——《奇迹男孩》。影片的男主人公奥吉非常聪明,在自然科学方面颇有天赋。不幸的是,他天生面部有缺陷,因为对外貌极度自卑,因为害怕被嘲笑,他总是想戴着面具上学。幸运的是,在妈妈、朋友、老师的一步步鼓励下,奥吉选择勇敢正视自己,敞开心扉,他的乐观和幽默打动了他人,并换来了所有人的善意。片中校长的一句话让我很感动,他说,奥吉改变不了他的容貌,但是他可以变得敢于面对自己,我们也可以改变看待他的态度。

人都说,身体发肤,受之父母,我们无法选择,也无力改变。一个只有华丽皮囊的人,再怎么倾国倾城,也终究抵不过岁月的打磨。一个富有内涵,内外兼修的人,即使相貌平平,举手投足也能散发光芒。美与不美,各人心中自有定夺。但在我心中,我想,我首先要做一个内心美丽的人。

细微之处皆是美

闫昱辰

新闻学专业2017级本科生

首先,我想请大家欣赏一首歌——《sun circle》,这期间大家可以尝试闭上眼睛,发挥想象,将音乐转化成画面,看看大家能想到什么?

说实话,当我第一次听到这首歌时,心灵获得了久违的悸动。

通过这首歌我看到了株株挺立的雪松;看到了从远古石器时代奔跑而来的猿人;看到了人类文明一次次穿越雪山大洋的迁徙;看到了古埃及、北美的土著人;最后我看到的是宁静的朝阳和大漠的孤烟。

为什么说是久违呢?因为在我小的时候,能听到一首好歌很困难。我还记得小时候的我如果在路上偶然听到一首好歌,就会赶忙用妈妈的手机把它录下来,不过那个时候一般还是按键手机。因为获取之困难,我反而会格外地珍惜。但是现在,过多的平面影像已经让我慢慢变得对什么都无感了,换句话说,我现在已经目盲失聪。不知道大家是不是像我一样,选择新歌时往往先把滑轮拖到高潮处,如果不好听,马上就切换到下一首,歌曲的保鲜时间也变得越来越短。花几十秒时间慢慢听一首轻音乐而不按快进键,沉醉其中去脑补其中的画面,从而获得心灵悸动的那种美感已经渐渐离我们远去。

在古代,人们获取美的途径是有限的,反而那个时候的人更懂得欣赏和消化生命中出现的每一处美。唐朝诗人柳宗元和朋友游玩时偶然遇到一处风景优美的"小石潭"触景生情,写下了名篇《小石潭记》,"从小丘西行百二十步,隔篁竹,闻水声,心乐之。"普通的流水声在柳宗元的耳朵里听到的却是如同佩环相叩击的清脆之声。

杜甫也一样,当他看见公孙大娘弟子舞剑时感动不已,写下《观公孙大娘弟子舞剑器行并序》:昔有佳人公孙氏,一舞剑器动四方;观者如山色沮丧,天地为之久低昂;耀如羿射九日落,矫如群帝骖龙翔;来如雷霆收震怒,罢如江海凝清光。

杜甫透过诗歌将公孙大娘弟子舞剑的动作之刚柔并济,顺畅遒劲写到了极处。透过文字,我们都感动不已。试想一下,如果柳杜二人穿越到现在,用手机分别将小石潭的美景和公孙大娘弟子舞剑的视频放到微信朋友圈,我们看到了还会有那样的感动和兴奋吗?狭小的屏幕框或许将我们获得美的幸福体验削减了。无论是在柳宗元和杜甫生活的唐代,抑或是我们生活的当下,美就在那里,但是供我们现代人选择的太多、太杂,使我们逐渐缺少了那双发现美的眼睛和那颗能够慢下来欣赏美的心。就像华晨宇歌里所唱的那样,谁还能看着飞舞的尘埃漫漫自由落下,发现她的存在是那么自由自在?谁还能守着安静的沙漠去等待一朵花的开放呢?在郑大校园里又有多少人会驻足去欣赏正在绽放的花朵呢?

所以,今天,我想说细微之处皆是美。首先,这个美可以是自然之美。

我先来问大家一个问题,我们郑大校园里什么花是怒放状态?那眉湖里有几只黑天鹅呢?我们多久没有慢慢地走在路上去细细欣赏那些花了?多久没有和那些天鹅互动了?或者根本就从来没有过?我们是不是都是匆匆瞥一眼它们后又匆忙地赶路呢?它们在我们匆忙的脚步声中已经换了许多次羽毛,或许那只陪伴我们许久的老天鹅,已经悄然离去,又或许就在今天有一只天鹅宝宝出生,但我们从未在意过这样生命的传承与轮回,哪怕就是发生在离我们不到百米的地方,我们好像都没有看见。我想说,与美同行与匆忙的生活并不排斥,和学历身份地位无关,它只需要你放慢脚步,抬起头,放眼望去。陈丹青先生说:"我没有上过高中和大学,美国纽约大都会博物馆就是我的大学,三十五年过去了,我不记得来过多少次,现在我还没有从这里毕业。"屏幕上这张照片是大都会博物馆非洲馆里一个占地四千平方米的洛克菲勒翼,这张照片的背后有一个值得我们铭记的小故事:洛克菲勒有一个儿子,叫迈尔克·洛克菲勒,痴迷于前文明时代的土著艺术,为了追求这种稀有的美,他甚至亲自到部落地带,但是最后再也没有回来。在我心里,这个故事有一个美好的结局,那就是他找到了自己理想的桃花源,沉醉于此了。

好了,从迈尔克·洛克菲勒再说回陈丹青先生,说到他就不得不提到他的老师木心先生了。木心先生一生与美同行,为什么这样说呢,还记得他的那首《从前慢》吗?这首诗也有力证明了我刚刚给大家提的小小建议,与美同行需要放慢你的脚步。现在,就让我们慢慢地欣赏一下:

记得早先少年时,
大家诚诚恳恳,
说一句,是一句。

清早上火车站，
长街黑暗无行人，
卖豆浆的小店冒着热气。
从前的日色变得慢，
车、马、邮件都慢，
一生只够爱一个人。
从前的锁也好看，
钥匙精美有样子，
你锁了人家就懂了。

希望大家都能把现在的日子过得能像从前一样美，择一城终老，遇一人白首，慢慢走慢慢爱！

在我看来，美不仅仅存在于朋友圈，它就发生在我的身边，它们也许是当我第一次参加"新传青年说"有许多问题不太明白时，曾参加这个比赛的穆青班的李雨函同学主动给予我帮助；也许是班长张远熬夜为班级付出的一个个夜晚；也许是当你已经准备睡觉，舍友蹑手蹑脚怕打扰到你的可爱模样……这些绝对也在我们每个人的身边出现过，细细留意你便能够收获温暖。

再来回放那首歌，大家想到的也许更多了，现在的我希望驾驶越野车行驶在北美西部沙漠或是非洲大草原，或许我暂时还没有那样的条件，但做到让心灵遨游、让心灵不荒芜就已经很好了。

美：就在你身边

张 远

穆青新闻实验班 2017 级本科生

今天我们的主题是"与美同行"。那么，什么是美呢？

在蒋勋眼中，美学的本质是孤独；对于朱光潜先生来说，美是人的情趣和物的姿态在物我两忘之中的交感共鸣。

可能大家听了这几句话之后都非常费解，因为他们真的有一些晦涩难懂。对于这些大思想家来说，美是一种哲学，如天边的星辰那样遥不可及。但其实，对于我们这些每天会因为生活和学习，或苦恼，或焦虑，或快乐，或兴奋的千千万万的平凡人来说，美，真的很简单，就在身边。

夕阳无限好，最美是黄昏。北核的傍晚，最后一抹夕阳在天空中晕染开来。宝蓝色的天空与暖黄色的斜阳相知相间，并不是很明亮的路灯与自习室透出的隐隐约约的光线遥相辉映。清清爽爽的独属于夏天傍晚的微风，正在风的吹拂下沙沙作响的树叶，包括旁逸斜出的那一棵松柏，平平淡淡却有一种扑面而来的温柔。那段时间的我，每天因为各种事情焦头烂额，偶然间看到这么一幅景象，焦躁的心竟莫名安静下来，晚上躺在床上再回想起的时候，有一种真真切切的幸福感。这张照片平平凡凡，就在每天都会经历的傍晚时分；这个地方普普通通，就在你每天上课都会路过的北核。然而就是这么一副平凡普通的景色，却可以用其藏在平淡下的温暖触动你的心房。

其实啊，就像这样一朵小花，一颗露珠，一抹斜阳，虽然平常普通但是却温暖治愈的美好景色有很多很多，只不过是当今快节奏的生活驱使着我们每个人都要大踏步地埋头赶路，我们每天挣扎在生活的压力中，忘记了抬头看看天空，低头闻闻花香，忘记了去寻找、去感受、去品味这些就在我们身边的，触手可及的美好。

一位学姐知道我有一段时间不舒服之后，晚上从松园跑到荷园给我送来了一罐怀姜糖膏。正是类似这样的点点滴滴让我看到了那些善良的，有一颗美丽心灵的小天使其实就在我们身边。很幸运，也很幸福，我能与他们相识相知。

在穆青班最终录取成绩出来确定要转班的那天晚上,我收到了原来班级同学发给我的消息。看到之后差点就哭了出来。无论是在原来的新闻二班还是现在的穆青班,我很多时候总会有一种事情做得不够好的挫败感,但是真正支撑我走下去的,正是我每次不自信时班里同学对我的鼓励和安慰,是每次收集信息做表格到深夜时班里同学的一句"班长辛苦了"。其实,无论是一个寝室、一个组织、一个班级、一个社会、一个国家,正是因为有愿意去发现、去鼓励,并且去传递温暖的人,把大家团结在一起,才使得我们的集体更具有人情味儿。而这样心灵美的人,就在你的身边。他可能是你朝夕相处的室友,可能是学生组织里的一位学长学姐,甚至可能是此刻就坐在你身旁跟你一起来听"新传青年说"的同学。诚然,如今的社会中存在恶意碰瓷的老人,但是不也存在冒着风险也要把老人扶起的少年吗?虽然社会中存在着地震中趁火打劫的扒手,但是同样,身边的一个不起眼的乞丐却也可能为了灾民捐出自己一整天的饭钱。当我们的整个社会都在抱怨世风日下、人情冷漠时,当我们每个人都心存怨愤悲观失望时,其实,那一颗颗美好的心灵就在我们触手可及的地方。

在我看来,美并不是浮于书面的哲学理论,她可以是一抹夕阳,可以是一缕阳光,可以是一杯热水,甚至可以是一句简简单单的问候,她是触动我们心灵的一切。这是一个喧嚣浮躁的时代,"审丑"所带来的快感已代替美感,渐渐主导人们的生活;这是一个困窘颓废的时代,无数人挣扎在生活的泥潭中沮丧失望,已忘记了诗和远方。但是作为时代新锐的青年人,别忘了一起来品味邱勇校长在清华大学新生开学典礼上谈及《艺术的故事》时说的这句话:"欣赏美是丰富人生意趣,增强生命力量的过程。"正是对自然之美的欣赏,让我们感受到了涓涓细流,让我们感受到了鸟语花香,让我们感受到了:哦,原来人生这么有趣。正是由于人性之美,才有了那一杯热水、一句问候支撑着我们度过漫漫长夜,让我们一次又一次变得更加坚强。

世界虽然苟且却也丰富多彩,希望我们都可以与美相伴;人生纵然艰难却也十分温暖,希望大家都可以与美同行!

谢谢大家!

他们的美,让我找到了自己的路

李林翰

网络与新媒体专业2016级本科生

大家好,我是2016级网络与新媒体专业的李林翰,今天我演讲的题目是《他们的美,让我找到了自己的路》。

2018年5月12日,我们接过了学长学姐的接力棒,成了记者团下一名奔跑者。

那天,当我看到朋友圈里刷屏大家集体怀念的时候,我也想找个地方,来讲讲这两年我在记者团的故事。

2016年,我加入校党委宣传部新闻中心学生记者团,成为一名学生记者。我记得自己最经常说的一句话是:"您好,我是党宣记者团的学生记者,我可以问您几个问题吗?"这句话我已经忘了说多少遍,只记得这两年,有过迷茫,有过感动,有过大喜,也有过大悲。最后,在这里我找到了一条属于我自己的路。

每当别人问我,带你的人是谁呀?我总会高兴地回答"方正学姐呀"。方正学姐其实是个男生,大家之所以叫他"学姐"是因为他长得真的太美了。

学长在退团的时候给我写了这样的话:"以前一直对你很严厉,是希望你能真的学到东西。"当看到这一句话的时候,我多么希望学长能回来再批评我几句。

我知道,虽然学长对我很严厉,但他再忙也会抽空认真改我写的每一篇稿子,很多稿子的修改意见比稿子写的还要多;还有鲸鱼姐,我记得学姐那天早上发来修改意见的时候,她还特别不好意思地说:"对不起呀林翰,我昨天晚上改到2:30就直接趴在桌子上睡着了,稿件只改了一半。"这时候,我心里是深深的感动。

在我看来,方正学长、鲸鱼学姐他们和很多记者团的学长学姐一样,他们的美是无私奉献和付出。

当然,这两年,我也采访过很多文理工医学科的老师或同学,他们身上的美也让我深深受益。

2015级官庄考古队,这些郑大人身上的美是热爱。

去年我去采访他们的时候,他们正在荥阳市考古遗迹进行田野实习,当时正是11月,寒冷的天气让他们不得不穿上非常厚的衣服。学长跟我聊天的时候说了一句话让我记忆深刻,他说:"探方就像打通时间的一扇窗户,第一层土是现代层,第二层土是明清,最后一层可能就是春秋,三米深的土蕴含着两千多年的岁月。"学长对考古的这份热爱让我知道,原来,热爱可以成为一个人为了某个职业奋斗终生的理由。

也是后来,我才慢慢理解,那些看起来光鲜亮丽的人,身后总是饱含了心酸和汗水。

机械工程学院的赵健壮学长,还没毕业就拿到了5项国家级创新项目和11项专利。在这背后,是学长把实验室当成了自己的另外一个家,每天通宵待在实验室是一种常态。可是真正打动我的,是学长面对艰难生活依然乐观的心态。父亲重病时,学长便独自承担了照顾父亲的全部责任,给父亲做饭,陪父亲聊天,拉着父亲四处散步。面对日益拮据的家庭环境,他也总是给父母打电话宽慰他们,说"一切都会好起来的"。

在我看来,赵健壮学长身上的美是对科研的痴迷,是面对艰难生活依然乐观的心态。

还有一些郑大人,他们的美是在追逐梦想时的永不言弃、永不退缩。

美术学院的尹燕明,用一年半的时间做出了发光的钟楼模型,在这背后,是他日复一日的挥汗如雨;研艺阁团队,2018年3月同时在国际顶尖杂志发表两篇封面文章,在这背后,他论证的一个重要观点,则花费了他们两年半的时间,进行了上百次实验;郑州大学龙舟队,这两年成了一匹黑马,在这背后,他们每天都会在暴晒的午后进行体能训练,中午休息没有床,他们就把地当成床。

我懂得了,这个世界哪里有什么单纯的美,那些看起来光鲜亮丽的东西都需要我们日复一日地去付出、去努力。无论你是从事教育还是科研,无论你是致力于运动还是公益,原来,每个人都在为自己的梦想负重而行。

这两年,我所遇到的这些郑大人,他们的美是他们的美好品质;他们的美是乐观、是热爱、是责任、是担当,是永不言弃的精神。这些美好品质让我感动,让我改变了自己的偏执和傲慢,也让我再次坚定了当一名记者的初心。

我曾经偏执地相信"一个人单枪匹马就可以与整个世界对峙",到后来我才发现,那些所有让我引以为傲的事情,那些所有让我开心到跳起来的成果,都在与这些美好的人同行。

方正学长说,记者团是一个神奇的地方,他可以让热爱新闻的人更爱新闻,让那些不怎么爱新闻的人彻底丧失对新闻的兴趣,幸运的是,我成了前者。

永远热爱，永远美丽

吕青洋

网络与新媒体专业 2017 级本科生

"与美同行"，那什么是美呢？或许是自然之美，或许是艺术之美，然而我今天要讲的是人性之美。具体来说，是一颗热爱生活的心，在看清了生活的真相后仍然热爱它。

余秀华，我是通过《朗读者》认识她的。出生时她因为缺氧导致脑瘫，6 岁才学会走路，后来嫁给了大自己 12 岁的丈夫。她走路摇摇晃晃，说话结结巴巴，甚至吃饭都能把饭菜弄到地上去。用世人的眼光来看，余秀华确实不算是美丽的，但她的选择是，"即便用一副完整健康的身体来换取我现在的痛苦，我也不愿意，因为这是生命的平衡性。"她热爱自己的生命，虽以疼痛取悦这个世界，但脸上的微笑和手中始终不辍的笔，展现的是与众不同的美丽，倔强且执着，忠贞而浪漫。她既像战士般刚强勇敢，又不掩饰小女子对爱情的渴望。这样美丽的灵魂，纵使没有华丽的外表做装饰，仍然可以在人群里发光发亮。

不过幸运的是，社会上虽只有一个余秀华，但人世间拥有同样美丽灵魂的人还有很多。我想起了外婆，一个自我记事起就弓着背不停忙碌的老人。外婆生于 1949 年，年轻时和外公没少在外地奔波。由于外公工作的原因，大多数时间都是外婆带着三个孩子。还记得有天早晨，我起床去卫生间看到外婆拿着木梳子很费力地想把头发一缕缕梳顺，那个时刻我才发现，她不再是年长的一家之主，她已经老了，老得没有力气打理自己的头发了。后来，我轻轻接过梳子，替外婆认真地梳理头发。外婆的牙齿已经没了，我问她戴假牙疼吗？她摇摇头说："现在有很多好吃的，以前没有，老了，却对这些零食感兴趣了。"我不知道怎么回答她，只觉得外婆莫名有点可爱。她不去想岁月给自己带来的不便，而是想着时代进步了，有很多自己之前体验不到的东西。我意识到，岁月只是在外婆脸上留下了痕迹，但她的心仍然会因为生活的新奇而激动。

不知道大家有没有看过龙应台的书，其实，她在书中也这样描绘过她的母亲：

她娴静地坐下,两手放在膝上。刚好后面有一丛浓绿的树,旁边坐着一个孤单的老人。"你的雨儿要看见你笑,妈妈。"她看着我,微笑了。我这才注意到,她穿着黑衣白领,像一个中学的女生。

　　原来,经历了苦难,经历了岁月的洗礼,最后,她还是保留了那个热爱生活的、勇敢的自己,纵使青春悄悄溜走,年轻的岁月不再,但那样的自己仍然是最美丽的,无关年龄,也无关容貌。

　　有时,磨难不仅会在脸上留下痕迹,还会折磨你的心灵。说到这里我想到了木心先生。"莫倚偎我,我习于冷,志于成冰;莫倚偎我,我正升焰,万木俱焚。"这句话出于木心先生的诗歌《大卫》。1971年,中国现当代文学大师木心先生在"文革"期间被捕入狱,囚禁18个月,所有作品皆被烧毁,三根手指惨遭折断。幸运的是,命运的坎坷没有浇灭木心对生活的热爱,他在《大卫》这首诗的最后写道,"来拥抱我,我自温馨,自全清凉;来拥抱我,请扶持我。"对啊,即便是生活让自己狠狠地跌了一跤,又怎么样呢？大不了拍拍灰尘,整理衣襟,然后依然以自己最美的姿态前进罢了。这才是最帅、最酷、最勇敢的美丽,不是吗？

　　美丽无关年龄,无关容貌,无关金钱富贵。我喜欢仓央嘉措,因为他有流浪拉萨街头的勇气,只为追逐自己喜欢的生活。当我因为生活琐事而感到厌烦时,会想起他,想起翩翩白衣少年,拥有美丽的灵魂和勇敢的心;我喜欢世间一切美丽的事物,也接受美丽的残缺,因为我想,我也是个热爱生命的人,我也同样可以拥有在看清生活的真相后依然热爱生活的勇气。

　　永远热爱,永远赤诚,永远美丽。最后祝愿大家都能遇见美,并与美同行。

慢慢走,欣赏美啊

孙 奕

穆青新闻实验班 2015 级本科生

提到美,大家都很熟悉,每个人对美都有天然的追求,看到美的事物会心情愉悦,这种感受是根植内心的一种情感。就如同一千个人的眼中有一千个哈姆雷特,我们对于美的触点也各有差别。有的人对于音乐美是敏感的,有些人对于食物美是执着的,而对于我来说,我对于语言美有一种特殊的触动。

不知道在座的各位是否和我一样,在很小的时候就被妈妈逼着背了很多古诗文,从"知之者不如好知者,好知者不如乐知者"到"道可道,非常道",从"春风得意马蹄疾,一日看尽长安花"到"我愿天公重抖擞,不拘一格降人才",从"窈窕淑女,君子好逑"到"似此星辰非昨夜,为谁风露立中宵"。

其实,当时的我并不能理解其中很多句子的意思,这些读起来朗朗上口的语句对我来说只是很好听而已,其中所表达的那份心事,是我那个年纪不可能理解的。我曾经多次偷奸耍滑,就为了少背一些知识点。事实证明,听妈妈的话是对的。很多时候,虽然我总觉得自己费了那么多功夫背下来,背到欲哭无泪的诗词,都如同过眼云烟,不复记忆,但是并不是这样的,即便有些文字随着时间淡忘了,可是这些小时候记下的语句,转变成了更加深层的积淀。当我遇到此时彼时、此人彼人之时,总能够从漫漫语库中找寻到与我心有灵犀的时刻,这是一种无法描述的美妙体验。当我面对静好的语句时内心的悸动,那份对语言美独特的感情,多半是那时埋下的伏笔。也是因为那时的积累,让我现在对于语言、对于文字有自己更深的体悟,对语言的魅力有更多的思绪,这对我来说是很幸运的一件事。

前一段时间,央视综艺《朗读者》中出现的一位嘉宾让我对语言美有了更加深层的体验。他是翻译家许渊冲,许老先生是国际翻译界最高奖项之一"北极光"的文学翻译奖得主,且是首位获此殊荣的亚洲翻译家。与他的老师钱锺书追求精准的翻译不同,许渊冲先生更加注重翻译中语言美、韵律美的追求。我现在想问一下各位,"床前明月光,疑是地上霜"这句诗大家都会背,可是应该怎么翻译?哪位英文好点的可以来试一下。其实这句诗看起来简单,翻译的时候还是比较困难的,因为诗中的月光不仅仅是月亮的光,它还是乡愁、团圆的一个意象。那我们来看一下许老先生的翻译,

Pool of light(床前月光如水)
Bowing In homesickness I'm drowned(我沉浸在乡愁之中)

就是说这句翻译中把乡愁比作水,把月光也比作水,这样就把诗中团圆的观念大致翻译过来了,而且这句英文可以说是展现了另一种语言美。许老先生在《朗读者》中说自己翻译不是去逐字逐句地翻译,而是去"创造美,发现美",达到让不同的语言不再成为感受语言美的一个壁垒,而是一个助力,这就是翻译的妙处。也是因为翻译,语言美能够被更多相隔千里、口音各异、风俗习惯千差万别的人理解、感受,这是一件多么美好的事情啊。

美是一个世界性的主题,涉及美的点点滴滴,很多都是互通的。不管我们心心念念的是哪一种美,与美同行,最重要的是去感受美、尊重美,对美的一切心怀感恩、心存敬畏,用一颗开阔的、包容的心去感知身边的美。

与美同行——品味新闻之美

王德昕

广告学专业 2017 级本科生

尊敬的各位老师、亲爱的同学们，大家晚上好！我是来自 2017 级广告学（2）班的王德昕。朱光潜先生曾说："美不仅在物，亦不仅在心，它在心与物的关系上面。"作为一名新闻与传播学院的学生，我认为新闻也是与美紧密相关的。

请大家先将目光聚焦于 2016 年的东南亚"血汗海鲜"事件，这则新闻由美联社 4 名女记者报道。她们记录了劳工被囚禁、殴打并被强制工作的情况。据报道，这些实为渔奴的劳工和奴隶没什么区别，每天轮流捕鱼，全年无休。捕鱼结束后就被关进窄小的牢笼里，只能在里面蜷缩着，他们每天只得到极少的米饭，渴了喝脏水，如果不听话就会遭到船主的毒打。有的人被囚禁多年，甚至从没想过有一天自己能够逃出去。

而那些被虐待致死的劳工，就会被船长直接扔进海里喂鲨鱼，一名有幸逃出小岛的劳工说，大海底下埋葬的尸体多得可以堆砌成一座小山。

在调查过程中，危险一直伴随着记者。2014 年部分报道刊发后，Robin 和 Esther 前往本吉纳，在途中发现了被锁在笼子里的劳工，在夜色的掩护下，他们停在一艘渔船里，拍摄这些劳工叙述自己的苦难，直到一名愤怒的保安驾船赶来，几乎撞翻了他们的船，这才罢休。记者们时常遭到捕捞公司的威胁，需要时时小心被打击报复。还有一次，为了躲避黑手党派来的持枪歹徒，她们在一辆卡车里面躲了整整 4 天，在如此危险紧急的情况下，他们仍不忘记下涉事船只的编号。故事讲到这里，如果你说采访报道只是记者的本职，那也无可厚非。

可接下来四位记者面临着一个两难的抉择，如果她们立即把这则新闻报道出去，绝对会带来爆炸性效应，但是，还未被救出的渔奴则会有性命之忧；如果暂不报道，先救渔奴，他们可能面临着新闻失效的结果。反复纠结之后，Robin 等人最终选择了后者，联合媒体和政府救出了 320 名劳工，最后再发布新闻。

一则视频记录了一个劳工与阔别22年的家人重聚时喜极而泣的情景。

这些报道最终解救了超过2000名被囚禁的渔奴和其他劳工,并推动了相关制度的改革。这组建立在公共服务基础上的国际调查,也终获第100届普利策新闻"公共服务奖"的殊荣。Margie、Robin、Martha和Esther四位记者忠于事实,不畏艰难,勇于为新闻事业奉献自我,在他们身上,新闻之美清晰可见。如果没有他们,东南亚海底的白骨越堆越高;如果没有他们,失去依靠的妻子儿女的泪水不会止流;如果没有他们,这条肮脏血腥的产业链将会如魔爪般继续蔓延。

就像美联社总编辑卡罗尔所说的那样:"报道新闻,而非制造新闻。揭开黑幕,替弱者发声,用传播工具告诉全世界:有些错误需要被纠正。"

随着自媒体的迅速发展,也许有人觉得没有深度报道无所谓,我们每个人都可以是媒体。媒介泛化了,快手、抖音里面的娱乐八卦和搞笑视频好像在告诉我们什么媒体、传播也不过如此,时时在破坏着新闻的庄严。

可是,深度报道不是随随便便一个人就可以完成的,它需要配合,需要专业素养,需要沉下心来付出大量的辛苦和劳动。真的有大新闻、大事件发生时,你能指望段子手、营销号在家里编出一个报道?你能指望鸡汤大V脑洞一开带给你一个真相?这,显然不行。

媒体在将网帖内容搬到自己的网页上时,有没有怀疑过它的真实性?有没有去做过必要的求证工作? 在当下的媒体环境中,社交媒体往往既是虚假新闻出现的源头,在传播过程中又不时成了助推器。很多假新闻首先发布在自媒体,专业媒体仅经过简单的复制粘贴,便造成假新闻扩散,伤害的则是新闻业的信誉和权威,虚假与欺骗使新闻的美感荡然无存。

作为一名学生记者,实实在在让我领略到新闻之美的是校报记者团。在记者团,从见习记者到学生记者,从师兄师姐带领着反复写稿改稿的小懵懂,到现在初步获得认可,记者团内对待新闻的严谨认真、尊重事实的工作作风一直在影响着我。团内学长学姐对新闻的执着也鼓励了我迈出当记者的第一步。2018年暑假,我选择留校,在报社实习,在更宽阔的地方感受新闻之美。

包容,盛唐文化之美

柳淑蕾

文学院 2017 级本科生

前几天,我刚看完陈凯歌导演的《妖猫传》,电影中大唐恢宏大气的画面深深感染了我,所以当我看到"美"这个字的时候,我脑海中的第一反应,便是极乐之宴,便是繁华的长安街头,是万国朝觐的恢宏场景,还有杨贵妃挥舞的衣袖,和李白醉倒在酒池边,吟诵的那句"云想衣裳花想容"。

美,是人类永恒的追求,与其说"云想衣裳花想容"是形容风姿绰约的杨贵妃,不如说它是在形容大唐盛世的美。大唐,是多少人为之痴狂的梦,贞观之治,开元盛世,据说彼时的长安,人口一百多万,其中诗人就超过一万,还有一万多的异国人口,分别来自日本、朝鲜、西域……外国人甚至还可以在唐朝做官,为唐朝带来五彩的文化气息,如此这般的国际都市,现今之世恐怕也难寻。富有、诗意、美轮美奂,其实都是大唐迷人的因素之一,但更重要的,是包容。

若无大唐的包容,怎有诗仙李白留下千百首醉人的诗篇?君不见黄河之水天上来,奔流到海不复还。李白挥舞手中的长剑,吟诵"长风破浪会有时,直挂云帆济沧海"的诗篇,痛饮樽中的美酒,挥洒"天生我材必有用,千金散尽还复来"的豪情。如此逍遥自在,狂傲不羁,恐怕只有在大唐才能出此一狂人,也只有大唐才能给予他丰富的浪漫想象和无尽的灵感吧。是大唐对文化的爱惜与包容,孕育了数不尽的美的诗篇,自陈子昂和"初唐四杰"起,唐朝著名诗人层出不穷,盛唐时期的李白、杜甫、岑参、王维,中唐时期的李贺、韩愈、白居易,晚唐时期的李商隐、杜牧,他们的诗作风格各异,既有李贺"昆山玉碎凤凰叫,芙蓉泣露香兰笑"这样对神话世界的浪漫想象,又有白居易"田家少闲月,五月人倍忙"这种对现实生活的细致描写;既有激昂雄浑的边塞诗,亦有沉郁厚重的史诗。从唐朝诗人笔下看长安,大唐是一个多么可爱、多么美的王朝啊。

大唐文化之美,当然不仅限于此,更多地体现在对待外来文化包容的态度上。唐朝何以伟大?因为自信。因为自信,所以胸怀宽广,所以不怕被同化,不怕丧失主体性。正如大海一样,海纳百川,不怕吞噬,这是大唐的气魄,是大唐的胸襟,是大唐包容文化的美!梦回大唐,我们站在长安街头,可以看到长安城宏伟的建筑,宽敞笔直的街道,世界各地的商贩在这里来来往往,店铺林立,店铺里陈列的是各国的奇珍异宝,四方货物云集于此,繁华异常。此时的长安、扬州、洛阳是国际性的大都市。正如张祜诗云:"十里长街市并连,月明桥上看神仙。"这样的大唐,怎能不美、怎么不醉人啊!

今夜,我以朝圣者的虔诚,穿越幽深的历史长廊,寻找一个金碧辉煌的王朝;今夜,我透过历史的层峦叠嶂,涉过烟波浩渺的历史之海,回望千年前屹立在东方的你——大唐。我饱读你肆意纵横的纸香墨飞,辞赋满江;你用你宽广包容的胸襟,繁荣多元的文化,奠定大唐的繁荣。我听到历史的回响,你用浑厚的声音告诉我:

这世间最持久的美,最摄人魂魄的美,不会是单一的存在。最美的文化,最绚丽的文化,必然是五彩缤纷,必然是多种文化各色的丝线,才能织就最美的霓裳。

纵使时间流淌,时光飞逝,美丽的唐朝不老,包容的精神不褪。

与美同行

田鑫宇

新闻学专业2017级本科生

我曾见过春意渐浓烟花三月时飘飞的雪花,也听过物燥天干西北荒漠里清脆的驼铃。曾经为了一篇稿子行走风雨里修仙三更时,也感动于深夜电脑前老友的一声关怀与晚安。生活中,许多事情让我们感受到美。但,什么是美?美人?美景?美丽心灵?好像是这样的,又好像不只是这样。

举例来说,行走在街上的妆容精致的女模特是美的,运动场上不施粉黛挥洒汗水的女运动员也是美的;苏州园林里精致的绿荫是美的,楼兰古国里屹立的古树也是美的;走遍千山万水是美,坐拥千书万卷也是美。正如圆的周长不随笔的颜色而变一样,美也不拘泥于一种形式,可以是风,是雨,也是你。是一种外在,也是一种内涵;是赏心悦目的美丽外表,更是初心莫负的高尚品格。

这是我们都向往着的美,既希望拥有天使般的容颜,又都期待着有朝一日功成名就流芳千古。在追求美的道路上,我们辗转春秋也经历风霜,看朝露也赏满月,为了与美同行,也为了有朝一日你我同行。

纪伯伦说:"我们活着只为的是去发现美,其他一切都是等待的种种形式。"宋征时说:"谁用全身心去执着地寻求美,美就会悄悄地飞进他的心扉。"罗丹说:"美是到处都有的,对于我们的眼睛,不是缺少美,而是缺少发现。"别林斯基说:"在活生生的现实里有很多美的事物,或者更确切地说,一切美的事物只能包括在活生生的现实里。"那么在我们日复一日的"平淡"生活里,我们要怎么去寻找美的踪影呢。网上有句毒鸡汤说,你不是活了一年,只是过了一天然后重复了364次。鸡汤虽毒,却有一定的道理,假如我们过着无限循环一眼看到底的人生,那我们心中的美、眼中的美都早晚消磨殆尽。所以,要给自己的人生一点不一样的可能性,然后每天早晨醒来面对朝阳,是对这一天充满渴望与期待的,怀有热情地对自己对他人对生活。朝鸟啼啾,是不经意耳闻美妙的旋律;人来人往,是面对未来饱满的激情;华灯已上,是对这座城市夜晚的守护。而你我,都在一片天空下用力呼吸,用心生活。

以人而言,我们同处一片苍穹之下,在同一个日月轮回之中,夜晚仰望同样的星辰,白昼沐浴同一片日光,却似乎总有人比你优秀,于是你心神不定、妒忌成狂,竭尽全力想拼一个同归于尽。对美的追求,不是这样的,你看这朵花要凋零了,它飘飘摇摇还在眷恋枝头,却终究归于尘土化作肥料,然后来年再见。这是自然循环,也是道法自然。它选择善待高枝犹存的妍丽,然后蓄力等待下一个花季的盛放。优秀的人比比皆是,他们前赴后继,那我们呢,是淹没在洪流里还是选择努力与其并肩而行,去做海底沙砾或是岸边古树,或者橡树身旁一株木棉花,哪有那么多格格不入,不过是嫉妒心作祟而已。那我们选择善待,然后来日可期,期待明天花瓣上的朝露,期待下一个更优秀的自己。

可你又会觉得,"比你优秀的人比你还努力,你的努力根本毫无意义嘛",话不是这样说的,比较不是这样做的。比你优秀的人比你还努力,那你有什么资格待在宿舍浑浑噩噩呢。我们总是在起点的时候选择堕怠,等到差距拉大的时候开始感叹人与人之间的差距,叹一口气说智商不及人,再叹一口气说老师不偏爱。我们谁都不是天才,有的只是努力程度的差距。现在奋起追逐,或许要很久才能追上所谓比你优秀还比你努力的人,可你在开始行动的时候就已经超过了原本跟你一起待在原点的人,这又何尝不是一种进步。总有一天,你也会成为十分优秀却依旧努力的人。在奔向星辰大海的征途中,我们能看到美并善待美并不是目的,为了不负生命,我们要成为美,成为这一路中同样靓丽或者最靓丽的风景线,要成为美的扮演者而不只是观众。

看过很多风景,日月朝暮、大海荒漠,也遇见了很多人,相聚又走散。回首才发现,这半生、征途里最美的是你眉眼闪着光辉,笑容熠熠说着要去拼搏的样子。与美同行,最期待不过前进路上,你我同行。

与美同行,满载而归

王 攀

新闻学专业2016级本科生

在跟大家分享之前,想先问问大家,你们觉得与美同行是什么？我在之前做了一个关于"你认为与美同行是什么"的问卷调查。当我问室友时,他说与美同行是我和他一起走;当我问好朋友时,他说与美同行是牵手郑州大学;当我问一对情侣时,他们说与美同行是今生今世相互陪伴……

或许每个人心中都有了专属的那份完美答案。虽然每个人的回答都不一样,但我从中发现了些许相似,那就是,与美同行是一生中遇到的那些伴你成长的人或物,最终你会因他满载而归。

2018年4月末,因为要为郑州大学水环境与水资源教师团队拍摄公益广告,我认识了这位教授。拍摄视频之余,我们聊起了这个话题,他用自己的故事告诉了我,什么是与美同行。

他从华中科技大学毕业之后来到郑州大学水利与环境学院攻读博士学位,恰好导师是水环境与水资源教师团队负责人左其亭教授。对左教授,他很早就十分仰慕,但又唯恐左教授不肯接纳他,只能抱着乐观的心态试试看了。没承想,他和左教授自此建立了深厚的师生情谊。他告诉我:左教授对待学生就像对待自己的孩子,始终相伴而行。有一段时间他为申请博士后基金和国家自然科学基金吃不下饭,睡不着觉。左教授看在眼里疼在心里,在做了相关了解之后,左教授默默站在他的身后,指导他大的方面怎么规划,小的方面怎么设计,一字一句怎么推敲。功夫不负有心人,最终成功拿到了两项基金。

他笑着对我说:"王攀,如果当初没有左教授的陪伴,我一项基金也拿不到。"之后,他听从左教授的建议,留校任教。参加工作后,他没能尽快适应角色的转变,有一段时间十分迷茫。左教授似乎看出了他的窘境,在同去北京出差的高铁上给他谈了许多心得,现在他已是学院的副教授。他对我说:"在参加工作之后,左教授还能为我的人生之路如此指引,我真的很感动,他身上的师风美德陪伴我收获了这么多,我要把这些传递下去,也让我的学生满载而归。"最后,他问我:给你讲了这么多,现在能明白与美同行了吗?要不要跟我分享下你的小故事。他说完这句话后,我陷入了深深的思索,在脑海深处尽力将破碎的画面拼接起来。他看我不说话了,也就没有接着问,只对我说:留意身边和当下。

由于急着将视频赶出来,我没有将过多时间放在思考我的"与美同行"。直到所有任务结束的那一刻,学姐在群里发了句"搞定,辛苦大家了"。也就在那不经意间,我脑海中又浮现出张老师的那句话:留意身边和当下。是啊,越接近自己的美越容易被忽略。我们小组前前后后花了二十多天来做这个公益广告,大家整整相互陪伴了二十多天。在这里我和大家有说、有笑,有争吵,一起思考,一起讨论,一起拍摄,在不知不觉中我提高了很多。比如,拍出更有感觉的画面,写出更优美的文字,更好地协调人际关系,等等。最重要的是,大家经历了这二十多天,彼此更加熟悉了,情谊深深地烙在了心里。对,这就是我的与美同行,我和她们相互扶持完成了这艰巨的任务。我,收获颇丰;我,满载而归。

最后,我的与美同行的故事讲完了。请大家跟着我闭上眼三秒钟,思考一下你的"与美同行",一定要留意身边和当下,你一定会满载而归。

以爱之名，与美同行

尹 然

新闻学专业2017级本科生

美，是古往今来许多人追求着的永恒主题。而对于美的理解，往往是不尽相同的。

席慕蓉曾说："爱是一切的泉源，尤其是美的事物的泉源，以爱的眼光来看宇宙，你将会看出无限的美好。"而我对美的理解便是：因为爱的缘故，所以有了无限的美。

美——因喜爱

台湾作家龙应台在她的"人生三书"之一，《孩子，你慢慢来》中，有一段描述，颇令人动容。

龙应台偶然经过一家花铺，买了一束花，卖花的小男孩欢喜地抽出草绳绑花。但这个只有5岁大的小孩儿偏偏要绑自己喜欢但对他来说有些复杂的蝴蝶结，所以耽误了很长时间。但龙应台却不急，只静静地坐在石阶上欣赏着那个孩子努力绑花的美好画面。在书中，她这样写：

这个五岁的小男孩，还在很努力地打那个蝴蝶结；绳子穿来穿去，刚好可以拉的一刻，又松了开来，于是重新再来；小小的手慎重地捏着细细的草绳。

我，坐在斜阳浅照的石阶上，愿意等上一辈子的时间，让这个孩子从从容容地把那个蝴蝶结扎好，用他五岁的手指。

因为喜爱所以执着，才正好构成了龙应台眼里那一幅岁月静好的美好画卷。

美——因热爱

而我美的启蒙则是来自书本。

母亲爱看书，小时候的我便也时常到书柜里胡乱拿出几本书来看。虽然那时的我字都认不全,只能看看插画,但在潜移默化中,我对书有了一份热爱。那时候的夜晚,其他的小孩大多守着电视机看动画片,我却是与书一起度过的。

一书一世界,书是大千世界的缩影,它将无限的世界收藏于有限之中,给人以美的享受。读《红楼梦》,我体会到文字之美;从《小王子》中,我发现纯真人性之美;在《理想国》里,我领略了思想之美……

我体会了这个世界无限的美,只因那一份对书的热爱。

美——因深爱

而美不一定就是令人欢欣的。那些大爱,往往会有一种悲壮的美,触动人心。

"因为上帝没办法无处不在,所以创造了妈妈。"

2008年5月12日,地动山摇,一瞬间毁了许多年轻的生命。

但在汶川地震中遇难的胡慧珊,过去十年,一直以另外一种方式活着。

胡慧珊遇难后,她的母亲刘莉找到了她的QQ号。十年来,刘莉精心维护着这个QQ号,记录下关于女儿的点点滴滴。截至2018年5月,该QQ号有870多条说说、880多篇日志、1.5万张照片以及15万访客。那里,是她给女儿建的一个"网上纪念馆",她把签名设置为:"请记住这个永恒的女孩,她叫'胡慧珊'。"一位网友留言道:"一直记着呢,她清纯美好的样子。"

在我看来,死亡从来都不是生命的终点,遗忘才是,从这个意义上来讲,胡惠珊从未离开过母亲的世界,从前不会,现在不会,以后也不会。

建川博物馆的小树林里,一个18平方米的粉色小房间,在静静地讲述着一位15岁少女的生前故事:成绩优异,爱好文学,喜欢唱歌……这是胡慧珊在现实中的另外一个纪念馆。

那时,建筑师刘家琨在灾区偶然看到了刘莉和她一直珍藏的女儿的脐带、乳牙。而后,他萌生了为胡慧珊建纪念馆的想法。他说:"要保存这些东西十多年,她有多么爱她。"

无论是线上的互动还是线下的纪念馆,归根结底,这只是对一个少女的忆念,是一个母亲对女儿的爱,有一种悲壮的美,那是能够撼动人心的人性之美。

美,可以是小孩子对于一个蝴蝶结的执着,可以是书本里的世界,也可以是母亲对孩子的一种纪念……而这些美,都因爱而生。因喜爱,因热爱,抑或是,因深爱……

这个世界,凡有爱的事情才能够好办一点,凡有爱的人,才能够与美同行。

十载同心，与美同行

袁 鑫

新闻学专业 2016 级本科生

十年，跨过千山与万水，昨日是满地疮痍、废墟残骸，今时已然花开遍野、香满四方。

十年，隔着思念与牵挂，天堂有你圣洁的微笑与祝福，人间有我诚挚的缅怀与祷告。

汶川十年，我们见证了生命挽救着生命、泪水抚慰着生命、顽强鼓励着顽强的每一个珍贵瞬间。众人同心同力，从绝望中获取重生。就像是干涸枯裂的土地，在爱的浇灌滋养下，开出了一朵朵明艳的生命之花，充满感动、充满希望。

美之于我，大概就是这种让人幸福与温暖的感觉了。

谈起汶川，你会想到什么？

如果是十年前，你的第一反应大概就是地震、死亡，甚至绝望。这是一个太过沉重的话题，是所有人内心深处最痛的一道疤。是的，我们为此悲痛，可是，我们也同样收获了美丽。

天灾无情人有情。我们不能忘记，国家领导人在第一时间赶赴到灾区，及时做出指示；我们不能忘记，人民解放军第一时间冲上前线；我们更不能忘记，所有中国人相互扶持、相互鼓励，共同渡过了生死难关。"大灾有大爱"，华夏儿女用生命诠释出美丽，震撼世间，感动天地。

说到这里，下面我想为大家讲一个故事。

2008 年 5 月 13 号，地震后的第二天，救援人员在一片废墟中发现了一名遇难者，当救援人员确认她已经停止心跳后，余震又来了！为了安全起见，救援队准备迅速撤离救援现场。而在这个紧急时刻，救援队长却下令继续搜寻，他的职业敏感告诉他：这片废墟还有生命迹象。

在冒着生命危险的情况下，救援队开展了更为细致的救援搜索，幸运的是，他们竟然在那名已经死亡的妇女身下，发现了一个还有呼吸的孩子。那是一名只有三四个月大的婴儿，被去世的母亲用身体紧紧地护着。在给孩子做检查时，救援人员发现在他襁褓里有一个手机，上面有一封没有发出的短信:"亲爱的孩子,如果你能活着,记住妈妈爱你。"

这是个让人为之动容、不由得潸然泪下的故事,它让我想到了当时有个网友的一条留言:不哭、不哭,祖国母亲不哭,灾区人民不哭,我们一起努力,让这个因爱而幸存的生命在未来的日子里健康成长。

从天而降的是灾难,源源不断的是祝福。爱的延续,让生命更加灿烂、更加美丽。

十年后,当我们再次谈起汶川,提到更多的是缅怀、铭记与前行。

在爱与希望的传承接力下,汶川不再是昔日黑暗阴沉的废墟之地,而是生机盎然、山明水秀的美丽之乡。

它有阳光谷地、熊猫乐园,更有丹青水墨、烟雨三江;它有"水果三宝"(甜樱桃、脆李子、香杏子),也有"文化四朵花"(治水文化、羌藏文化、熊猫文化、大爱文化)。这是汶川,是藏、羌、回、汉等各族群众交汇融合的大家庭,是风光秀美的生态旅游区,是地区年生产总值近58亿元的经济先进县,是这么美丽与富饶的汶川!

因为有全国人民的共同祝福、共同努力,汶川的人民现在生活得很好。十载风雨走过,我们同心协力,相信感动常在,我们将一直与美同行。

第四期　毕业生特辑·追梦者说

每一代人的际遇和机缘是不同的;所有时代的青年都是有梦想的。

梦想是色彩缤纷的,也是富有时代特征的。五四时期,反帝反封建、民主和科学是青年的梦想;抗战时期,救亡图存是青年的奋斗目标;建设时期,振兴中华是青年的梦想;新时期,为实现中国梦而奋斗是当代青年的梦想。

几年前,大家带着憧憬和希望走进郑州大学,开始人生中最美好的时光。新传学院期望大家在最好的时代成就最好的自己。

几年过去了,大家或自信满满,或目光坚定,或沉稳内敛,或个性张扬,或开放大气,或踌躇满志。

因为大家不负韶华,认真度过了每一天。

因为大家既是追梦者,也是圆梦人。

追梦需要激情和理想,圆梦需要奋斗和奉献。在未来几十年里,每一个人都要为梦想而拼搏,为圆梦而奋斗,披荆斩棘,白首不悔。

你们要毕业了,带着梦想,还有母校的期盼。学校将为你们举办隆重的毕业典礼;学院的老师还希望听到追梦者出发前的心声。

六月底,离校前,让我们相约,聆听2018届毕业生为梦想而发声。

追梦郑大人

王 琼

新闻与传播专业2016级研究生

我是王琼,2018年,我是郑州大学新闻与传播学院的一名硕士毕业生。两年前此时,我接过郑州大学的录取通知书,兴奋、忐忑。我想用我的镜头和文字去记录这个千变万化的时代,看看哪些改变正在发生,哪些人正在行动,而郑大校园里的我们,可以做些什么,这种困惑,你是否有过。今天的我们是否还记得大儒张载的那句"为天地立心,为生民立命,为往圣继绝学,为万世开太平。"其实在郑大的校园里你总能找到答案,这些人,这些事,让我感知,热爱、坚持和沉静的力量。

2016年是肿瘤药物治疗风起云涌的一年,本科大四的吴思璇因为兴趣毅然决定保研至药学院。如今,她进入河南省肿瘤重大疾病靶向治疗与诊断重点实验室已经整整两个年头。

但这项工作绝非易事,如何能够筛选到理想的适配体,能识别肿瘤的外泌体是实验前期准备中遇到的难题。单是为了做蛋白质印迹杂交,吴思璇和她的伙伴花了近两个月时间。

两年来,思璇整日泡在实验室,复杂的实验让她经常等到凌晨三点,每晚甚至要完成上千步的操作,但她仍笑着告诉我,"当时看到凝胶成像得到结果那一刻,觉得再长时间的付出都是值得的。"2018年,吴思璇递交了攻读博士学位的申请,她选择留下来,在条件艰苦的实验室里完成她的研究!

我很羡慕,吴思璇找到她热爱并愿意为之付出一生的事业。

"100个传统文化符号全面整理""100位历史文化名人素材的综合挖掘"……这些是文学院《中国传统文化》课上留下的作业。

而这一份普通的课堂作业,文学院2016级本科生陈家辉写了27万字,选择苏轼的生平作为整理对象。家辉在这门课程的半年中,贡献了他所有的课余时间。我们很难想象,一个19岁的孩子,在最是享受青春的年纪,苦心孤诣半个年头,敲下整整27万字。我们也不知道,几乎零基础的他,是怎样面对版本选择、内容筛选等方面的困难。我们所看到的是凝聚着他的热爱与专业素养的巨作!

你看,是热爱给了我们选择,而坚持则让我们看到了成功的模样。

发明专利5项,实用新型专利18项,国家级科创奖励20余项,这是2014级工程力学专业本科生闫畅在担任郑州大学机器人实验室的学生负责人期间取得的傲人成绩。双手双脚先天性轻微残疾的闫畅曾经是让家人担心的对象,但他的钻研和坚持开创了一片属于自己的天地。在实验室里度过无数个春秋,从三维模型建立到零部件加工,整机组装,每一步都亲力亲为,闫畅见过子夜一点到五点每个时段的郑大。2015年10月,带队赴贵阳参加中国机器人大赛,在全国387所高校的1983支队伍同台角逐中,一举斩获水下对抗项目冠军!你问他从热爱到冠军、从校园到国际舞台需要多少天,闫畅告诉我,一天,每一天!

古朴的校园带给我们的是一颗宁静致远的心,郑大校园里的沉静彰显着大学之道。

央视的大型文博探索节目《国家宝藏》热映荧屏,一场关于9大博物馆、27件镇馆之宝的恢宏"特展",呈现在观众眼前,令人为之动容。

然而,在盛大的文物探索节目背后,是许许多多的专业考古人,夜以继日付出辛苦和努力,在郑州大学也有这样一群人——历史学院考古队。

土墙之外的人模糊日夜,土墙之内的他们却夜以继日。

在这个快速奔跑的社会,"沉得住心"意味着错过新潮流,"耐得住性子"却变成了低效率,可是在他们这群人身上,我们看到了:"当来不及传递的钟声响起,于是我们都发现了岁月的意义,当我在这里。"

一年又一年,郑大迎来一批又一批新鲜血液,送走一批又一批有志青年。

郑大人,走出去!2017年,15970名郑大学子走向全国,世界各个地方、各个领域。

郑大人,到需要我们的地方去!参军队伍走出去,浩浩出发,行囊里,是他们的信念与承诺!甘于奉献的志愿者们走出去,事故现场他们不惧危险的付出,大型活动中顶着风吹日晒站岗,帮扶活动中的每一个温暖笑容!支教团的讲师们走出去,"文翰队"的支教团自2009年起每年暑假都奔赴伊川县鸦岭村支教,九年来,他们从未停下脚步只为离开时那句"我们一定会再回来看你们"。承诺,青青仓木,始于关爱,是爱的力量为孩子们打开通向广阔世界的大门。九年奉献,薪火相传,传递梦想和力量,撒播大爱与希望!

这就是郑大人,无论身有缺陷还是站上讲台,他们始终用行动发出时代最强音!

这是一个快速变化的时代,无数改变正在发生,郑大校园里的我们虽然无法时时置身其中,但我,却不再为此感到迷茫。在这里,我看到中国青年的责任与担当,自信与勇气,看到笃信仁厚、慎思勤勉的郑大人已经准备好。所以我选择走进自己的文字与镜头,去诉说郑大的毕业季,郑大校园里的故事远不止于此,我们每个人都在追逐自己的梦想,无论你专心学术,热衷于体育文艺,又或者为了祖国发展、人类文明进步奉献青春,我们所创造的每一个故事,构成了郑大的2018,每一位郑大人都是追梦人!

穿上硕士服定格一张张照片的时候,清晰地意识到要同这两年的研究生生涯告别了。回想那个曾经站在校门口拿着录取通知书来报到的自己,一阵恍惚。两年,记得春日樱花园里飞扬的裙角,夏日眉湖边的阵阵蛙鸣,秋天行政楼前散落一地的银杏叶,还有冬日厚山堆着的皑皑白雪。记得清早赶课路过桃花树下的那几只锦鲤,放学时熙熙攘攘的天健大道,荷园餐厅排队最长的合乐粥,还有钟楼广场跨年夜响起的厚重的钟声。此刻是我收拾行囊离开这个培育我两年的校园的时刻了,但那些属于这里的记忆却永远铭刻,伴随着离开时六月的烈阳,晒进身体,刻进骨子里。

郑州大学和新闻与传播学院也会是我此生浓墨重彩的一笔。

谢谢你郑大,愿您越来越灿烂;等我,等我们荣归故里再一次拥抱你!

不要怕

于梦佳

新闻与传播专业2016级研究生

今天,我就来和大家聊聊去北京工作这件事吧!

选择去北京工作时,身边很多同学不断地告诉我:"不要去北京,何必呢,你早晚还是待不下去,现实点吧。"

"现实点吧。"这四个字,我在毕业季听了无数次。他们不知道我这人特怂,这种话听得多了,会消磨我的热情和信心,会怀疑自己的选择。是不是我真的太天真了,太不现实了?

但是,北京真的就那么可怕吗?

我去北京实习了两次,一次是七八月份北京最热的时候,一次是一二月份北京最冷的时候,也挤过传说中北京高峰期时的地铁。

但回想起来,所能想到的确是曾经悠闲地骑车路过天安门广场时,惊觉原来下班后可以与天安门擦身而过的那种梦幻;是我在鼓楼参加大咖云集读书会时的兴奋;是在工作中见到许多优秀而闪光的前辈时的崇拜;是在接触更加规范和专业的平台后的恍然大悟;也是我每一次克服难题后的成就感。

他们所说的北京的种种困难,都快速地将我打磨成更好的自己,让我看到自身更大的潜力。

在北京,我也养成了记效率手册的习惯。我的效率手册,用来记录每天需要完成的工作,以及对今天工作的总结。对于我而言,它不仅是计划表,提醒我这一天、这一周、这一个月我有什么需要完成的工作。同时,也是我抵抗消沉的盾牌。下面,我和大家分享一些其中的记录:

1月3日,周二,今天,外出拍素材,有点慌,怕拍出来的素材前辈不满意,最后认真做出来,发现拍的还OK的!

1月12日,周五,今天修剪了4个小视频,重新熟悉了一下PR,并且学会了用AE调分辨率,一整天在PR和AE中切换,觉得很有成就感,开心!

2月2日，今天，我终于完成了这个涉及公司多个部门工作内容的文案。领导惊讶于我竟然通过OA系统主动联系了那么多陌生的同事，沟通采访，用一手资料完成了文案。被公开表扬啦！

诸如这样的记录有很多，这些细微的收获，在许久之后都成了我重建信心的力量。我看到自己一点点进步的轨迹，从而相信自己，其实我是可以做好的！我就是这样不断给自己做出盘点和总结，给自己信心，鼓舞士气，不断打怪升级。

在北京实习时，我也看到了更专业的工作能力和态度。工作中，我的前辈经常告诉我："你要学着用乙方的态度去完成工作。"起初，我不明白什么是乙方的态度，直到有一天，前辈带我去参加乙方广告公司给我们公司提案。提案正式开始前，聊天中我听到广告公司主讲人和领导聊天："昨天晚上又是一个通宵，但是现在一点都不困，非常亢奋，已经迫不及待把文案展示给各位。"一个广告，他们给出了4个方案，提案设计出的样图和样片非常精细；对于文案的投放平台，会遇到的问题，以及一句广告词描述的精准度，都在精益求精地斟酌。重要的是，主讲人在讲自己的文案时，那种专业度、投入度、自信心、感染力让我明白了：你所呈现给别人的作品，首先要是你自己坚信的，你认为最好的。这次收获，给我此后的工作态度带来了巨大的影响。

北京的确具有更大的困难和挑战，但其背后一定是更大的收获和更快速的进步！

所以，我认为，北京不可怕，北上广深都不可怕，留在家乡当然也不可怕。可怕的是你还没有去努力过，就已经失去了努力的热情，总是说：现实点吧，努力没有用。

母校郑大培养了我六年，虽然我不是特别优秀，但在课堂上我学会了思维逻辑、采访、写作、拍摄和后期制作；在老师的督促下，我看了许多书，积累了理论知识。我曾经在辩论队一轮一轮的比赛中，体会到了胜利的喜悦，也明白了失败不可怕，失败还可以重来。在学院的实践活动和课堂展示中学会了自信和勇敢，能够落落大方地和别人沟通。如今母校成为一流大学，给了我们更强大的平台背景。所以，为什么要怕呢？

今天，脱下硕士服，母校正式松开手，让我们自己去拼搏，毕业没有考试，最后的答卷需要余下漫长的时间去完成。我们应该有信心、有热情，要勇敢，也要善良，不辜负，也不懈怠。重点是，首先，我们不要怕！

最后，感谢母校，感谢老师们，让我成了6年前我所期望成为的模样！

实现梦想很难吗

韩晓东

新闻学专业 2014 级本科生

实现梦想真的很难吗？我们先来定义一下"什么是梦想"。我决定，今天要从柳园走两公里到菊园取快递，要用三天时间读完一本书，这不是梦想，只是付出相当程度努力就可以完成的目标。所谓梦想，就必须要有那么一点的不切实际性，要高要远，它应该是你追求的心心念念，而不是眼前的触手可及。

所以，这样看来要实现梦想肯定是有很大难度的。我 10 岁喜欢上篮球，那个时候的梦想是加盟洛杉矶湖人队，因为当时我只认识科比，一个外国球星。那时候年轻啊，每个周末的清晨甚至中午一点就去球场练球，后来把自己晒得很黑（比现在还要黑）。这个梦想一直延续到初中三年级，班主任找我爸谈话，我就明白大概是没戏了。

高考结束的那年我想找个兴趣，就开始学习素描，因为学校的美术老师说我很有天赋。然后那个暑假我经常骑车去爸爸学校的画室画石膏，整天排线、打形、削铅笔，看似无聊却乐在其中。老师夸我进步很快，我就开始梦想将来做个插画师，可以每天宅在家里也能日进斗金那种。可半个月后，美术老师的妻子怀孕需要照顾，我就失去了自己的绘画老师。

大四的梦想是，我，一定要考上一个 985 名校的研究生。努力奋斗了五个月却折戟沉沙。你看，实现梦想真的很难。从小到大，我的很多梦想都支离破碎、面目全非了。尤其在毕业季的时候，我知道在场的朋友可能有考研失败的，考研被调剂的，找工作不满意的，和男朋友、女朋友分手的，好像一离开大学这个舒适区我们开始对梦想有了更骨感的认识。

我在这里想告诉大家的第一点是：在追求梦想的过程中，遭遇失败，遭遇挫折难道不是常态吗？等到我们正式迈入社会，失败难道不是一件理所当然要面对的情况吗？实现梦想会很难，所以你会失败是正常的，这是你不得不面对的现实和精彩生活的一部分。这样会有人问，追求梦想这么难，那追求梦想有什么意义？我不提什么王侯将相，就给大家讲个小人物的故事：

曾灶财是个老头,香港人,他的涂鸦创作均为用毛笔书写之汉字,四处下诏。曾氏涂鸦超过50年,笔迹遍及港九各区,显示自己是香港九龙的皇帝。这看起来像是个疯子的梦想,但他也是至今唯一一位香港人在威尼斯双年会参展的匠人。你看,其实说白了曾灶财就是一个有点怪的乞丐,但他到死也不会想到自己在九龙街头留下的涂鸦能获得这样的认可。

讲这个故事我想说的是:追梦失败并不会否定你追求梦想的过程,也不会阻碍你拥有新的梦想,更不会妨碍你坚持去做喜欢的事情。确定一个梦想不需要多少时间和成本,所以它是廉价的。但追求梦想的过程,如果你有付出有汗水有泪水,它一定会留下什么,留下一些对你有价值的东西。就像我,没能成为职业篮球运动员,但是我有健康的体魄啊;没能成为插画师,但我有很多被亲朋夸赞的作品啊;我没能考上名校的研究生,但是考研学到的知识让我在毕业的时候不是满脑空空如也啊。

人啊,一定要有梦想,每时每刻都要有,否则就像是大海里没有航向的船,任何方向刮来的风都是逆风。一定要有面对失败的勇气和心态,记住那段岁月,就算失败我们也不是一无所获,只是埋下的种子没能生根发芽,但迟早有一天它会自然生长,开花结果。一定要坚持,不要让间歇性努力导致持续性一事无成。

我想说的是:梦想这个东西,实现了最好,实现不了也不要气馁。多大个儿事啊,几十年以后,我们走过那么多坎坷,吃过那么多亏,回首来看这些成败都会烟消云散。追求梦想不要太在意会不会失败,应该看重到底做没做,有没有做到最好。所谓梦想,不就是失败再爬起来吗?梦想本身没什么意义,意义都是人赋予的,而坚持梦想本身就是一个无比闪亮的意义啊!

平凡的梦想更需要拼尽全力

唐晶晶

传播学专业 2015 级研究生

一提到梦想，多少有些惭愧。

因为对于我们 2015 级的学术硕士而言，从入学的那一刻起，梦想就变成了能够顺利毕业。我们这一届比较特殊，算是目前新传院研究生中毕业要求最高的一届。首先是每个人要在中文核心期刊上发表一篇论文，而全国的新闻传播领域核心期刊只有十几家，所以发表难度比较大。其次呢，毕业论文要经过严格的全盲审和答辩，而且是一票否决制。因此哪一步出现差错都有可能导致最终毕不了业。所以越是看起来平凡的梦想和目标，才越需要全身心的付出和努力。今天我就给大家讲一讲，为了实现这个小目标，我的成长和收获。

大四那年考研失利对我影响很大。看到身边的同学可以去向往已久的学校和工作单位，我内心是无比羡慕的。为什么我和其他人一样努力，每天在自习室待到十一点，结果却并不如意呢？带着这种不甘和疑惑，第二年我选择回到母校郑大读研。

读研刚开始，我自身的短板就暴露出来了。因为大学四年的不重视，我的论文和新闻稿的写作能力基本为零，这也是后来我反思到考研失利的一个重要原因。研一那年我特别焦虑。当我还在了解学术论文的写作规范时，班里已经有同学能独立发表核心期刊论文，还有人能以宣讲人的身份参加学术论坛。我当时就告诉自己，这三年我的目标就是学会写出高水平学术论文。为了能尽快赶上其他同学，我强迫自己参加各种写作和论文比赛。别人交一篇我就交两篇，一次不行就再来一次。每次期末作业我都按照发表期刊论文的要求来写，也尽量把时下最新最热门的话题全都拿来写，一遍遍地给不同的期刊社投稿。核心期刊发表不了，那就降低自己的要求，从 CN 期刊进行学习和练手。虽然那时候发表出来的论文质量一般，但是看到自己的名字能出现在专业杂志上还是非常开心的。不过这种开心没有维持很久，我就意识到这种无头苍蝇似的忙碌带给我的提高并不大。

研二开学,要为毕业论文做开题报告。和导师沟通之后,我意识到应该找一个感兴趣的话题进行深入研究。既然我没有那种对新闻传播领域热度的敏感度,那我就应该找到一种适合自己的研究方式。经过两个月的阅读和学习,我发现自己对社交媒体中隐私悖论现象的研究很感兴趣,起初是因为自己也有这样的共鸣,当我了解得越深,发觉这个话题还和社会学、心理学、法学都有联系,这让我很亢奋,因为能围绕这个现象而写的东西真的太多了。从研二到研三两年的时间,我把这个研究领域的所有中英文的论文看了好几遍,从专业名词到研究现状再到最难的量化研究方法,我都要求自己一点点琢磨透。很奇妙的是,每次我关注这个话题时,都能有新的感受和理解,随着对选题的深入了解,我对自己的写作要求也越来越严格。最终,我的毕业论文写了四万多字,在学校规定15%复制比的要求下,我的复制比只有1.7%。也很幸运,因为这个选题,我发表了核心期刊论文,学术论坛得了奖,更意外的是毕业论文能够得到盲审双优的评价。这种从无到有的收获和体验让我倍感欣喜。虽然当时没能去上自己最理想的学校,但是我体会到了梦想带给我的成长。因为之前的失败,我从被动变得积极主动,我对每次机会都倍感珍惜,我变得更加自信稳重,这不就是梦想存在的价值吗?

我只是我们学术硕士中一个普通的代表,我们有的同学在权威期刊上发表了论文,有人在生完孩子后还能坚持不懈地写论文,每个人都经历过各种各样的困难。最重要的是,经历了这样的历练而收获的成长可以让我们勇敢面对其他的挫折,毕竟人生的路还很长。

最后,借用我最喜欢的小说《平凡的世界》中一段谈论理想的话,送给即将毕业的同学们,希望你们历尽千帆过后,依旧可以笑脸盈盈:

既要脚踏实地于现实生活,又要不时地跳出现实,到理想高台上张望一眼。在精神世界里建立起一套丰满的体系,引领我们不迷失、不懈怠。等我们一觉醒来,跌落在现实的时候,可以毫无怨言地勇敢承担起生活的重担。

定义之外的未知冒险

杨钰莹

广播电视学专业 2014 级本科生

不知道在座的各位同学在家里逢年过节和长辈们坐在一起聊天的时候，会不会被问到这样一个问题："你以后想做什么？"或者"想从事什么样的职业？"小学时，我的回答是设计师，初中的时候我想当明星，高中我想成为主持人，但是现在我的回答是：我不知道。

我们总是被规定着什么年龄该做什么样的事情，做着规则之内的事情，但是这个规则是谁定义的呢，定义这些规则的人，他们的规则又是什么呢？我有时候就在想，有没有这样一种假设：前人们，他们只是在自己所知的范围内，将他们所能做的做到了极限，然后画了一个圈告诉后人们，这就是这类事情的规则。只要在这个圈内，你们就可以存活，圈外的世界无比险恶，不要冒险。但时间在推移，世界在改变，万物都在不断发展，新事物层出不穷，超出人们的想象。一些事情被称为奇迹，是因为做到了前人不敢想也做不到的事情。我们为什么要生活在被定义的人生中呢？

我从大学入学就开始接触各类兼职，每一份都是挑战，也都对我有特殊的意义。大一时，我担任了北京华映文化传媒公司郑州地区高校发展负责人，工作任务，简单点说就是负责院线上线影片前期在郑州各大高校的宣传与推广。这个工作一般都是由大三或大四的学生来完成的。起初，公司总部帮我联系到了六所高校，每所学校有 100 人左右的推广微信讨论组，还有一个学校负责人。公司给我的任务是每周发展两所学校，找到学校负责人，建立讨论组。我刚接手这个工作的时候特别心慌。因为作为大一新生，我自己都还没有搞清楚大学是怎么一回事，就要开始组织整个郑州地区学校的联盟，我怕自己应付不下来。但是放弃呢，又不甘心，毕竟一个月工资三千呢。我就开始想办法，我喜欢玩微博，知道每所学校也都有自己的官微，下属还有学生会的微博。公司还是很靠谱的，为电影前期宣传的各种物资、工作人员的酬劳等都是很到位的，这时候我就想到了联系每所学校学生会外联部的负责人，毕竟这还算一笔比较固定的外联经费。如果我真的一开始就给自己上了一个枷锁:我不是高年级学生,我没有办法完成这项任务,在这种心理暗示下,我肯定做不了这项工作。但事实是我做到了,而且做得很好,北京总部经常把一些重要的活动安排在郑州地区。所以在这之后,每当遇到问题的时候,我不会再胆战心惊地害怕,觉得自己做不好,我不会再逃避,而是直接面对,做一个骁勇,兵来将挡、水来土掩。

后来,我分别开展主持商演、配音、新媒体运营、都市频道的外场主持等兼职工作。每一份工作都不一样,很多人觉得我这样特别没主心骨,对自己没有一个清楚的规划。其实相反,在现阶段,我喜欢做给我带来成就感的事情,它不仅限于某个职业,某个环境。我还年轻,我现在是可以犯错的年纪,我需要去明白自己适合什么不适合什么,而不是在对这个社会未知的情况下,仅凭兴趣给自己设定一条路、一个方向。我所做的这些都是自己一步步摸索出来的,没有人帮我指路,也没有人告诉我对错,好坏都是自己的经历,所以在今年我申请香港高校研究生需要提供社会实习证明材料的时候,拿出来一堆材料。我爸爸偷偷问我,你从哪里整来了这么多"假证明"?那时候还觉得,自己有那么点小自豪,毕竟大学四年,我过得特别充实,我没有浪费和虚度它,我所做的很多事情对我来说都是有意义的。

我今天说的这些,不代表我希望大家和我一样,我相信世界上没有两片相同的叶子,每个人的境遇带给自身的改变都不一样,我需要做的就是真实地面对自己,正视自己的内心,我一直沿着别人眼中不符合正轨的路线,但是别人的眼光真的有那么重要吗?我需要的是谦卑之下的自信,拥有自己的独立主见,不紧不慢地过着一种看似自由散漫、其实内心坚定的生活,同时也去尊重所有人的活法。

上次站在这个舞台的时候,我作为第一季"新传青年说"的主持人。今天我站在这里,作为2014级毕业季的参赛选手。时间过得真的很快,特别是当你在做那些有意义的事情的时候,就会变得无比充实。明天我就要去参加大学四年最后一场活动了:毕业典礼。我感谢所有的老师,是你们在我懵懂无知的时候帮我打开了新世界的大门,谢谢你们。我们,来日方长。

追梦者总是与失败相伴而行

姚承哲

广播电视学专业2014级本科生

梦想是一种很廉价的东西,廉价到每个人都有。你、我、他、他们,应该都有过梦想。从小时候想当航天员、科学家的梦想,到大学毕业想找个钱多事少离家近的工作的梦想,人人都有。梦想也是一种很昂贵的东西,昂贵到你难以支付,或者容易破碎。反正,很难实现。梦想,总是与失败同行。

不得不承认,历史上大多数是没有实现梦想的人。一部二十四史从头看到尾,多的是英雄末路、壮志难酬。楚霸王从"彼可取而代之"到自刎乌江;王文公从"总把新桃换旧符"变成"乱政妖人";杨升庵从掀起"议大礼"的意气风发到"浪花淘尽英雄"的感慨。中国历史是一部悲剧史,记录了那些没有实现梦想的人的浮沉人生。就我们这些普通到不能再普通的人而言,人生之不如意也是十之八九。谁又有比谁多得多的才能,谁又有比谁多得多的运气,能够支撑我们去实现所有的梦想呢?所以,可以这么说,没有实现梦想是正常的,我们不必为此而消沉,更不必因此而否定所有的梦想。正如有句话说的:这个梦想实现不了,换一个不就行了嘛!

成功实现梦想的人也是有的,而且并没有达到"稀少"的程度。那么是什么使得他们异于他人,成为别人眼中的幸运儿呢?除了必要的运气,我想成功者都是现实主义的人。现在很多嚷嚷着要实现梦想的人,大多有这样的毛病。要不就是好高骛远,只管放任自己定了个现有条件下几乎无法实现的目标;要不就是不肯一步一个脚印、踏踏实实去实践这个梦想;要不就是毫无计划,像无头苍蝇那样乱转,这样的人是绝大多数。那些不切实际的梦想就如守株待兔一般,其实只是没有梦想的一种体现,只是想着碰运气,能碰上很好,不能碰上也不缺什么。不能踏实地完成梦想的人是没有长性的人,他们其实更接近于我们中国历史上所谓的"理想主义者",他们的"幼稚"体现在他们对于梦想"随便"的态度上。所谓细细谋划、步步收网在他们看来是可笑的,但现实会告诉百年之后的人们谁才是更可笑的对象。明中叶,胡宗宪抗倭,他所谓的"谨小慎微""巴结权贵""贪墨军饷"等缺点,在有"道德洁癖"的言官清流们看来是不可原谅的。然而,500年后,胡大帅成了民族英雄。有人说,想要做成一件事,必然要细细谋划、慢慢考量、战战兢兢、如履薄冰,然后才能抓住时机,毕其功于一役,这是有道理的。

　　梦想没有贵贱,但它是有区别的。有的高尚,有的庸俗,正如他们自身。有的人梦想金榜题名,比如颜如玉、千钟粟;有的人为中华之崛起而读书;有的人早起只为满足口服之欲;有的人闻鸡起舞、立志北伐。高尚的梦想、庸俗的梦想,都是生活在中华大地上炎黄子孙的梦想,他们的梦想带着这个民族从蛮荒走向文明,从混乱走向兴盛。但高尚的梦想更是我们民族的瑰宝,它带领我们民族度过了一次又一次的苦难。救亡图存是清末革命者的梦想,民主科学是五四青年们的梦想,富强文明是新时代奋斗者的梦想。他们的梦想是我们前进的方向,他们、我们,都在实现梦想中成就自己。

　　我们即将毕业,我们踏入社会,我们继续追梦。中国梦,从来不是一个虚无的前进方向,而是一个切乎自身的梦想,需要我们为此付出激情与青春、奋斗和拼搏,披荆斩棘,一往无前。希望我们不负韶华,认真度过我们筑梦的每一天。

梦想的形状和颜色

尹达伟

广告学专业2014级本科生

追梦这个词离我很遥远,因为我好像没有什么梦想,也无法理解他人所谓的梦想。

小的时候,伟大的梦想从稚嫩的孩童口中诞生,得到了大人们的褒扬和赞许,但孩子们根本不知道这些梦想背后的含义和具体内容,只是觉得这样的答案很酷,还能讨大人的欢心。平凡没有意义的梦想会被否定或是被当作一个笑话。

就这样渐渐地"梦想"开始拥有了整齐划一的格式,关于梦想的回答成了虚无的形式主义。这样的存在是真的梦想吗?还是一个被冠以"梦想"之名的空壳,由他人的期待所构成的空壳。不清楚自己究竟想要什么,整天的奔波劳碌,只是为了回应别人的期待,成为一副符合社会成功标准的木偶。

有的人则把梦想简单物化,但实际上那只是人类欲望的集合体。欲望本身没有对错,它是人类生存的本能,也是人类进步的动力,梦想与欲望有相似之处,但不能等同,其本质与内涵本就大相径庭。了不起的比尔·盖茨逆袭成了富豪,他的梦想并不是那些华丽奢侈的外在,而是为了能够离自己心爱之人更近一步。

各种文章都将梦想描绘得光鲜亮丽,激励人心,很多人都为他人描绘的"梦想"付出了努力,但追逐梦想的过程和实现梦想后,他们并没有感觉到真正的快乐。

所以我对"梦想"充满了质疑和不屑,甚至成了那群嘲笑别人梦想的人。但嘲笑是为了掩饰自己内心的不甘和软弱,掩饰自己缺乏梦想的空虚和迷茫。

在我家附近的广场上,傍晚时分经常会有一个人模仿美国歌手迈克尔·杰克逊跳舞,吸引了很多人去围观。我第一次发现他的时候,出于好奇心也凑近人群里,但仅十几秒,就感觉他的舞技有些拙劣,跳得不怎么好看,没有一丝天王的风采,瞬间失去了兴趣。当时心里想着:"这跳的什么玩意儿啊,跳这么烂还好意思出来表演!"到了第二天又看见了他,嗤之以鼻地刻意绕开。之后连续几天无一例外他都在那跳着舞,围观的人也许都习惯了他的存在,人群慢慢也变小了,但他依然忘我地伴着音乐舞蹈,汗水布满了他的脸颊,浑身都像是被水淋过一样。但即使站在远处,我也能看到他的笑容、他的快乐,就如同置身于舞台中间一样闪耀。那时我在想,如果梦想有画面的话,大概就是这个样子了吧。

在我实习的时候,为了做品牌公益活动来到了新乡的一所贫困小学,帮助那里的孩子实现它们的愿望。这个小学的校长从16岁就开始教书,在这所简陋的校舍一待就是37年。从意气风华的少年到如今的白发渐生,他将一生都奉献给了这所学校。他的梦想是希望这些孩子能够拥有良好的教学环境,能够快乐地成长。这些年,教学的硬件条件逐步改善,新盖了教学楼,添置了不少教学用具,但让他依然揪心的,是那些孩子们简陋的宿舍条件。

走进学生宿舍,用砖头搭砌起来的架子上,支着简陋的木板。木板上一字并排着孩子们的被褥,薄薄的一层褥子,大多铺的是家织的土布床单。在问到他们希望宿舍变成什么样子的时候,他们相互对望了一下,不知道该怎么回答。校长对我们说,这些孩子从没有见过好的宿舍,所以连想象都无从谈起。在我们的追问下,一个同学说:"能给我们在宿舍里放个鞋架吗?这样我们的鞋子就能变整齐了?"有个女孩说:"我想要一条彩色的窗帘,我看书上说,每个孩子内心的梦想都是彩色的世界。"还有一个女孩说:"我想要一条公主的床单,我希望自己能像公主一样坚强和美丽。"后来公司为他们建造了新的宿舍,虽然最后宿舍的窗帘并不是彩色,而是蓝色,但那颜色就像天空一样蔚蓝,上面点缀着七彩的图案。明亮的阳光透进来,显得格外温馨。如果梦想有颜色的话,大概就是这个样子了吧。

我似乎摸到了梦想的轮廓,看清了梦想的颜色。真正的梦想应该就是能让自己坚持并且可以感到快乐的东西吧,它能够为自己带来幸福,也能给别人带来幸福。不管是怎样平凡的梦想,只要能带来快乐,都值得被尊重和肯定。

别着急,慢慢来

张亚曦

广播电视学专业 2014 级本科生

前几天,在宿舍收拾东西的时候,我忽然发现了高中时代的一本日记。翻开来看,一幕幕重新浮现在眼前,这是我过去真实存在过的证据,看着看着想起了我的班主任。她要求很严格,比如跑操的时候也要带着学习相关的东西。跑操之前,是各班集合的时间,在我们班主任督促之下,我们班集合的速度特别快,其他班都还稀稀拉拉集合的时候,我们已经排好队站在那里背书。刚开始还挺不好意思,觉得别的班看我们的眼神怪怪的,后来也就慢慢习惯啦,也能明白班主任的良苦用心,她是想让我们更努力一点,离我们的梦想更近一点。但是也很想说,为什么当时不能慢慢来呢?学习的时候认真努力,休息的时候就应该尽情玩耍,毕竟只学习不玩耍,聪明的孩子也会变傻。

进入郑大后,一首"郑大,梦想开始的地方"开始了我对郑大的憧憬与期待。忙着兼职,急于体验社会;忙着社团,急于扩展自己的社交圈;忙着出去看看,却忽略了脚下这片最美的"公园"。忙这忙那,却忘了最应该忙的是学习,是提升自己。大三下半期,选择了考研,去捡起自己的梦想,一定要考上中国传媒大学。正式复习之前,在书上认真写下"不要让一年的苦分割为两年。"选择了就不让自己有退路,不去参加校招,不去了解其他,经常在无穷的希望与无尽的失望中认真挣扎。忘不了将近十一点的眉湖,也忘不了冬天走廊里背书。天气特别冷就直接往身上贴暖宝宝,脚底、腿上、肚子上都贴着。也经常自我怀疑着,经常自我焦虑着。尤其之后复试的那段日子,大海捞针般地查调剂,无从下手地准备复试。好在结果还行,最终调剂到华南师范大学,现在回首那段日子,很想对自己说:"别着急,慢慢来。"焦虑解决不了任何问题,只会徒增烦恼罢了。

前段时间刷微博,看到有一篇文章登上热搜,叫作《摩拜创始人套现 15 亿背后,你的同龄人正在抛弃你》。看着这样的标题,看着这样的文章,难免会产生无限的焦虑。写公众号的人只告诉我们要去远方,要光芒万丈,可是却没告诉我们别着急,慢慢来。他们制造着焦虑,贩卖着恐慌,仿佛我们走错了一步就要满盘皆输,其实平凡的我们最终还是只能度过这平凡的一生。我想我要做的就是接受自己平凡的设定,把平凡的日子过得有滋有味就行啦。成功的定义有很多,找到属于自己的成功即可。

　　今天,从这里,从郑大,带着梦想再出发。希望也对在座的你们和未来的自己说一句:别着急,慢慢来。人生才刚入夏,生命尚未成林,未来很长,心怀梦想,走好现在的每一步即可,把现在的每一天过好,就过好了那些遥不可测的未来。

追梦者的足迹

张怡君

广播电视学专业 2014 级本科生

刚进大学时,我不知道自己想要什么,一切是那么的新鲜,身边的人们仿佛都在忙碌着,而我,却很迷茫。直到 2014 年 9 月 12 日那一天晚上,我坐在容纳将近两万名新生的体育场中,看着舞台中央拿着话筒闪闪发光的学姐时,我开始渴望那个舞台。

在接下来的一年里,从参加朗诵比赛获得全校第一名,到成功选拔进入学校主持团,我曾在寒风中主持过周末大家唱,也曾顶着太阳主持宣讲团的志愿者活动……

终于,这些大大小小的活动让我积累了很多经验,让我成为能够胜任两万人晚会的主持人。当我上台的那一刻,我没有像第一次见到镁光灯那样下意识地躲闪,而是自信地拿起话筒说:"大家好,我是今天的主持人——张怡君。"

我一直都坚信,梦想一定要是自己所热爱的事情。因为真正想要去做一件事情的话,即使会有各种各样的考验,依旧会无所畏惧、勇往直前!

就这样我忙碌着,也收获着,我以为我会这样度过我的大学四年生活,然后顺理成章地进入一个电视台当一名主持人,继续做着自己热爱的事情。可是,大二那年暑假,一个晴天霹雳给我的这个梦想画上了一个句号。

主持是一个体力活,特别是女主持,一场活动下来从彩排到演出,穿着高跟鞋站一天都是非常正常的事情。就在那个夏天,我刚刚结束了为期一周十场的郑州大学宣讲团志愿巡演,回到家之后,我的腰、脊椎和双腿,经受了地狱般的疼痛。这个疼痛的来源大家都不陌生——腰椎间盘突出。病魔是冷血的,他不管你是否正值花季,是否有着当主持人的梦想,也不会管你是否是一个怕疼的小女孩。我每天躺在医院里做着各种理疗,从来没有一刻不羡慕一个能走路的、能坐起来的健康人。

后来出院之后我决定读研。我收起了自己的礼裙和高跟鞋,开始出入图书馆。大四之后,我每天早七晚十地泡在图书馆里,在便利贴上写下每一天的目标,拒绝朋友的各种邀请……而内心只有一个声音,就是——我要实现读研梦!很幸运,我实现了这个梦想。梦想是美好的,它也会让你怀疑自己、否定自己。但是在追梦的过程中只要拼尽全力、全身心地投入,就足够了。

最后,我想说,每一位追梦者都有自己的足迹,追梦的过程让我们充实,让我们更优秀。希望大家能坚持自己的梦想,再聚郑大时,都是更好的我们!

渡己渡人

卓曼曼

新闻学专业 2014 级本科生

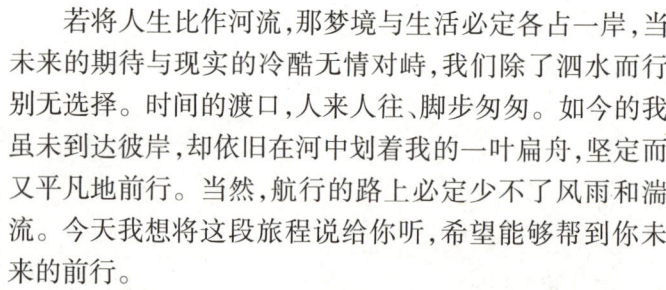

若将人生比作河流,那梦境与生活必定各占一岸,当未来的期待与现实的冷酷无情对峙,我们除了泗水而行别无选择。时间的渡口,人来人往、脚步匆匆。如今的我虽未到达彼岸,却依旧在河中划着我的一叶扁舟,坚定而又平凡地前行。当然,航行的路上必定少不了风雨和湍流。今天我想将这段旅程说给你听,希望能够帮到你未来的前行。

就我自身而言,梦想意味着一种积极进取的思想状态——即不断思考我是什么样的人?我想成为什么样的人?为了达到理想状态,我还需要付出何种努力?所谓追梦,其实是一个不断与自我对话的过程——了解内心深处最本真的欲望与追求,并在切实的努力中实现自我价值。简而言之,我的追梦感悟有三点:认识自我、改变自我、坚守自我。

第一点:认识自我

人在极度迷茫和困惑的时候,经常会提出人生三问:我是谁?我从哪里来?我要到哪里去?因为一个无法认清自我的人是无法谈梦想的。大学伊始,我一度迷失了自我。一时之间见到太多优秀的人,他们闪闪发光,令人惊羡。反观自身,貌似一无是处。于是我选择从众而行,看见别人参加学生会,自己也参加;看见别人在考证,自己也跟着考……可是,我发现自己永远跟不上"别人"的步伐,反而使生活陷入矛盾之中:一方面自己很努力,每天忙忙碌碌;另一方面忙碌过后自己的内心却陷入了更大的空虚和焦灼之中。我身边的很多人也存在同样的困惑——所得非所悦。害怕被同龄人抛弃的恐惧感,时时影响着我们每个人的生活,仿佛大家一起做一样的事情,发出同样的声音,追逐同样的生活才是正确的,我认为这不仅是自我的缺失,也是时代的诟病。当我选择沉下心不断与自我对话时,我意识到自己对新闻充满热爱,日后想从事传媒相关工作,于是推掉与其无关的兴趣社团,选择在媒体公司实习,积累工作经验;积极参与和专业相关的实践活动,比如中国新闻史学会年会、新华社精准扶贫调研、全媒体作品大赛。同时选择利用零散时间多读书、多思考,这时的我才感到真正的充实与快乐。

认识自我也许需要一生的时间,哪怕是生命临近终点,我们也无法给自己一个准确的答案:我究竟是一个什么样的人?但可以肯定的是,越早认识自我,我们便可以越早实现我们追求的生活状态。

第二点:改变自我

每一个生命必定要经历层层挣扎与蜕变,才能走向成熟和丰盈。在深入了解自我的需求和优劣点之后,我们还需要付出努力去改变自我。我本身是一个相对懒散的人,又缺乏自制力。为了提高自己的学习效率,增强自制力,我选择在本子上写上"每日计划",将当天要完成的学习任务一一列出,督促自己完成,大学四年来80%的时光都被记录在小小的本子上。时至今日,我已经写了四五本的每日学习任务,自身的惰性也明显减少。此外,我是一个很不自信的人,不敢表达自己。但是当我准备推免复试时,我再次选择了改变,自信大胆地与老师们交流,表达自己的看法,得以顺利保研到华中科技大学新闻学专业。有时候,仅仅是一个简单的改变,我们就能收获到意想不到的惊喜。生命是一个流动的过程,人是可以流淌的,改变自我才能遇见更美的风景。

第三点:坚守自我

一时的清醒,一时的改变甚至是一时的无畏,我们都有可能做到,可是谁又能坚守到底?以我们的专业为例,当初怀揣新闻理想阔步而来的人不在少数。现在毕业了,依旧坚守自己初心的人又有多少?《中国青年报》编辑、著名时评人曹林在自己的公众号上发表新闻学札记系列文章,第一篇是《不与流行为伍,守卫自己的新闻三观》,文中写道:"三观碎裂的传播时代,'健全的人格'显得尤为重要,不仅要守卫自己的三观,更要用自己的作品去守卫这个社会的三观。"这是每一个新闻人都应该具有的专业坚守。从这个意义上来说,小我即大我,只有每一个个体的坚守才可以成就一个社会、一个民族和一个国家的兴盛繁荣。回到自身,我希望不管以后我从事何种职业,都可以牢记"勿忘人民"的院训,坚守自己的职业信仰。因为我始终相信这个世界总有一些美好的东西,值得我们为之奋斗到底。

我们终其一生,都在寻找梦想的路。如果说我现在有所收获的话,我想那是因为我在一定程度上做到了认识自我、改变自我和坚守自我,在并不遥远的未来,我还将继续学习。愿你我共勉之。

最后,我想以席慕蓉的《渡口》结束本次演讲:

让我与你握别，
再轻轻抽出我的手，
知道思念从此生根，
浮云白日，山川庄严温柔。

让我与你握别，
再轻轻抽出我的手，
华年从此停顿，
热泪在心中汇成河流。

是那样万般无奈的凝视，
渡口旁找不到一朵可以相送的花，
就把祝福别在襟上吧，
而明日，
明日又隔天涯。

第五期　诚信说

诚信的重要性不言而喻。两千多年前,孔夫子就说过"人而无信不知其可""人无信不立"。商鞅立木为信,季布一诺千金,曾子杀彘,尾生抱柱,这些诚信的故事历来为人们所赞美和肯定。周幽王烽火戏诸侯,齐襄公瓜熟不代死于非命。这些教训也一直为后人牢记。

古今中外,没有哪一种教育会和诚信相抵触。诚信更是现代市场经济社会发展的基石。然而,今天很多人却有信任的困惑或危机。有时候,一句"我不相信"就会抵消大家所有的努力;一句"不敢相信"道出了多少无奈和心酸。这到底是为什么呢?是社会风气变坏了,是社会制度不健全,还是其他的原因?

相信每一个人都在思考,都在寻找自己的答案。而作为未来的传媒人,作为追梦和圆梦的一代青年人,应该如何从自己做起,从身边做起,从点滴做起,打造自己的诚信招牌,重塑社会的诚信体系?

7月11日,让我们相聚一堂,共同探讨诚信的意义。

"新传青年说"2018年第五期,等着你,说诚信!

诚信的力量

崔国玉

穆青新闻实验班2017级本科生

什么是诚信的力量？我们先一起来想三个问题：

第一个问题，如果说，你是一名残疾的退休工人，你的一位朋友却在临终前找到你，并希望把自己的儿子和妻子托付给你，这个时候，你会如何选择？

第二个问题，如果说，你是一名企业家，因为一篇报道，你的企业突然间遭到媒体和舆论的一致声讨，危在旦夕，这个时候，你会如何选择？

第三个问题，如果说你是一名流亡的储君，在你时来运转登上王座征讨四方时，你却突然发现眼前的敌人曾是你要承诺报恩的故人，这个时候，你会如何选择？

这三个问题，对每个人而言，都很难做出合适的选择，但却在下面这三位主人公的生命中真实地发生了。

第一位叫朱邦月。1967年，朱邦月的朋友临终时，将两岁的儿子以及怀着5个月身孕的妻子托付给他。朱邦月自己是个残疾工人，朋友的遗孀和儿子也全是治不好的肌无力。但就因为对朋友的一句承诺，朱邦月始终没有放弃，并为这个家庭拼了40多年，他也因此入选2009年感动中国年度人物。

这就是诚信的力量。在这里，诚信是一个人生活的信仰，能给一个风雨飘摇的家庭带来希望。

第二位叫张勇。2011年8月22日一篇《记者卧底"海底捞"·揭秘》的报道，揭露了海底捞内部的种种问题，在社会上引起轩然大波。此时，作为海底捞的掌门人，张勇并没有掩盖、逃避或反击，而是诚心道歉、整改，更在个人微博上贴出担责声明，同时诚邀各路记者，全程公开"海底捞"后厨，最终使海底捞勾兑事件得以平息。

这也是诚信的力量。在这里，诚信是一个企业的立身之本，失去它你就要身陷重围，挽回它就还能起死回生。

第三位叫重耳。重耳流亡到楚国时，受到了楚成王的盛情款待。感激之下重耳许诺，倘若我能回国当政，而将来晋楚之间发生战争的话，我一定先令军队后退90里。后来重耳成了晋文公,晋楚爆发了城濮之战,晋军竟真的撤退90里。战场上未战先退乃兵家大忌,但因为这是国君守信的行为,晋军虽然后撤却士气饱满,并一举击溃冒进的楚军。这就是退避三舍的由来,而重耳也正是在此战后称霸中原,成为春秋五霸之一。

这还是诚信的力量。在这里,诚信是一个国君统御国家的准则,能鼓舞他的子民战无不胜。

上述所言,都是诚信的力量。但不知从什么时候开始,中国人却陷入了诚信危机。

一段时间以来,我们经常听到扶老人被讹的新闻,听到众筹诈捐新闻,听到大学生找工作却被骗入传销组织的新闻,某明星妻子出轨闹离婚新闻,某平台商品造假新闻……一次次的新闻,无论是讹没讹、骗没骗、事情真相如何、到底谁对谁错,我们总会听到旁观者奇妙的逻辑:你不撞人你为什么去救人,你不天真你为什么会被骗,你不无辜你为什么卷入事件……不知从何时起,每当舆论热点出现时,我们的民众,总是不惮以最大的恶意揣测当事者,甚至逆向歧视受害人。

罗生门事件演绎了千万种,逻辑却始终的单一。这一切的本质就是因为我们的不相信。小部分被放大的案例麻木了大部分善良的心,让我们不敢再相信人间的真善美就在我们身边。因为我们的不相信,所以我们失去的是一条条可以被我们拯救的生命(佛山的小悦悦事件);也正是因为我们的不相信,使得一场判决扭曲了我们的道德示范(南京的彭宇案);因为我们的不相信,我们常常在"仗义执言"后陷入迷茫(河南的小凤雅事件);因为我们的不相信,使得我们每一次都人人自危,然后人人自保,最后人人自伤。失去了诚信的力量,我们的生活全乱了套!

是时候了,是时候为这样的不相信的绑架松绑了。

信任有那么难吗?中国人说,人无信不立,业无信不兴,国无信则衰。信任是一个人、一项事业、一个国家的立足之本。而在西方,《圣经》中专门记载了撒玛利亚人去救助自己仇人的美德,而撒玛利亚人这样一种称呼,专门命名了西方的《好人法》。在这里,信任是这个社会的秩序和法则。马云评价阿里巴巴说,阿里巴巴最骄傲的不是卖出了多少商品,而是通过互联网构建了自己的诚信体系,只有这样,你才可能在网上向陌生人付钱或寄出商品。在这里,诚信是无穷的利润和财富。

诚信到底价值几何?诚信的力量对中国人又意味着什么?回想刚刚讲过的故事,想必大家都很清楚了。诚信即本分,诚信即信仰,诚信即善良,诚信即规范和准则,诚信即无穷的财富……同时也只有当我们每个人都把诚信当成本分、当成信仰、当成准则和财富时,我们才能够保持诱惑前的清醒、生活中的纯真及做好事时的勇气。

朋友们，中国人其实一直都很讲诚信，中国现在也正在构建自己的诚信体系。

仁义礼智信，中国人曾凭借这些东西，在过去的两千年里创造了举世瞩目的经济、政治、文化成果，中国的GDP曾连续居世界第一八百多年。而在接下来的两千年里，在社会主义新时代的征程里，在中华民族伟大复兴的中国梦里，我想我们仍然需要传承这些品质，传承诚信！如果说人类还有什么红利未被充分利用的话，我想诚信、信任、互信是我们最大的未开发财富！

诸位，我们现在是这个国家的青年一代，未来将是这个国家的中流砥柱。重新构建完善中国社会的诚信体系，靠的就是我们的努力。重新凝聚华夏文明、礼仪之邦的诚信之力，吾辈当先！

敬畏诚信

王佳轩

网络与新媒体专业2017级本科生

说到诚信二字,不知道大家会想到什么呢?

是先想到"爱国敬业诚信友善"里的那个诚信吗?还是先想到,唉,今天我又昧着良心对我的室友说"你又变瘦又变白了"这种比较有意思的话题?我不知道大家对于诚信是怎么理解的,不知道大家是更喜欢让它高大上一点还是更接地气一点。但是在我的眼中,这两个字则代表了另外两个铿锵有力的字眼:敬畏。

我这个人是习惯于对一切事物都保有一份敬畏之心的。其实在这里要感谢一下我的高中英语老师,在每个人的成长历程中可能都会遇到这么一位老师,他说过的某一句话会让你铭记至今。我们的英语老师在给我们上第一节课的时候就对我们说,听其师,信其道。然后就在黑板上写下了四个大字:慎独、敬畏。

也正是这四个字,让我一说到诚信,首先想到的不是别的,而是要怀揣一颗敬畏之心对待诚信。所以我觉得,诚信,不是多么深奥的理论,也不需要多高的文化,它只需要你怀揣一颗敬畏之心,去守住人生而为人的本质。

检视现实社会生活,不诚信的现象在社会生活各个领域的高发与泛化,强烈地预示着我们对于诚信的这份敬畏之心越来越缺失。首先,在经济生活中不诚信现象最为突出。无论是在产品信用、商业信用,还是金融信用上,皆有种种恶劣表现:虚假广告、合同诈骗,甚至证券市场上各种形式的造假行为,这些新闻层出不穷,我们都不陌生。其次,在政治生活领域的诚信缺失,既表现在领导决策及其执行过程中,也体现在党政机关及其公务人员的思想作风上。

除此之外,不诚信现象在社会生活的各个领域都有相应的表现。尤其是在职业生活领域,敬业精神与诚实劳动在相当一部分人心目中失去了以往的崇高价值,像前几年炒得沸沸扬扬的足球"黑哨"现象即是典型一例。在个人生活领域,许多人在市场经济的大潮中迷失了自我,急功近利,言而无信。还有各种形形色色的假机构、假警察、假工商等假公务人员;假婚姻、假文凭、假考试、假招聘、假演唱,等等。甚至假新闻——这是最触动我们神经的。我们现在都是,或者说以后也都会成为一名传媒工作者,新闻的灵魂就是真实,是最不应该被这种不诚信的污浊风气亵渎!大量社会不诚信现象的产生,既有客观因素,也有主观原因;既有历史的根源,更有现实的社会土壤。诚然,由于我们处在市场经济这个大环境中,也许在这个诚信的根基愈发动摇的时代背景下,我们很容易随波逐流。但是我想说,我们依旧要守住初心,敬畏诚信。古语云"君子慎独",君子应当以诚信做人作为衡量自己道德的标尺。我们身边其实已经有很多这样的人,古有"曾子杀猪"的故事,至今仍在流传;今有像孙水林、孙东林这样生死接力也要按时还薪的人物感动中国。我们要相信,每一次恪守原则的选择都是值得的。这种正能量会在人们中间互相渗透,或者通过大众媒体被更多的人知道后产生更加深远而有意义的影响。选择敬畏诚信并不意味着傻气,它意味着我们愿意用一颗真诚的心来对待生活;意味着我们愿意用自己的手,将人生这部大书写好;意味着我们愿意以诚信作催化剂、作五线谱、作调色板,使我们生活的酒更醇。

  接下来我想再给大家讲一个小故事。

  有一次我要打车去参加一个活动,当我拦下一辆出租车,打开车门时很惊讶:车内一尘不染,比我以前坐过的所有出租车都干净整洁。于是我忍不住问司机:"新车?"司机说,这车已经跑了16万公里了。我脱口而出:"怎么可能?就算私家车想保持这么干净也不容易,何况你也不能拒载,多脏的乘客你都得让他上车。"司机说,昨晚有个醉酒的乘客拦我的车,护送他的人拉开车门一看,就说人家的车这么干净,咱别把人家的车弄脏了。于是他关上车门,去打另一辆车。今天上午,一个妈妈带着一个全身是土的男孩坐我的车,妈妈拉开车门一看,就先把孩子身上的土弹干净了,上车后又把孩子的鞋也脱了。你车里干净,别人也会注意干净;你车里脏,别人也就入乡随俗了。

  这位出租车司机的话让我感到十分震撼。如果把人生比喻成一辆车,不也是这样的吗?如果你自己的品质非常干净,别人和你相处时也会十分干净。比如你是一位一诺千金,有诚信的君子,别人和你相处时自然也会一言既出、驷马难追。常言道,人无信不立。如若你能时刻敬畏诚信,用诚实赢得尊重,重诺守信,你会收获很多。如此,你的人生汽车才能始终保持干净,直至抵达终点站,幸福一生。

  诚信,是一个古老的道德命题。它看似不会像法律一样严肃刻板,让人望而生畏,不敢轻易触及。而当我们自作聪明想绕开它的时候,收获的必定是苦涩的果子。诚信无形,却在潜移默化中塑造无数有形之身,养天地正气,问人间暖凉。

所以,请选择敬畏诚信吧!

这份敬畏,是可以让我们知道这世间万物都有着同样的运行规律。花草树木,鸟兽虫鱼,天上飞的,地上走的,水里游的,草丛里附的,都有荣枯,都有盛衰,都有起伏,都有上和下,都有峰和谷。这一切的事物都可以被一种叫作诚信的美好品质串联起来。而这些东西,是可以让人感觉到自己没有白活。

最后在这里问大家一句:今天,你诚信了吗?

愿有诚信,平安喜乐

封仁智

新闻学专业2017级本科生

尊敬的老师,亲爱的同学们,大家好!我是来自2017级新闻(3)班的封仁智。我今天要说的是一个本不该来上大学的人,在演讲开始之前我想先请大家来看一个视频。

这是一个非法集资的视频,说起非法集资大家可能会感觉很陌生,我先来给大家聊聊非法集资到底是个什么东西。一些人用欺骗的手段或者高利贷的诱惑,通过不正当渠道吸引社会上其他人投资,最后许多非法集资者一走了之,钱款也不见了踪影。非法集资其实就是变相诈骗,但是因为它能获得巨大的利润,许多人还是不惜铤而走险加入了投资,当然结果可想而知,有成千上万的人因为非法集资而受害。不幸的是,站在你们面前的我就是其中之一,我也就是那个本不该来上大学的人。

2015年,我的老家西峡县出现了一群人,当时领头的人叫杨小武,他们以新农村建设为由向社会募集款项并且发放高额的利息,在利益的诱惑下,2万多人参加了这个活动,被非法集资者卷走的钱款达6亿多元,钱款被杨小武挥霍一空,所有借款的人们都血本无归。许多家庭都受到了很大的打击。我们家也参加了这个集资活动,借出去的80万元一夜之间化为乌有,虽然比起其他人来说不是很多,但是对于我们家来说,占了家庭资产的百分之九十。

那个时候我还在上高二,夜里回到家之后看到父母坐在餐桌前,桌子上第一次摆了酒杯,我不知道发生了什么,但是我看到父亲的样子后呆住了,父亲的个子不高,只有一米六几,往日英气逼人,走路虎虎生风,但是现在的他却像一摊烂泥一样瘫在地上,后来一直到母亲叫我,我才坐下来。我好奇到底发生了什么,但是我不敢问,只是一个劲地吃饭,他们一直低着头不说话,房间里只有我吃东西咀嚼的声音,杯子里面的酒映着灯光一闪一闪的,父亲盯着酒杯不知道在想什么,晚饭快结束的时候,父亲突然开口说了一句话,他说:"孩子,我丢了你上大学的钱。"

我当时对这件事一点都不了解,也不知道父亲说这话是什么意思,父亲让我喝酒,并不会喝酒的我也学着父亲的样子拿起酒杯就往嘴里灌,父亲酩酊大醉搂着我的肩膀说:"儿子,我被别人骗了,骗得好惨呀,我这大半辈子的积蓄都没了。"那个往日神采奕奕的眼睛,现在却泪流满面,那是父亲半辈子的成果,是他在这个小县城里摸爬滚打二十多年换来的,当初父亲来到西峡县城的时候,口袋里只有20块钱,他一直为自己的成就得意,但是那一刻,什么都没有了。

后来我慢慢知道了这件事情,当时有个亲戚担保,正好加上我家存在银行定期的存款期限到了,父亲就把自己大部分的钱都放了进去,只留下来5万块钱。后来杨小武卷着钱走了,家里当时也就剩这么一点点了。再往后呢,家里的条件又慢慢好了起来,我不知道父亲是怎么凭借着一个男人的能力东山再起做到这一步的,但是这已经不重要了,直到现在在父亲有的时候还会半夜起来一个人抽烟,那个样子像是80岁的老人,原来一个人的衰老只是一夜之间。

到底被骗了多少钱不重要了,能不能找回来不重要了,我最后能不能上大学都不重要了,我只知道从那以后父亲再也没有了以前的豪气,即使后来重新振作起来,失神之间还是能看出来父亲变了。被骗的其实并不是钱,而是父亲大半生的骄傲。其实之前我也在想,为什么会有人行骗,为什么会有人不诚信,这个世上也一定会有第二个杨小武,第三个、第四个……我也想让社会上人人诚信,想让天下大同,但是这么多的经历告诉我,我确实是个小人物,我只是想让我的家人不要再失去那些他们引以为傲的东西,不要再因为不诚信而满身是伤,我只希望我们所期盼的诚信,能够让我们的亲人平安喜乐。

奏响三乐曲

梁 露

广告学专业2017级本科生

接下来,我想说一说我的故事。

大概小学一年级的时候,我们学校门口有一家小卖店,零食、玩具应有尽有,每次一到放学就挤满了人。那时候一大包辣条、QQ糖才五毛钱,小朋友们都买得不亦乐乎。有一天,我发现忘了带零花钱,可是想起同桌上课吃的巧克力,又让我直流口水。我一咬牙走进小卖部,演了一场戏,假装淡定地跑进去慢慢挑选零食,趁着阿姨收钱的时候,眼疾手快地抓起一块金牌巧克力直奔家门,连气都不带喘的,生怕被阿姨发现追出来。长大之后与朋友们说起这件事,还被他们嘲笑了一番,说我胆儿小,他们都是直接就在小卖部门口吃了起来。

那是我第一次偷拿东西,也是我最后一次偷拿东西。我认为这种行为太冒险了,万一哪天心脏不小心刺激过度停了,那就得不偿失了,于是经过一次"实践"就放弃了,等慢慢长大后,才发现自己这种行为的错误性。当然,这次经历也是我跟"诚信"这两个字的第一次正面交锋——完败。而今天呢,我要与大家聊一聊自己生活了18年所得出的诚信三乐曲:对己忠诚、待人信任、处事老实。

孔子有言:人而不信,不知其可也。这句话的意思是,如果没有本性的作用,人则不立。每个人都应该树立属于自己的原则,并且忠于自己,始终如一。从收到大学录取通知书那一刻起,我就十分确定自己将来要成为传媒人。那么该如何成为一名合格的传媒人呢?我认为就得在保证"人才"的基础上,进一步强调"人性",而"诚信"正是"人性"中的关键一点。如何面对未得利益的诱惑,保持初心;如何实事求是地表达与记录,都是漫漫长路中需要不断摸索的。

我院学科首席教授南振中先生之前在一次接受采访中说道,自己在工作任务繁重的情况下,为了完成阅读《列宁选集》的任务,制订总体学习计划,充分利用碎片时间,最后只用了6个月的时间就将4卷本3561页的《列宁选集》读完了。南先生忠于自己的内心,完成了自我任务。我想,这也是他之所以能在阅读方面大有建树的原因之一。忠于自己、保持初心,这就是我所要说的第一曲。

前段时间看过一篇微信推送的文章,说我们每个人一生中会遇到8263563人,会打招呼的是39778人,会和3619人熟悉,会和275人亲近,那么多人行色匆匆地来了又走,又有那么多人在我们的生命中留下深深的印记。我们终其一生都在学着如何与别人相处,而信任正是相处的关键之道。每天放心地吃着食堂阿姨叔叔递过来的饭菜,不用担心会不会拉肚子;买东西时,按时扫码付钱,不需要售货员盯着你查询到账情况;借给室友小物件时,不用担心会拖欠不还……这都是我们生活中的小信任。当然,要想实现信任,前提是要一步步地完成每一个小诺言。记得与爸妈的诺言,得空了常回家看看;遵守与老师的诺言,上课不调皮捣蛋,认真听讲;履行和朋友的诺言,一起去看看祖国的大好河山。完成与他人的每一个如丝般的小诺言,那么一根根细微的丝才能结成一张结实的属于信任的大网。这就是我所说的第二曲:待人信任。

第三曲是要处事老实。晏殊参加进士考试时,因考试题目自己以前练习过,要求改换题目,受到宋真宗的赏识。马云说:刚开始做电子商务时,会老老实实地跟客户表明这东西没有办法立竿见影,只能尽力做。而客户也会因为他们的老实,反过来鼓励他们慢慢来。演员江一燕连续七年到广西巴马山区进行公益支教,实实在在地将公益落到实处。之后,用在这七年中所拍摄的照片开了摄影展,单幅作品被拍卖数额高达20万元,不仅满足了自己开摄影展的愿望,又可以用这些钱帮助孩子们,一举两得。

想要成为被贵人赏识的晏殊吗?想要成为"不喜欢钱"的马云吗?想要成为人人关注的大明星吗?慢慢来,老老实实做事,本本分分做人,说不定意外惊喜就会出现噢。

诚信没有重量,却可以让人有鸿毛之轻,抑或是有泰山之重;诚信没有价格,却可以让人的灵魂贬值,抑或是心灵高贵;诚信没有体积,却可以让人的生命空虚,抑或是生活充实。那块巧克力外表重量轻,价格低,体积小,但在我心中它却重如泰山,是无价之宝。所以大约在两年前回母校探望老师时,我又偷偷地在杂货店里放了一块金牌巧克力,但这回的"偷偷"却让我心安。

给我们上《现当代文学》课的褚金勇老师经常说:"大学,是写诗做梦的地方,少一些世故和圆滑,好好待人待物。"是啊,我们都是那么平凡却又那么鲜明可爱,对己忠诚,待人信任,处事老实,让我们一起奏响这三大乐曲吧。

最严肃的段子,最搞笑的结局

赵心航

穆青新闻实验班 2015 级本科生

观众朋友们大家好,欢迎收看本期"新传青年说",我是前任主持人、现任选手赵心航。今天我们要讲诚信,像这种立意深远的主题,就是要严肃的、大气磅礴的演讲风格,还要配上恢弘的音乐,才容易感染人。我深受启发,所以我接下来给大家说一个严肃的相声段子吧。

为什么要说段子呢?大家都知道我是天津人。当然不是因为天津人都爱说段子,而是因为我们天津人自古以来,就特别讲究诚信。那理所应当地,接下来我给大家讲一个关于天津人不诚信的段子。

说的是有一天,一位妈妈起了个大早,把全家上下的衣服洗得干干净净,晾在外面的竹竿上,让在外面玩的儿子看着衣服,不要让别人给拿走了。小朋友当然是满口答应下来了,正玩得高兴的时候,看见远远地来了一个人,直奔他们家的衣服来了,上手就准备拿走。小朋友一看,这还得了,一个箭步冲上前去,拦住了陌生人,说:"别碰我们家衣服,谁呀你是?"那人眼珠一转计上心来,说:"我叫逗你玩儿。"小朋友一听,扯着嗓子向屋里喊:"妈,有人偷咱家衣裳。"他妈妈在里面一边扫地一边和他隔空对话:"谁呀?"小朋友又喊,"逗你玩!"他妈妈出来一看,衣服还在,"嗨,这孩子"。

又过了一会儿,又有个人来偷他们家衣服,小朋友一看,又问。"谁呀你是?"那人说。"逗你玩儿。"小朋友又扯着嗓子喊。"妈,又有人偷咱家衣裳!"他妈妈在里面看报,也扯着嗓子向外面喊。"谁呀?"小朋友说。"逗你玩儿!"他妈妈赶紧出来,衣服还在,"嗨,这孩子",又回去看报了。

再过了一会儿,那人又来了,小朋友一看,直奔家门口,跳着和他妈妈说:"逗你玩儿,逗你玩儿!"他妈妈根本懒得理他。孩子还在继续喊,他妈妈实在被他搞得不胜其烦,拿着扫帚追出来,结果一看,傻眼了,衣服这次真的全没了,很生气地问她儿子:"我让你看着,衣裳呢?"她儿子很委屈地哭着说:"让人拿走了。"他妈妈气急败坏:"谁呀?"大家说是谁呀?

（观众：逗你玩儿!）

哎对,逗你玩儿。有人问我,后来怎么样了？马三立先生没说,但是结合现实,我们分析出来一个扎心的结局,后来小朋友被他妈妈狠揍了一顿,衣服并没有找回来。这个故事,小朋友很委屈地扮演了一个"狼来了"的角色,两次"失信"于妈妈,所以第三次他妈妈已经懒得搭理他了,这也导致了严重的后果。且不说衣服丢了该不该怪孩子,但挨揍,却一定要怪他自己。虽然他不是故意的,但他依然要挨罚了。

为什么？因为这个世界是个讲诚信的世界,他答应我们,"你们要诚实守信,不然就会被惩罚"。但他没说,"你们要故意讲诚信,不能故意失信于人,不然就要挨罚的"。所以当我们失信,没有人在乎你是不是故意,这个世界可不会"逗你玩儿",他一定会按照约定的那样很讲诚信地,惩罚你。

说句题外话,我希望他们家是夏天丢衣服,要是冬天那就崴泥了。

这个段子听起来很搞笑,却有一个让人严肃起来的伤感结局。为什么伤感心酸？也许是我们或多或少地都看到了自己的影子。地铁迟迟不来,和女朋友约会迟到了,即使你"求生欲很强"地解释这事不怪你,女朋友依然和你闹脾气了,怎么办？那你也得忍着,谁让你失信了呢！考试路上见义勇为送老奶奶去医院,结果保安不让你进考场,怪谁？当然怪你自己。答应朋友的事,本来只是做个人情,结果帮不上忙,朋友反怪你不讲义气。还不是怪你"轻诺者寡信"？生活中我们常常受到这样的委屈,或者说,我们常常认为自己委屈,是因为我们对诚信的理解有问题。所谓诚信,并不是主观上按照约定尽力去做了,就可以称之为诚信。而是,要时刻谨记,说出的话、约定的准则,就是铁的规则,无论什么原因,客观上没能做到,就是失信。

现在国家对诚信更加看重了,我们正在加紧建设社会诚信体系,这是一个包括现代诚信文化、有效产权制度、民主政体、健全法制以及社会诚信服务组织在内的广泛社会系统,涉及从经济到民生的方方面面,涉及从政府到个人的上上下下。我们心中热切期待着的对全世界开放的中国,对每个人都公平的中国,必然是一个讲诚信的中国,一个由时刻遵守着铁的规则的人民组建的中国。诚信体系的建设,意味着我们迈出了把诚信从道德变成了规则的伟大一步。

最后,我想用胡适先生的话来结束我的演讲:"一个肮脏的国家,如果人人讲规则而不是谈道德,最终会变成一个有人味儿的正常国家,道德自然会逐渐回归；一个干净的国家,如果人人都不讲规则却大谈道德,谈高尚,最终这个国家会成为一个伪君子遍地的肮脏国家。"

我们正处于一个意识革新的新时代,祝愿我们所有人都能书写最严肃的诚信段子,收获最能令人露出笑容的事情结局。

"诚信"——给亲人的承诺

葛华斐

穆青新闻实验班 2017 级本科生

今天我演讲的是一个故事,故事是这样的:

火电厂旁边有一家幼儿园,很多在火电厂工作的人都把自己的孩子安置在那里,因为这样比较方便接送。

时值 2004 年,由于当时的人们还没有完全认识到环境污染问题的严重性,所以很多燃料发电厂的生意都还不错,每天都有很多辆货车进进出出,工人们也都忙得不可开交,开工期间甚至连抽根烟偷偷闲的时间都没有。

这家火电厂也是如此。这天下午,门卫室里的表针指向了五点钟,幼儿园的放学铃也准时响起,家长们早已守在大门口。孩子们当然很高兴,跟平常一样,他们记完了小黑板上的作业后自觉地在门口排好队,准备扑向自己的爸爸妈妈或爷爷奶奶。这个小男孩也一样,由于有些营养不良,站在队伍第三排的他当时心里惦记的是校门外小摊上的酸奶和漫画。可事不如人愿,天色渐渐暗了下来,摊贩们开始收拾自己的摊子准备离开,身边的小朋友们也都一个个被家人接走,就连之前总是最后一个被接走的小男孩也在接受迟到的妈妈的道歉后,开心地回了家。他开始感到委屈和不理解:我的爸爸今天为什么把我丢在了幼儿园?他从来没有迟到过,而现在只剩下我一个人还没有被接走了。

同夜幕一起落下的,还有星星点点的雨滴,男孩本来就压抑的心情终于抵不住坏天气的挑逗,他的眼泪开始在眼眶中打转。但是他不想哭,因为老师还在自己旁边,他要表现得男子汉一点。还好雨下得不大,刚好可以顺着脸颊和泪水一起落下,他想可能这样就看不出来他在哭了。

男孩正哽咽着,一辆面包车打着远光灯向这里驶来,雨水落下的痕迹在光束下很清晰,但车里人的样子却看不清楚。车子停在了幼儿园门口,里面的人探出头来,是他爸爸关系很好的一个同事,他对男孩说:"你爸爸今天来不了了,今儿我送你回家。"

男孩上了车,到了车上,大家看起来都不想说话,他想问些什么但又怕得到什么不好的结果,所以最后他决定安静地坐着。可平静就是用来被打破的,终于,路过火电厂门口时,他眼前所看到的场景足以冲破之前他为自己心里设下的所有屏障,那时男孩的情绪像决堤的洪水一样迸发出来。他的眼前是一辆拉满煤炭的大货车和那辆他再熟悉不过的摩托车,只不过今天的摩托车不太一样,少了当初每天驾驶着它的高大身影,车倒在了地上,周围有许多零零散散的碎片。

跟摩托车碎片一起,记忆的碎片,零零散散地拼凑在了他今后的生活里。之后一看到他父亲腿上那条十几厘米长的疤,他就会想起那天发生的事情。

有一天,他忍不住问了父亲那天的事到底是怎么发生的,父亲笑着告诉他:其实那天就是想准时接到你,出门晚了有点慌张,不巧,就遇上了比我还慌着去拉煤的货车,撞不过他,最后也没能准时去接你。

后来上小学的时侯,男孩总是把这些事以极其匮乏的词汇描述在一篇二三百字的作文里。一开始老师的评语是:"感情真挚,但注意改进字体。"后来次次写,回回些,写得多了,老师的评语就变成了:"故事缺乏新意,注意改进字体。"

因此上初中后,他就很少在作文里提这件事了。

到了高中,虽然自己的用词越来越丰富,但他却总是想不起这件事了,想起了也觉得这样的事写进一篇高中作文会不会有些幼稚,这件事在他记忆中浮现的频率越来越少。

一直到上了大学,一次以诚信为话题的演讲比赛让这段记忆又探出了头,他想参加这次演讲比赛,在比赛中把这件似乎快被遗忘的事讲出来。

他想感谢自己的老爸当年教会了他,守时地为自己爱的人付出,这也是一种诚信。

诚信——在你最亲近的人身边时刻存在着。

担起诚信,传播信任

雷碧睿

新闻学专业2016级本科生

在开始演讲之前,我想要问大家几个问题:你们经常去学校的哪个餐厅吃饭?最喜欢哪个窗口的饭?最喜欢哪一个打饭的阿姨?我最喜欢菊园一楼和松园二楼研究生餐厅,最喜欢的卖饭小哥哥是松园二楼卖主食那个窗口的小伙子——一个长得有点帅还有点像新疆人,打饭特别耐心,说话温柔,服务贴心的小哥哥。说到餐厅,我有时候会遇到那种想要刷卡买饭发现没有带校园卡的尴尬情况,在这个时候,是回去点外卖还是想办法解决继续在餐厅吃呢。回去吧,我都过来了,直接走掉觉得不甘心,继续吃吧,又没卡。怎么办呢?很幸运的是,好几次我都会遇到善良的打饭阿姨,发现我窘迫的处境,然后说:"妮儿,我先给你做,你下次来刷。"哇,"我先给你做",一句朴实平常的话,让我觉得好温暖,不仅解决了我的困境,还让我感受到了满满的信任。然后我总会下次去餐厅吃饭的时候,先去刷卡,补齐之前的钱。

我上个月身体一直不太舒服,家里让我去郑大一附院做个检查。我特意找了一个没课的上午早早起床,想着早点过去挂号。但是,平时在学校周边生活,靠手机支付就可以解决一切问题的我,到一附院准备挂号的时候,才发现人工挂号窗口不支持移动支付,自助挂号机只接受固定金额投币。我没有意识到带现金的重要性,身上只有几个硬币。怎么办呢?我想到一个主意,向在医院里来来往往的陌生人救助,他给我现金,我给他微信转账。我在一附院门诊大厅里搜罗目标人选,那个小姐姐看起来比较面善,而且我俩年龄相差不大,应该有共鸣,上去试试。可是,很遗憾的是小姐姐也没有带太多现金,拒绝了我。下一个,那个刚刚挂完号的阿姨应该有钱,去问问。可是阿姨看了我一眼,说不方便,就走了。好吧,阿姨可能是看过太多扫码诈骗的新闻,觉得我是骗子。前面那个叔叔不错,男性长者应该不会拒绝我的求助,果然,叔叔非常谨慎地看了我一眼,同意了。然后拿出手机和一张100元,非常警惕地等我输完密码,他翻看支付记录查验完,才把100元递到我手里。

　　两个故事,餐厅阿姨无条件的信任,医院里陌生人的警惕和怀疑,主要是因为环境对人信任感的影响。学校是一个相对安全和谐,人员素质相对比较高的环境,因此诚信度高,人与人之间的信任感也可以良好互动。而医院是一个相对复杂多变的环境,人员复杂、矛盾冲突较多,信任感也比较低。

　　事实上,现在的我们,面对复杂的社会环境,信任感正在逐渐缺失。我们越来越难相信,也越来越难交付真心。你入口的食物,会担心是否质检过关,黑心厂家有没有背后牟取昧心钱?你看到的新闻,会怀疑真假,新闻媒体报道的时候是否因为利益而有失偏颇?你遇到的老人和乞丐,会犹豫伸出援手是否会被骗?你居住的房屋,会怀疑房地产商的建造有没有偷工减料?

　　越来越多的怀疑充斥在我们的生活中,我们在"信任、怀疑""是、对,不是、不对""真的、假的"之间来回穿梭,摇摆不定。打开电脑,打开手机,打开邮件,打开朋友圈,你会发现有太多不可思议的新闻冒出来,每一件事情都在破坏你的信任感,但问题是信任感是一种主动能力。如果我们少了信任感,摧毁的是你的生活。如果社会少了信任感,人与人之间的隔阂会加重,社会结构会被动摇。因此,重拾信任,诚信待人,会让生活幸福感大大增强。

　　在这个信息爆炸的时代,越来越多的人表示,接受越多的信息,会让自己越难相信。我们发现,各种出人意料、千奇百怪、真假难辨、争论不休的新闻,让人们产生迷惑和误解甚至是畏惧。前两年的舆论热点,"老人倒地,扶不扶?"媒体频繁报道扶老人反被讹的新闻,让旁观者产生畏惧,甚至是造成刻板印象:老人倒地就是骗局。扶不扶悲剧不断上演,信任感的缺失和人心的隔阂让我们枉顾生命。

　　对于媒体来说,自身承担的社会责任,就要求媒体在新闻报道的过程中,要注意引导正面积极的社会舆论,不因经济利益和恶意竞争而忽视社会效益。最重要的是,面对海量的信息,面对纷繁复杂的社会争议,面对社会巨变时期无法避免的矛盾冲突,媒体需要传播主流思想,引导社会人心。负面的事情总是少数,正能量才是生活的重点。

　　传播诚信风气,重塑社会信任感,媒体义不容辞。

　　作为自己,作为传媒人,让诚信成为责任,让信任成为常态,让猜忌回避,让人心向善。

我和妈妈之间的"诚信"

阳 丹

广告学专业2017级本科生

这是一个很接地气,而且清晰明了的题目,我相信大家一看到这个题目应该就能想到我接下来要说的,是我和我妈妈之间的故事。

这个故事其实要从我参加社团换届结束的那次通宵唱歌开始。凌晨两三点的时候,我妈突然一个红包袭来,我一看到红包,条件反射就点开了,之后非常诚实主动地交代,我在唱歌,还是通宵,我觉得这没什么,没想到的是我妈听到后,对我噼里啪啦说了一大堆,最后总结陈词,以后不准通宵,我满口答应了。但是过了两周,到端午节的前一天晚上,我又和室友去通宵唱歌了,早上回来后一觉睡到了大中午,醒来后就看到我妈给我打的两个未接电话,心中顿时觉得特别的不安,赶紧骗她说我去吃饭了没听到,我感觉这是"善意的谎言",对两边都好,我妈不用生气,我也不用听她唠叨。可是没过多久我爸就一个电话打过来,很顺利地让我自己说出我通宵的事情。感觉从那之后我妈对我的信任感大跌,总觉得我没事就去熬通宵,起得晚就是熬了通宵,然后通过各种渠道对我进行试探。

大家应该都知道QQ里面有一个应用叫"坦白说",就是你可以在对方不知道你身份的情况下发消息给他。有一次我妈就发了一条坦白说给我,"上课坐得超直",我秒回了笑哭的表情,她就说我没认真上课。这不是重点,重点是她说睡觉的时候我回了个"刚醒",其实一直到这个时候我都不知道这是我妈发的,直到看到接下来的一句话:"晚上又做什么去了?"这一句带着责备与怀疑而不是关心的话,太熟悉了,熟悉到我都能模仿出这句话的语气。晚上又做什么去了,一个"又"字,用得这么精妙,精妙到让我瞬间就能察觉到她对我的怀疑,怀疑我又一次去熬通宵然后她又不知情。

有时候,我们可能觉得为了避免一些不必要的麻烦说说谎没什么,但是,信任的河堤就是这样一步步被击溃的,就像"狼来了"的故事一样,有时候被骗了就很难再次相信。

像成功永远比失败难一样,信任的重新建立往往比信任被击溃要难很多。所以，建立信任最好的方式就是维持信任，维持信任最好的方式就是不欺骗。现在想想我为自己的谎言寻找的理由，好像只是为了隐藏自己失信了而想的一个借口，我想要重新建立起与妈妈之间的信任，公开透明的交流、守信的行为应该是最好的方式吧！

浙江卫视《奔跑吧兄弟》第十二期有个竞拍环节，郑恺的拍卖品是，在第十二期播出的那天发微博为一个人征婚，导演王大美以18元竞拍成功，在播出这天我特意去微博看了一眼，第一条微博就是征婚启事，这就用行动向我们证明了他的守信。除了郑恺之外，节目组在剪辑时将一些诺言的实现剪到节目中，以一种公开的方式呈现在观众眼前，告诉我们，综艺节目中说的话不是作秀，而是诺言。

其实，人和人之间的交往就是建立在彼此的认知和信任之上，我们每做一件与对方有关的事，就是在扩大或缩小这种认知与信任的范围，这就相当于在银行账户存取钱一样，信任感的账户也会随着我们的守信而账户余额充足，随着谎言而掏空账户，逐渐枯竭。

所以，我想要自己在我妈那儿的账户重新充足起来，交流和守信是很重要的。虽然我已经答应了她以后不去熬通宵，但是，毕竟我在江湖飘，真的很难不熬通宵，所以以后我如果再去熬通宵的话，我一定会提前告诉她，这样她可以对我少一些猜疑，多一些信任了。

其实，有时候父母就是担心你，但是我们会觉得这种担心是多余的，而且事情已经做了，她说什么也没用了，懒得听他们啰嗦，还不如瞒着他们。但是，如果一不小心天机泄露，后果可能会很严重，就像我和我妈一样，两人的聊天就像相互试探。所以如果你们有什么事，记得吸取我的教训，减少欺骗，坦诚相对。

给自己的歌

杨 岚

新闻学专业2016级本科生

"新传青年说",郑大听我说。大家好,我就是那个会吃会玩的杨岚,我名字的"岚"不是著名主持人杨澜那个"波澜壮阔"的"澜",而是"铁齿铜牙纪晓岚"的"岚"。

今天大家应该都考完最后一门课了吧?开心不开心?开心就好,保持住,听完今天的最后一场演讲你们会更开心。

但是我开心不起来,作为今天的最后一位选手,我很不开心,而且这个比赛,我越看越糟心。为什么?因为大家已经听过了前面那么多精彩的内容,珠玉在前了,我就是把这个诚信讲出一朵花来,大家也会觉得没有前面那朵开得好看。那怎么办呢?还是得硬着头皮上啊,因为我就是这么一个讲诚信的美少女。好的,开玩笑啦,少女还勉强少女,但是"美"确实还有几十斤要减肥的距离。

好的,欢声笑语过后,大家要专心听我讲故事。我会一直注意,看谁的小眼睛没有看我哦。

故事的主人公是一个会吃会玩的小姑娘,那时候她还在上初中,不诚信,会撒谎。因为种种原因,她成了一个留级生,开学的第一天她就撒谎了。当天一切都很顺利,新同学对她很友善,她似乎很容易就融入了全新的环境。下晚自习和新同学说说笑笑一起走出校门的时候她却愣住了,因为她看到了一个矮小而肥胖的身影,骑着一辆破旧的摩托车,朝学校门口张望。头上的白色头盔被磨掉了一块,显得格外破旧。但是和他的着装比起来,又显得那么无伤大雅。因为,他穿了一件环卫工人的工作服,就是那种橘黄色并带着反光条的马甲。小姑娘不知道要怎么描述那时的心情,因为那个人是她的舅舅,刚刚下班,来接她放学。紧张、不知所措,更多的是一种虚荣心操纵下的悲伤。所以她故作轻松地和同学们说:"我坐摩的回去啦,大家路上小心。"然后在大家的注视下,走向那辆破旧也特别的摩托车。等她回到家打开手机,看到了新同学发来的短信:"下次别坐那样的车了,晚上回去不安全。"

她不是一个多愁善感的人，偶尔还有点没心没肺，但是那一刻她觉得对不起自己的良知，就坦坦荡荡承认会怎么样呢？就光明正大地给大家说，这是我舅舅，他刚下班，还来不及换衣服就来接我放学了。就不用面对自己良心的责骂，也不用考虑怎么把这个谎言长期地维系下去，不是吗？

所以说，人的成长往往是一瞬间的事情，那个爱慕虚荣还说谎的小姑娘，就在这么一件小事情上明白了什么叫诚信——是对自己的问心无愧。然后她发现，这个道理对她来说是一笔非常有价值的财富，她终于学会了坦坦荡荡地面对生活，也学会了真诚守信地面对自我。

2016年秋天，小姑娘结束了高考来到了郑大。第一个属于大学的夜晚，宿舍里只有她一个人。她在笔记本上写啊画啊，计划着这一段很短但是很重要的人生。她说，大一，我要努力参加社团活动和社会实践，学习各种技能，让自己变成一个有能力的人；大二，我要多旅行多反思多赚钱，让自己做一个有思想的人；大三，我要静下心来好好准备考研，不是为了跟风，也不是为了就业，就是纯粹想要接近那个我憧憬了很久的大学；大四，要做一件惊天动地的大事，但是现在先不说，哈哈。

到现在，大学四年还剩两年，小姑娘也已经慢慢长大，站在你们面前，和你们说这些话，虽然有时候也会偷懒，但是她当年许下的诺言也算没有辜负。大一我确实从很多非常优秀的学长身上学到了很多东西，不管是在社联、在辩论队、在电视台还是在参加的社团里面。大二我确实去了很多地方旅行，远到重庆、成都、西藏，近到西安、开封、洛阳。我也确实可以赚一些钱了，2018年4月我在丽江开了自己的小店，每个月也能赚个万儿八千。

遇到困难的时候也会有，但是从来没有想到过放弃。因为在七年前我明白了这样一个道理：世界偶尔浮华，偶尔虚假，偶尔纸醉金迷，偶尔满嘴谎话，但是这都没关系。因为我想，当你对自己诚信，才算是体面地走完了这一生。

故事讲完了，我来说一段总结。前面也说到了，我大三的侧重点会放在学习上，所以以后"新传青年说"的舞台大家应该很难再看到我了。但是，我非常期待能够在这个舞台上看到你们，尤其是我的学弟学妹们。这个演播室对我来说，是锻炼，更是反思。是从不同的角度去看待自己的生活，也是学会安静地在台下倾听别人的诉说。这就是为什么我带着伤还要在复习周准备这场演讲的原因，因为我想把我在这里获得的东西传递出去，顺便向这个我爱的舞台道别。《给自己的歌》永远不会完结，我会把对自己的诚信一直坚持下去。希望今天我讲的故事，能让大家觉得没有浪费你们的时间。

谢谢大家！

诚信与修身齐家治国平天下

冯进进

穆青新闻实验班 2017 级本科生

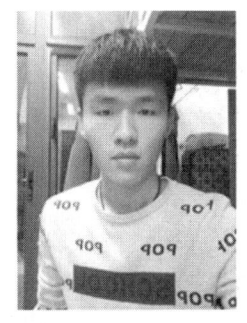

诚者,天之道也;思诚者,人之道也。

从一般意义上讲,"诚"即诚实诚恳,主要指主体真诚的内在道德品质;"信"即信用信任,主要指主体"内诚"的外化。"诚"更多地指"内诚于心","信"则侧重于"外信于人"。"诚"与"信"组合在一起,就形成了一个内外兼备,具有丰富内涵的词汇,其基本含义是诚实无欺。千百年来,诚信被中华民族视为自身的行为规范和道德修养,形成了其独具特色并具有丰富内涵的诚信观。而在中国,修身齐家治国平天下,是历代仁人志士的追求目标。今天我就从诚信与修齐治平的关系来谈一下诚信。

古人言:"欲修其身者,先正其心。"修心就是让自己的内心达到一种"出淤泥而不染,濯清涟而不妖"的通透状态,而达到这种状态需要的是内诚于心,明白自己想要的是什么,坚定内心的理想信念。古有孔圣人"明知不可为而为之",在那个礼崩乐坏、互相征伐的年代,他自己也明白,实现"仁""礼"就是一个天方夜谭的笑话。他周游列国,宣传儒家思想,几度死里逃生,屡遭世人嘲讽,但是为了心中的那份"诚",一直无悔!

现有诚信兄弟孙水林、孙东林,大年三十千里迢迢为农民工发工资,哥哥遇车祸身亡,弟弟接过那份"信",只为了心中的"诚"。用弟弟的话来说,心里踏实!

说完修身,下面说一下诚信与齐家的关系。家在中国人心中永远都是最坚实的后盾,拥有不可替代的地位。有关统计数据显示,我国离婚率正呈现逐年上升的趋势,它一方面彰显了人们对于高质量婚姻的追求,但从另一方面来看却是家庭关系不和谐的一种体现。造成这种结果的原因是多方面的,但是我们在两个人中最常听见的是这样一句话:"你怎么就不相信我呢?"是的,为什么不相信彼此呢?有一个耳熟能详的小故事叫"狼来了",孩子说的次数多了,狼真的来了也不会有人来救。同样,当一个人不坦白、欺瞒的次数多了,就算最后真的没有欺骗,也不会得到信任,就只能说出"你怎么就不相信我"这样无力的话了。无论在面对什么样的情况时,诚实地去沟通永远是解决问题的首要条件,也只有这样才能真正地处理好家庭关系,实现齐家的目标。

一个家庭需要相互信任,而治理一个国家更需要诚信。子贡问怎样治理政事,孔子说:"备足粮食,充实军备,老百姓对政府的信任。"子贡说:"如果迫不得已要去掉一项,在这三项之中去掉哪一项呢?"孔子说:"去掉军备,饭还是要吃的。"子贡又问:"如果迫不得已还要去掉一项,在这两项之中又去掉哪一项呢?"孔子回答说:"去掉粮食。因为,自古以来谁也免不了一死,没有粮食不过是饿死罢了,但一个国家、一个政府不能得到老百姓的信任就要垮掉。""民无信不立"这句话的意思是:如果百姓对国家都没有足够的信任,那么这个国家就不能很好地建立起来。商鞅变法前首先做的也是取得人民的信任才得以进行下去;而周幽王为博宠妃一笑,烽火戏诸侯,失信于民,最后国破家亡。

中国共产党是代表人民,全心全意为人民服务的政党,因此更应该取信于民,以人为本。我们几代党和国家领导人对诚信都非常重视,早在1941年毛泽东同志在《改造我们的学习》中提出"实事求是",还亲笔为中共中央党校题词"实事求是"作为校训;邓小平同志始终不渝地坚持毛泽东同志倡导的实事求是的思想路线,并说"做老实人、说老实话、干老实事,就是实事求是";江泽民同志在"三个代表"中特别提到,要在"真"字上下功夫,要真实、真诚,要讲真话、报实情;胡锦涛同志在2001年中央党校开学典礼上发表重要讲话时,也再次强调"解放思想、实事求是"的重要性。党的十八大以来,以习近平同志为核心的党中央始终坚持实事求是的思想路线,进一步把马克思主义基本原理同新时代具体实际结合起来,团结带领人民进行伟大斗争、建设伟大工程、推进伟大事业、实现伟大梦想,推动党和国家事业取得全方位、开创性历史成就,发生深层次、根本性历史变革,中华民族迎来了从富起来到强起来的伟大飞跃。从这些我们就能看出诚信、实事求是对我们党和国家意义有多大。可近年来党内也出现了一些害群之马,他们不顾党和国家的信任,做出背信于党,背信于人民的事来,如重庆市公安局原常务副局长文强等,贪赃枉法,危害一方,当地百姓积怨极深。所以说,诚信在国家治理中起着举足轻重的作用,政党和人民相互信任国家才能昌盛。

"各美其美,美人之美,美美与共,天下大同"。目前世界整体处在一种和平与发展的环境之中。但是一些国家领导人的不诚信行为为国家之间的关系和国际环境带来了一些不稳定因素。近期中美经贸摩擦,从5月3日至6月3日,中美双方三次磋商在坦诚沟通中向着解决问题的方向迈进。就在大家以为中美贸易战终于平息之时,特朗普6月15日晚在美国白宫宣布对中国征收惩罚性关税,随即引发股市、期货全线跳水。

如今,特朗普政府再度"没谱",全然不顾中美双方达成的共识。即将到来的惩罚性关税不仅将给两个最大的经济体而且也将给其他很多国家造成伤害。不少外媒注意到,特朗普终于"扣动了扳机",但与其说是"对准中国",不如说是"扫射全世界"。

特朗普在声明中谈道:"我与中国国家主席习近平的友谊以及我国与中国的关系对我来说都是非常重要的。"对此,中国政府和人民早已看透,特朗普的不靠谱已是国际共识。这种不靠谱就是诚信缺失的表现,而这种诚信的缺失导致的是两个国家关系的紧张,使得"天下大同"的愿景与我们渐行渐远。世界在发展,各国联系越来越密切,只有抱着一种诚信的态度,不仅"各美其美",还要"美人之美",才能真正地向前走,实现天下太平。

修身齐家治国平天下,每一步都与诚信密切相关,每一点都离不开诚信。我们现在要做的就是从自己做起,从小事做起,做一个诚信的人,"内诚于心""外信于人",世界才能因你而美丽!

以诚待人者，人亦诚而应

康 美

广告学专业 2016 级本科生

诚，信也；信，诚也。诚信即待人处事真诚老实，言必行、行必果。诚信是人与人交往的基石，在人与人的相处中扮演了重要的角色。

前几天，我经历了一件特别沮丧的事情。事情要从去年十月份讲起，我的婶婶在微信上和我说，她正在上大三的妹妹意外怀孕了，不敢告诉家长，只好求助于她，向她借钱堕胎。我的婶婶因为在家带孩子，没有工作，自己手里没钱，又不敢向我叔叔要钱，所以想来想去，找到了我借钱。我先后借给她 4500 元钱，后来她分三次还清。我当时觉得自己帮了婶子一个大忙，心里还挺开心。

后来我和我姑姑在一次偶然的聊天中，说到了借钱的事。我姑姑说："前年，你婶子也是以相同的原因——她妹妹意外怀孕，向我借钱了，她绝对骗你了。"一开始我不相信婶子会骗我，因为在我的印象中，婶子人特别好。高三的时候，我每个月只有 5 个小时的休息时间，因为离家远我不能回家，恰巧婶子家离学校近，放假的时候，我就去婶子家，婶子会给我做好吃的，给我洗衣服，带我去看电影。那么好的人怎么会骗我呢？

但是后来我渐渐明白，欺骗并不是坏人的代名词，诚信也不一定是好人时刻都会践行的准则。每个人都可能由于各种各样的原因撒谎，诚信就像一条白线，我们一不小心就会踩线出界。你给对方发的好人卡不是终生有效、事事有效的。

人与人之间需要诚信，社会呼唤诚信，没有诚信，人与人之间的信任将被一点点地蚕食，最终人与人之间变得有隔阂，不再相信对方的一言一行，不会再有什么誓言，不会再有什么诺言。那么如何才能让人们以诚相待呢？"以诚待人者，人亦诚而应"，给我们提供了一个标准。

我认为诚信有三层含义：

最基本的含义就是，我们首先自己要做到真诚，这强调的是一个前提。只有自己真诚待人，别人才能对我们真诚。我想给大家讲一下我们宿舍楼下水果店老板的故事。他的水果店,只可以手机支付,不能刷校园卡。那天我洗澡后去买水果,但是没有拿手机,老板让我拿上小票,上面有支付宝号,回宿舍后再用手机支付。我当时就很感动,老板居然这么相信我一个陌生人。我问老板,你不怕有人回去后不给钱吗,老板说:"郑大的学生,我都信得过。"老板就是一个先以诚待人的人,所以我后来也特别相信他,经常去他家买水果。

以诚待人,具体的表现是不撒谎,这是第二层含义。不撒谎,就是要把真相和事实呈现给别人,事实是残酷的,但是谎言要比事实更糟糕。尤其是对那些信任你的人。谎言本身没那么让人心寒,让你心寒的是你信任的人居然对你撒谎了。一个陌生人对你撒谎你可能不会在乎,但是被信任的人欺骗就会感觉像被全世界欺骗一样。不要轻易撒谎,越是关系好的,我们防备就越少,反而更容易被欺骗,也更容易受伤。善意的谎言可以理解,但是打着善意谎言的幌子就变得可耻了。

最后一层含义,以诚待人者,人亦以诚而应,是一个动态的过程,人以诚而应后,我们更要以诚而应。它是一个相互促进,越来越信任的动态过程。以诚待人者,人以诚而应,它不是一个一次性的行为,只有把它践行下去,让这个圆圈动起来,信任才会在人与人之间慢慢地生根发芽。

以诚待人者,人亦以诚而应。让信任之花开在每个人的心里。

谢谢大家。

诚信与国运

李雅晴

广告学专业2017级本科生

何为诚信？诚，就是诚实；信，即为信任。诚信，以真诚之心，行信义之事。

诚信，是国家统一和发展的重要基础。春秋战国时期，秦国的商鞅在秦孝公的支持下主持变法。当时社会处于战争频繁、人心惶惶的状态，为了树立威信，推进改革，商鞅下令在都城南门外立一根三丈长的木头，并当众许下诺言：谁能把这根木头搬到北门，赏金十两。围观的人不相信如此轻而易举的事能得到如此高的赏赐，结果没人肯出手一试。于是，商鞅将赏金提高到五十金。重赏之下必有勇夫，终于有人站出来将木头扛到了北门，商鞅立即赏他五十金。商鞅这一举动，在百姓心中树立了威信，而商鞅接下来的变法就很快在秦国推广开来。新法使秦国渐渐强盛，最终统一了六国。

与商鞅"立木为信"相反的案例也不少。西周末年，曾发生过一场令人啼笑皆非的"烽火戏诸侯"的闹剧。周幽王有个宠妃叫褒姒，为博她一笑，周幽王下令在都城附近20多座烽火台上点起烽火——烽火是边关报警的信号，只有在外敌入侵，需召诸侯来救援的时候才能点燃。结果诸侯们见到烽火，率领兵将们匆匆赶到，弄明白这是君王为博宠妃一笑的闹剧后都愤然离去。褒姒看到平日威仪赫赫的诸侯们手足无措的样子，终于开心得笑了。五年后，太戎大举攻周，幽王烽火再燃而诸侯未到——谁也不愿再次上当了。结果幽王被逼自刎，而褒姒也被俘虏。

一个"立木取信"，一诺千金；一个帝王无信，戏玩"狼来了"的游戏。结果前者变法成功，国力强盛；后者自取其辱，国破家亡。可见，"信"对一个国家的兴衰存亡起着多么重要的作用。

在当代，诚信仍然影响着国家的发展和人民的安危。1986年4月，切尔诺贝利核电站发生了严重的核泄漏事故，核泄漏污染了欧洲的很多地区，苏联当局对此事故采取隐瞒甚至欺骗，公众对此毫不知情，由于一味地封锁消息，事故未能获得及时地处理。直到在瑞典境内发现放射物质含量过高后，该事故才被曝光于天下。因事故而直接及间接死亡的人数难以估量,数以万计的人被核辐射危害,且事故后的长期影响到目前为止仍是个未知数。国际社会广泛批评了苏联对核事故消息的封锁和应急反应的迟缓。此事故列为核事故的第七级,也就是顶级事故。对于此事故发生的原因,从根本上说是因为沟通不畅,设计者知道在某些情况下会产生危险但却蓄意隐瞒,没有诚实地将一切告知工作人员,再加上某些操作失误,导致了事故的发生。此事故引起大众对苏联的核电厂安全性的关注,事故也间接导致了苏联的瓦解。诚信不分大小,看似一个不太大的不诚信行为却导致了如此严重的后果。

"信"是一种国家责任,一言九鼎,一诺千金。

2008年5月12日,四川汶川发生里氏8.0级地震。这是一场让人猝不及防的灾难!

温家宝总理在第一时间赶到灾区,5月14日前往受灾严重的木鱼镇一探究竟。由于道路受损严重,经过一天多的辗转才到达木鱼镇。他语重心长地对灾民说,党和国家不会忘记受灾的群众,会保证大家有饭吃、有水喝、有帐篷住、有病能医,政府还会给倒损房屋的家庭发放补助,把房子重新盖起来。这看起来简单的承诺,却代表着党和国家对灾区人民的关怀。如今灾难已经过去十年,木鱼镇等受灾地区已有了崭新的面貌。党和国家实现了当初的承诺。我国也正沿着中国特色社会主义的道路不断前进发展。

信,是一种国家价值理念。老子曾云:"人无信不立,业无信不兴,国无信则衰。"诚实守信,重在实践,贵在积累。勿以善小而不为,勿以恶小而为之;去小恶而从善,积小善成大德。

话说诚信

杨 涛

广播电视学专业2017级本科生

在开始演讲之前,我先给大家讲一个真实的故事。1797年3月,拿破仑在卢森堡第一国立小学演讲时,潇洒地把一束价值3路易的玫瑰花送给该校的校长,并且说了这样一番话:"为了答谢贵校对我,尤其是对我夫人约瑟芬的盛情款待,我不仅今天呈献上一束玫瑰花,并且在未来的日子里,只要我们法兰西存在一天,每年的今天我都将派人送给贵校一束价值相等的玫瑰花,作为法兰西与卢森堡友谊的象征。"后来,拿破仑穷于应付连绵的战争和此起彼伏的政治事件,并最终因失败而被流放到圣赫勒拿岛,自然也把对卢森堡的承诺忘得一干二净。谁都不曾想到,1984年底,卢森堡人竟旧事重提,向法国政府提出这一"赠送玫瑰花"的诺言,并且要求索赔。他们要求法国政府:要么从1798年起,用3个路易作为一束花的本金,以5厘复利计算,全部清偿;要么在法国各大报刊上公开承认拿破仑是言而无信的小人。法国政府当然不想有损拿破仑的声誉,但电脑算出来的数字让他们惊呆了:原来3路易的许诺,至今本息已高达1375596法郎。

这个故事告诉我们一个什么道理呢?富兰克林用一句话做了很好的诠释:失足,你可能马上站立;失信,你也许永难挽回。是啊!诚信的重要性不言而喻,我们没有人会认为它不重要。那么,究竟什么是诚信呢?

诚,从言,从成,成亦声。"成"意为"百分之百""完全",言与成联合起来,表示"百分之百的讲话"。信,从人,从言,人言可信。诚是人内在的德性,信则是诚的外在表现。诚于中,必信于外。因此,诚与信联结为一个词,表述的是人们诚实无妄、信守诺言、言行一致的美德。

接下来,我要讲另一个故事,这个故事的主人公叫林海燕,她是广东一家彩票投注站的老板,投注站的老顾客吴先生由于出差,便委托林海燕代购了700元的彩票,结果这些彩票却中了500万元的大奖,但期间吴先生仍在外出差,而且700元的代购费也没有交,林海燕完全可以将这500万元的大奖据为己有。彩票的特点大家都知道,它不记名,不挂失,在谁手上谁就有权去领取,这是受法律保护的。所以,林海燕就算拿了这500万元,从法律上来讲也是站得住脚的。

但出乎大家意料的是,林海燕却把唾手可得的巨奖还给了吴先生。她毫不犹豫地给吴先生打了电话,通知他过来领奖,而自己却只拿回了700元的代购费。

读了这个故事,我一开始的感觉是这样的:"林海燕真傻!"她放弃了本来可以得到的500万元,偏偏通知吴先生。要是我,也许早就将这500万元据为己有了。可是后来我却改变了想法。

林海燕是可以把这500万元装进自己的腰包,可如果她这样做,彩票投注站的一些老顾客又会怎么看她呢?她虽然得到了物质上的"肥肉",可她却在精神上少了一个重要的东西——诚信。

不知道大家有没有听过何纪光的《脊梁歌》:"山无脊梁要塌方,虎无脊梁莫称王,人无脊梁别做人,做个饭袋装米粮。"诚信就是人的脊梁。

也许在很多人看来,有时人诚信时似乎很傻,很没有意义,因为诚信往往会伴随自身利益的失去。可是,让我们想想,也许下一个因丧失诚信而受害的人,就会是你和你身边的人。或许违约失信可以获得一些蝇头小利,可是当花失去香味时,再美丽的花朵也难逃凋亡的命运。诚信正是如此,它是人格之花那沁人芬芳的来源,拥有诚信,人格便有了自己的灵魂。

相信诚信的力量,它可以点石成金,触木为玉。我们崇尚这样一种诚信:仰起希冀的脸庞,拍拍娇嫩的手,歪歪头,说:"相信你!"此时此刻,难道你的心底能不涌起一股激动的热潮?舒开紧蹙的眉,露出笑靥,快步走到朋友面前,说:"真诚地祝贺你!"此景此境,难道你的头脑中没有闪烁过一片快乐的彩云?播种诚信,你收获的就不仅仅是朋友的信任,还有——可以信任的世界。

诚信似光，照亮人心

张 涵

网络与新媒体专业2016级本科生

尊敬的各位老师，亲爱的同学们，大家晚上好。我是来自2016级网络与新媒体专业的张涵，今天我演讲的题目是"诚信似光，照亮人心"。

准备这篇演讲稿的时候正值期末复习阶段，大家的压力都比较大。一天晚上，我的一个室友找我哭诉，自己的父亲前段时间在外打工被骗了，约定好一个月五六千元的工资，可是最后发到手里却变成了五千元的代金券，还不是普通的代金券，而是那种一件衣服就要卖上千块的高档消费场所的代金券。她的父亲就是一个普普通通、本本分分的农民，平常是万万舍不得去这种地方消费的。第一次遇到这种事情也不知道该怎么办，作为家里的顶梁柱，五千块对于这个家庭来说是一笔十分可观的收入。本来一向坚强的父亲也病倒了，一连在床上躺了好几天。看着她对我讲这件事情时，脸上万般无奈却又无能为力的表情，真的很让人心疼。遇到这种事情，对本来生活就不容易的一家人来说，更是雪上加霜。

这样的事例还有很多，相信大家也都通过各种渠道看过或亲身经历过，像前一段时间的"冯提莫会计门"事件，某地产公司的一名普通会计王某，实际的月收入只有2500元，却疯狂迷恋上了网上直播打赏，为了满足虚荣心，他利用职务之便挪用公款，以"富二代"的形象在某平台对各大主播进行打赏。还有之前崔永元爆出娱乐圈的乱象，有明星签阴阳合同，在一次活动中，明面上拿着正常的收入，可是背地里签订合同总共拿走6000万元；以及五月底发生在安徽六安市教师集体讨薪反被捕事件，政府之前明文公示发给教师的一次性工作奖励，却一次也没有发到手里……短短几个月，关于不讲诚信的新闻数不胜数。

"诚信"二字，作为中华民族的传统美德，自古有之。《说文解字》云："诚，信也；信，诚也。"即以真诚之心，行信义之事。它是立人之本，子曰"人而无信，不知其可"；它是齐家之道，魏徵说"夫妇有恩矣，不诚则离"；它是交友之基，《论语》中写到"与朋友交，言而有信"；它是经商之魂，《醒世恒言》

中说"刻薄不赚钱,忠厚不折本";它是为政之法,《左传》云"信,国之宝也"。

可是现在,人们却常说"世风日下,尔虞我诈"。对于如何改变这种不良风气,我也有以下三点思考:

首先,从学校方面。学校是教育的主阵地,学校里可以建立大学生个人信用制度。在大学生群体内部建立起良好的个人信用制度,通过学生自我管理等方法,建设良好的诚信体系。最后将学生的诚信纳入学生的考核中去。诚信建设直接影响到学生未来的事业发展,作为学校有责任为学生的未来做打算。应该将诚信建设纳入考核中,通过这种方法让学生认识到诚信的重要性,同时也会引导一些不守诚信的学生逐渐讲诚信。

其次,要从自身做起。我们心中应该有诚信意识,事情向来都是这样,只有有这种意识我们才会去做诚信的事情。下面我们一起来看一个短视频。这是央视之前播过的一个关于诚信的公益广告,我觉得很受启发,当我们在要求别人诚信的时候,首先应该要求自己做到诚信。

最后,我想说的是,作为一名大学生,希望你能诚信待人,诚信考试。当你出了校门,步入社会,当了记者,一定不要忘记初心,要秉持公正客观地报道新闻。如果你创业,当了老板,一定要相信诚信经营才能走得长远。不论你在社会的任何地方发光发热,都要记得诚信才是一个人的立足之本。

希望当我们大家回首往事的时候,都能坦坦荡荡地说:"我这一辈子,从来没有做过违背自己良心的事。"不要变成那种你年轻的时候最痛恨、最厌恶的人!

第六期　习惯说

中国人特别重视习惯。比如《汉书·贾谊传》说"习惯如自然",《孔子家语》说"习惯成自然也"。

外国人也重视习惯的力量。培根说,习惯真是一种顽强而巨大的力量,它可以主宰人生;王尔德说,起先是我们造成习惯,后来是习惯造成我们。

因此,人们都希望从小养成好习惯,人们也都教育孩子养成好习惯。

对大家而言,正是因为从小到大受到了良好的教育,具有比较好的习惯,我们经过十几年的努力,才能顺利来到郑州大学,带着美好的期望开始了学习生活。

几天过去了,几个月过去了,几年过去了,我们发现自己变了:想读书,却难以持久;想实践,却想得多做得少;想运动,却三天打鱼两天晒网。

于是乎,当看到镜子里那个陌生和膨胀的自己,虽然厌恶却无能为力;当看到别人每月读 5 本经典著作,自己却连课本都懒得浏览;当看到成绩单上的寒酸数字,自己叹息一声却又继续沉沦;当同学邀请你出去运动,满口答应却一动不动;当看到别人活力四射地活着,自己却甘愿躲在平庸的外壳里……

日子造就了你的习惯,习惯又控制着你。心理学上说,养成一个习惯需要 21 天,我们已经过了好多个 21 天了。

就想问一句:你就甘心这样过下去吗?

习惯要由习惯来替代。让我们的改变从"习惯说"开始。

无论你有好的习惯还是坏的习惯,只要你想改变自己,并从现在开始,那么,就请你来分享故事,一起充实度过美好的大学时光。

从一个自己到下一个自己

缪怡然

新闻学专业2016级本科生

不知道大家还记不记得"聚美优品"产品广告中陈欧说的那几句广告词:"你只闻到我的香水,却没看到我的汗水。你有你的规则,我有我的选择。你否定我的现在,我决定我的将来。梦想是注定孤独的旅行,路上少不了质疑和嘲笑,但那又怎样?哪怕遍体鳞伤,也要活得漂亮!"

这几句广告词曾被我贴在高三课桌上整整一年,而我今天想要讲述的就是关于我高三的故事。高一、高二那两年,我差点就把自己废成了一块锈铁。上课永远是与女生聊"年级里哪个男生更高更帅"而喋喋不休。因为调皮捣蛋,以至于我的位置常年被老师安排在最旁边靠窗户的一排,因为这样在上课时班主任从办公室走来趴在窗户上看班里情况时,我永远是第一个进入他视线的那一位。在文理分科的时候,我选择了文科。大家可能无法想象在一所重理轻文的中学有着多么糟糕的文科班——班级一本上线七人,七人是什么概念?只有在班级前三名你才有可能上"211"的学校。

在高二放暑假前的倒数第二次月考中,考英语时,实在太困我直接交了白卷。班主任随后进行了调换座位,老师一个名字接一个名字地念,但突然念到缪怡然第三排中间。我当时觉得有点懵,我是要去班级CBD的位置了吗,我才知道原来黑板一点都不反光,老师的板书一点都不小,同桌可以上课一句话都不说。

我只是突然间觉醒了,觉得我的生活不甘心也不能那样过去,以至于很多人问我当时怎么回事——也许他们是想从我这里听到一个传奇般浪子回头的故事,而我所能想到的解释只有这么一句:我只是觉得,我的一辈子不应该就那样浑浑噩噩地过去。

我记得我在日记里写道:"试试吧,试试努力一个月会不会见效。"当时我根本不敢对自己承诺什么,也的确承诺不起。也简直不敢相信,那个早晨六点早自习上课到晚自习下课,一动也不动坐在座位上安安稳稳踏踏实实的人竟然是我自己。

然后,我迎来了一生中最特殊的一次考试,因为它关系着我从此以后的方向和道路选择。我也的的确确让所有的人瞠目结舌了一次,是的,我考了第一。说实话,我打心眼里觉得当第一的感觉原来这么好啊!老师直接打电话告诉我成绩,最后他说:"你有这个实力,还有一年,什么都来得及,什么都有可能,有希望的。"现在想起来,那个老师轻描淡写的一句话给了我多大的动力。且不说他的话里到底有多少肯定的成分,但那句"有希望的"却如同一盏明亮的灯,在接下去的日子里始终不远不近地悬在我的脑海里,让我觉得我可以。

高三第一学期,我们搬进了条件极好的教学楼,开学第一天的晚上,我一个人不言不语地看着远远的天空,说了一句话:"等着吧,我要你见证一个奇迹。"

我从来不知道,压力大到一定程度时居然可以把人的潜力激发到极致。我是一个极其不安分的人,可是那一年我表现得无比耐心沉稳,踏实得像头老黄牛,看着成绩一步一步向前。事实上只有自己知道曾无数次处在崩溃的边缘。那段日子里我还承受了巨大的心理压力,要面对来自之前疏远那些小圈子里同学的冷嘲热讽,他们会说:有什么了不起,她全是在手机找答案抄来的,等着吧,她高考就现原形咯等诸如此类的话。而我几近抑郁去看心理医生,烦闷到后来坦然一笑,随他们说吧,你又打不倒我。我一直努力坚守着成绩单上的位置,直到高考。其实并没有那么简单,真的没有说起来那么简单。我去一点点地做的时候就已经发现了:要想在几天里改变多年来形成的懒散堕落、马马虎虎的习惯,太难了;而要想在一年里创造出令人瞠目结舌的奇迹来,也太难了。那时我每天只睡四个小时,闹钟一响就像打了鸡血一样,真的没有什么不可能。

踏入考场的时候我很平静。"尽吾志也,而不能至者,可以无悔矣。"考完后走在回家的路上,眼睛因为泪雾而模糊,视野里的东西却越发清晰。我相信一切真实的感知都是要以泪水和苦痛作为代价的。

事实上我怀念那段日子,并且永远感激它。不只是因为在那段时间里我完成了自己的过渡与蜕变,更是因为那时的一切深深烙在了我正处于可塑期的性格中,成为这一生永远的财富。"没有什么不可能",这是我一点一滴的努力与尝试中获得的认知,而在这个过程中我养成终身受益的习惯便是"坚持"。是一次次的跌倒和挫败之后又一次次地选择重新开始。

一年的时间,改变缓缓发生在我的身上。从一个大错不犯、小错不断的自己,到一个已经可以把生活打理得井井有条的自己。从一个懵懵懂懂、目标模糊的自己,到一个坚定了信念,绝对不会随波逐流的自己。

直到现在我站在郑州大学"新传青年说"的舞台上,平静地跟大家讲述曾经那段专一的、单纯的、坚决的,几近固执而又饱含信仰和希冀的日子,才慢慢懂得高考的经历本身可能比成绩更重要。

感谢自己,感谢高考,"坚持"二字让我成就了从一个自己到下一个自己的飞跃。

寻找新鲜感

赵子安

广告学专业2017级本科生

现代社会,有越来越多的人喜欢在网上倾诉情感,生活工作家庭中的酸甜苦辣、爱憎怨怼,种种不一的情感都是自己的宣泄对象。我们有多种宣泄渠道:微博、微信、QQ空间等。大家喜欢不遗余力地展示生活,为什么呢?有人说是因为寂寞,有人说是因为缺少安全感。寂寞、安全感,这两个词模糊而抽象,而当你习惯了对着虚拟的世界无限制地依赖的时候,其实你是明白的:它改变不了你的生活,只能带给你一层层去不掉的枷锁。我们靠着刷手机来摆脱空虚无聊,可一转眼它又会给心灵带来更大的空洞。所以,在习惯之外,我们需要做的,不是依赖这种习惯带来的安全感,而是存在于这种习惯之外的新鲜感。

当生活习惯了平淡,你就会失去激情;当身体习惯了安逸,你就会忘记运动;当懒惰成为习惯,你就会丢掉梦想。所以,突破那些无聊的习惯,去寻找习惯之外的新鲜感,唯有带有新鲜感的生活才会让你变得生动而有趣。

所以接下来,我想和大家分享一下,如何在习惯之外寻找新鲜感。

记得台湾著名女作家龙应台广为流传过的一句话:"所谓父母子女一场,只不过意味着,你和他的缘分就是:今生今世不断地在目送他们的背影渐行渐远。你站在小路的这一端,看着他逐渐消失在小路转弯的地方,而且,他用背影默默告诉你'不必追'。"初读文章时还在读初中,不过觉得父母对子女的深情是这篇文章的中心思想,在答题的时候要记得加上去,仅此而已。即使后来高中时又反复读到,还是没有其他的感觉。直到自己真正离开父母独自登上异乡火车的那一刻,我才明白,有些事,不经历过,永远不会懂。就像我们听过了太多的道理,却还是过不好这一生。

我看着窗外的景物飞速后退,父母的面容逐渐模糊,忽然意识到一个事实:我听不到老妈的唠叨了,闻不见厨房炒菜的香味了,抱怨不了老爸的烟瘾了。爸妈送我离开时的目光与龙应台的文字瞬间重合起来,从前不懂的道理瞬间明白。原来知道和懂得之间的差距有这么大。

而我们要寻找的新鲜感在哪里呢？在习惯之外的地方。

习惯了父母的陪伴，但是还是要去往远方。习惯，要重新开始。

你要知道：远方一无所有，唯有新鲜；远方应有尽有，唯缺习惯。所以，离开习惯的地方，新鲜感在远方等你。

在一个全新的地方，在大学里发现一个新的世界，从前的以为全都变成了过去。我发现在这里，所有的选择都不再唯一，成功可以有许多种模样，人生也可以有千百种精彩。我们要做的，不是随波逐流、任意西东。

科学研究表明，一个好习惯的形成需要21天的坚持，但即使坚持了21天，你真的就可以成功吗？

并没有，在大多数时候，这仅仅是一个开始，仅此而已。

而我们要求的自律是为了过好每一天的生活，每一天都是新生。就像《了凡四训》里讲的："从前种种，譬如昨日死。今后种种，譬如今日生。"过好每一天的日子，也就过好了今生的日子。

身边有很多人热衷于减肥，虽然有相当一部分人只是停留在口头上的热情。

大家知道减肥的要诀是什么吗？四个字：少吃多动。

奈何我们身边围绕的诱惑太多，手机、电脑、游戏、零食，你能保证抵得过今天的美食，但你能保证撑得过明天吗？我们在减肥的道路上亦步亦趋，如履薄冰，这个过程肯定不好受，但正是在这样的过程中，新鲜的事物层出不穷。你发现大汗淋漓之后脚步的虚脱感竟然也会如此美妙，压力太大时竟然也能获得片刻的放松，一个个的惊喜源源不断地向你走来，尤其是，有一天许久不见的熟人忽然对你说"最近瘦了呀，变帅了，变漂亮了"的时候，这种突如其来的感觉是最美妙的。

到了一个新的境界，面对另一个高度上的风景，你就不会被习惯束缚了，而是站在规则的顶点，享受它带给你的新鲜感。

举个例子，台湾演员彭于晏大家应该都知道吧？前一阵子"彭于晏腹肌"还登上过微博热搜。他迷倒万千少女的完美身材，无可挑剔，连冯小刚都忍不住在采访中夸他：身材真的好。但曾经的彭于晏却是个体重超过200斤的胖子，有过被医生建议，再不减肥就要威胁健康的尴尬处境。我们抛开玩笑话——每个胖子都是潜力股不说，彭于晏的身材来自于他高度的自律，严格的饮食控制和雷打不动的训练。坚持一旦开始，十几年不曾中断。当你躺在床上舒舒服服地玩过手机再睡觉的时候，别人可能正在操场上、健身房里浑汗如雨。所以自律，尤其重要。

尝试新事物带来的新鲜感，这种新鲜感伴随着辛苦，也会在你的辛苦过后释放出最大的光彩。自律给你的自由，是内心的自由，明白自己想走的路,明确自己想要的生活。做任何事情都要付出,怕,畏缩不前,就什么都干不成。

而每当你获得一项新技能时,从中获得的新鲜体验是以往的习惯所远远不能给你的。

做一个自律的人,去习惯之外找寻新鲜感,给生活更多的精彩。如此,远方是你的,风景是你的,虽然彭于晏不会是你的,但好身材和美一样可以是你的。

习惯的正反馈

毕娟娟

网络与新媒体专业2017级本科生

提起习惯,大家应该都觉得非常熟悉吧。从上幼儿园开始,我们历经的每一个老师都会谈到这个问题。而其中给我留下最深刻印象的是高中时,我们校长逢开会必说的"行为养成习惯,习惯形成性格,而性格决定人生",概括一下就是"习惯决定人生"。

今天我就和大家分享一下,习惯是如何决定我人生的。从初中开始到高考结束的6年,我可以说败也习惯,成也习惯。

2012年9月,我以全校第一名的成绩进入了我们县最好的初中,开始接触各种各样的小说。我很喜欢看小说,开始的时候还比较克制,只在宿舍看,在有空闲时间的时候看。慢慢地,我开始在教室看,在上课时间看,甚至熬夜看。其他坏习惯相继出现,注意力不集中,上课睡觉,学习效率低下,成绩一退再退。从初一时的年级前20,变成了初二时挣扎在前100,最后变成初三时的100开外。一直到初三下学期我开始紧张了,想好好学习。但三年来养成的坏习惯不是一朝一夕可以改变的。

很快中考了,不出意外,我失败了,没考上我理想的高中。剩下的选择就是去读那所老师们口中没什么前途的高中。我不甘心,却无可奈何。

之后因为不甘心,我决定去离家200多公里的建水实验中学,一所师资及教学模式都挺不错的新办的私立高中。学校共招收了2000多名学生,正儿八经考上的只有198名学生,不到十分之一,可能连一个普通中专都不如。我那时候想反悔都来不及,因为学籍已经注册了,只能死马当活马医。但之后,学校的老师和学校的管理模式又让我找回了一些信心。学校学习衡水中学的模式,实行半军事化管理,不可以带手机,学校有专门的座机方便学生联系家长。每次回校都要搜查是否带手机,而且为了提防那些手段"高明"的学生,学校在宿舍安装了信号屏蔽器,就算带了手机也用不了。在学校,6点半起床,6点40跑早操,之后就是上课,吃饭,午睡,然后去上课。一直到晚上11点,统一熄灯睡觉。我觉得大家应该都是这么过来的吧,但我们更严苛,不可以带书回宿舍,不可以在睡觉时间看书,白天午睡不可以关门,宿管阿姨会进宿舍检查,她进来的时候你必须是躺在床上的。晚上关灯之后不许开小灯看书。宿舍不许有亮光,也不许有声音。要是违反,那你就不要睡了,去楼下站着吧。我就在晚上站过,好像是因为我们宿舍讲话,然后宿舍的全体同学在楼下站了100分钟,最后还是班主任来把我们领走的。

  在教室更过分,上课不许睡觉,不许讲小话,不许做与课堂无关的事情。每个教室前后都有监控,360°无死角,那个监控还是可以拉近的那种,连你脸上的痣都可以看得清清楚楚。监控室一直有老师在盯着,班主任一直在教室外面看着。除此之外,每过一段时间,就有专门的查课老师来看我们的上课情况。他们都等着抓你的小辫子,被抓了就要写检讨,1000字以上。就这样,我们过了三年,包括高考前的100天也是这么过的,我们没有在12点以后睡过,没在6点以前起过。

  2017年6月7日,我们这些没考上高中的高中生进了高考的战场。之后,我们的战绩出来了,本科录取率达86%,创造了一个奇迹。

  回顾那三年,我觉得大家可以取得好成绩的原因,除了老师们的辛苦付出,最重要的就是这种被学校逼着一点点养成的好习惯。而这些习惯直到今天还在影响着我,让我变得更好。而回顾那6年,再对比一下前三年和后三年,我真的觉得习惯就是一个正反馈,一个坏习惯很容易造成不好的结果,然后又形成另一个坏习惯,就形成了恶性循环。就像我熬夜看小说这个坏习惯就滋生出了上课睡觉、注意力不集中等坏习惯。而一个好习惯容易造成好的结果,然后又形成了另一个好习惯。所以,不要小看你的坏习惯,一不小心,它真的会一点点腐蚀你,毁灭你。现在,是时候改掉你的坏习惯了。

让有效管理时间成为一种习惯

杨淑丽

广播电视学专业2016级本科生

培根说过,习惯是一种顽强而巨大的力量,它可以主宰人的一生。我们如果在大学期间养成两个好习惯,将会受益终生。

第一个好习惯是"管住嘴,迈开腿",保持身体健康。

不知道你身边有没有这么一种人,明明从不节食,从不去健身房,但依然保持多年不变的体重。每次遇到这样的人,我这个"资深吃货"都会愤愤不平:这个世界真是不公平,为什么有些人怎么吃都吃不胖,有些人喝口水都长肉呢?但真的是这样吗?

英国BBC曾经做过一个有趣的实验。节目组找来了一帮自称"吃不胖"的人做志愿者,让他们每天暴饮暴食,而且不许运动,否则就算违规。这样的吃法持续了4周,你猜,结果怎么样?所有人都不负众望地胖了。也就是说,在高热量和低运动量的模式下,任何人都会吃胖。所以,"怎么吃都不胖"是一个谎言。

生活中,我认真观察过一个自称"吃不胖"的女生,发现她一日三餐想吃什么就吃什么,但是吃饱之后就会停止进食;而且她每天虽然没有刻意抽出一段时间去运动,但并不是不运动:无论是上课、吃饭还是逛街,她都步行,平时只要能站着绝不坐着。这么看来,她万年不变的体重要归功于良好的习惯。再想一想,"喝口水都长肉的人"是什么样儿的?除了一日三餐之外,他们是不是经常无意识地吃零食?是不是经常忽略零食的热量?

饱餐一顿之后会不会来点儿零食,外出的时候会不会尽量步行,这些都是不起眼的小习惯,但日积月累,身体会有不同记录。我们不必为了迎合主流审美,去拼命节食、疯狂运动塑造好身材。但是,大学生活是我们一生中最好的年华,养成良好的饮食习惯、运动习惯能让我们身体健康,有资本去冒险,去追梦,活出最美的样子。

大学生需要养成的第二个好习惯就是"有效管理时间"。

和高中相比,大学是我们人生中的新阶段。高中的时候,我们手不释卷;现在,我们放不下的是手机。进入大学之后,我们才感受到自己生活在移动互联网时代。一方面,微信、QQ 等社交软件让交流更便捷;另一方面,人们期待能够随时随地联系上对方,我们的私人空间不断被挤压,我们的时间碎片化。于是,我们不可能再用高中的习惯去管理时间,我们不可能像高中时那样,把手机丢在一边,连续几个小时去读书。因为一离开手机,我们就会觉得自己很可能错过什么重要的事情;长时间不看手机,我们会很焦虑,注意力难以集中。

那么,有没有什么好习惯能有效管理碎片化的时间呢?我曾经向一位同学请教过这个问题。她是这么回答我的:"我一直用番茄工作法管理时间,从来都没有觉得累过。"简单地说,番茄工作法就是"专注工作 25 分钟加休息 3~5 分钟"的模式。番茄工作法有多厉害呢?不妨听一听这位同学用它管理时间的成就吧!从大一开始,她的综测和绩点在全专业就一直数一数二;而且参加了很多比赛,获得了不少奖项。我们在考普通话水平测试的时候,她已经获得河南省高校大学生主持人大赛三等奖了;我们在考英语四、六级的时候,她已经拿到全国大学生英语辩论赛一等奖了。有效管理时间带给她的不只是这些,在课余时间,这位小姐姐就一直坚持练瑜伽、摄影,而且还交到了一位优秀的男朋友……没错,她就是父母口中"别人家的孩子",也是我们朋友圈中的"大佬"。

我讲这位同学的故事不是要刺激大家。优秀的人不应该拿来比较,而应该拿来学习。我们可以借鉴她管理时间的好习惯,让自己的大学生活也过得有滋有味。

人生不是百米冲刺,而是一场马拉松,拼的是耐力。养成好习惯,才能把握好节奏,更轻松地跑完全程。

谢谢大家!

把习惯写入生命

姚沛东

广告学专业2018级本科生

在我演讲开始之前,我想先问大家一个问题:坚持21天的事情,我们称之为习惯;那么坚持三年、五年,甚至几十年的,我们该如何定义?我想,它应属于生命的一部分。

每个人的生命最初都是一张白纸,你可以在上面尽情地勾勒你最喜欢的图案,可有一种人,每天都在自己的白纸上画上相似的内容,可这不是行尸走肉般的自甘堕落,因为将内容拼接起来,你会发现,那是万花筒的形状。这正是将习惯写入生命的伟大力量。

我们的父母总是拿邻居家的孩子跟我们做对比,在我们玩得正高兴的时候喊我们回家吃饭。他们期望我们在家里读读书,看看报。有的孩子特别听话,所以就过着在家读书的青葱岁月。可想想,我们当时所读的东西真的能够记住吗?好像并没有太深的印象,可能是因为时间太久,可能是因为理解不够,但是阅读的习惯已经悄悄扎下了根。后来我明白了,那些疯玩的孩子,玩过后是寂寞;而那些读书的孩子,读出的是习惯。

苏联著名心理学家、教育家苏霍姆林斯基有一个习惯,每天早上五点半起床,起床之后,做个早操、喝杯牛奶、吃块面包,开始工作。当他习惯了六点钟开始工作以后,又努力再提早十五到二十分钟,从不间断。他三十几部著作和三百多篇学术论文都是在早上五点到八点写成的。清代文学家蒲松龄爱喝茶,于是他就在路边支起一个茶摊,为往来人提供免费的茶水。可这茶不是随便喝的,一碗茶要换一个故事。往来人口中的妖魔鬼怪、奇闻逸事全被他收入囊中。正是二十年如一日的坚持,我们才看到《聊斋志异》中那一个个动人的神话传奇。

相比于伟人,我们都是平凡的人,可能你会说,我们天赋不够,但有没有想过,有时我们缺少的,只是一种习惯,一种坚持。

接下来说一下关于我的故事,我的两个习惯。

第一个习惯是背单词。我用的是一款手机APP,单词量不大,一天只有两百个，但是习惯的力量可以积少成多。今天是我坚持背单词的第 76 天，四级的 3486 个单词已经复习了 4 遍。最开始的时候，我真的非常痛苦，因为放眼望去，全部都是生词，对毫无感情的字母排列，我实在难以产生一丝一毫的眷恋之情。渐渐地，在痛苦的挣扎中慢慢习惯了每天背单词的生活方式，看着屏幕上单词剩余数从三位数一点一点地变成零，真的很有成就感。早晨起床，下课休息时，晚上睡觉前，有事没事都会拿出来看一看，背一背。或许我少了许多刷抖音时得到的快感，但是，我认为，我得到更多的是将单词如敌人般一个个斩落马下的满足和快乐。今天是第 76 天，我想等到坚持 760 天，甚至 7600 天的时候，等到我真正将这种习惯写入生命的时候，那时候的我一定会感谢第一天下定决心并且一直坚持的自己。

第二个习惯是每天给妈妈打一个电话。我是从高中才开始过上离家在外、宿于学校生活的。最初打电话只是出于一种对家的依赖，可慢慢我发现不止如此，我们为了学业，为了梦想在学校奋斗拼搏，每天的生活紧凑而又充实；可妈妈呢，可能只是为了我们而努力工作，你和她说一句打趣的话，一件开心的事，她就会高兴一整天。所以，即使高中的时候，僧多粥少，要抢电话，打电话的过程很艰辛，我依然会选择去做，告诉她："我一切都好。"

其实所谓习惯，并不是要做的事情你有多喜欢，觉得它多有趣，而是你认为，你应该这样做，或是关于梦想，或是关于感情；或许，你只想变得更好一点。即使这个过程有苦难，有伤痛，你也愿意付出，愿意改变。你觉得你所做的都值得，那么，一切都会值得。

人生是一场单程旅行，我们无法决定起点，也无法决定终点，但是我们可以选择看什么样的风景。把习惯写入生命，至少在生命的最后，你可以无愧于心地说，我对生活有一份谁也阻挡不了的坚持，我看到过这世界上最美好的风景。

从善如流，当善良成为习惯

刘 慧

广播电视学专业2016级本科生

我今天要给大家讲两个故事。

第一个故事。去年寒假，我在一家公司做兼职。有一天，在我赶着去上班的路上，我发现在我前面不远处有个老人瘫坐在路边的草丛里，并且正冲我招手。就在我看到她离我走过去几十米的距离、一两分钟的时间里，我的内心进行了非常激烈的斗争。不知道大家能不能猜到我到底在斗争些什么，没错，就是"扶"与"不扶"的问题。说起来也很有意思，以前，在我看到各种有关老人摔倒事件的报道和评论的时候，在我看到"小悦悦"事件等有关信息的时候，我非常坚定地认为，如果我遇到这种事情，我绝对会毫不犹豫地上去给予帮助，我一定不可能是那18个冷漠的路人之一。但是就在我真的遇到这个倒地老人的时候，并且她还在冲我招手，明显是需要我帮助的时候，我犹豫了。就在那一瞬间，我的脑子里闪现了好多个想法，我从来没有觉得自己的思维那么敏捷过。我在想，是不是碰瓷儿啊，是不是还有同伙正躲在一边看着我？我在想，那她万一是真的生病了需要帮助呢！我又想，她为什么要冲我招手啊，好诡异！她要真是碰瓷儿可怎么办啊？哎呀，我上班要迟到了，我甚至还想要落荒而逃，赶紧穿过马路假装没有看见她。就在"小悦悦""路人""冷漠""碰瓷儿"这几个词语在我脑海里盘旋了几个来回之后，我终于决定上前去帮忙。

幸运的是，这并不是阴谋，也不是碰瓷儿，她只是因为身体不舒服坐在旁边休息站不起来了，需要别人拉一把，而我刚好出现。在我终于克服了心理障碍，走上前去帮忙的时候，更加戏剧性的画面出现了，因为这个老奶奶身材偏胖，又因为身体不舒服使不上劲儿，同时，我也不是那种非常健壮的人，所以尽管我已经非常努力了，还是没有办法把她拉起来，于是我们就停留在了一个非常尴尬的状态，就是我努力地想拉她起来，她努力地想站起来，但是怎么也做不到。这件事情几乎可以入选我的人生十大尴尬事件了。就在我在心里暗暗叫苦的时候，一个骑电动车的阿姨发现了我们的处境，她毫不犹豫地停下车来帮忙,那一刻,她在我心里的形象就宛如天使一般。也是因为她的毫不犹豫,让我对刚刚自己的犹豫和怀疑感到有一些羞愧,并且非常迫切地希望可以再为别人做点什么。而这些,都源自于这个阿姨无意中所表现出来的善意。从她的毫不犹豫可以看出,她根本没想太多,帮助别人只不过是她的习惯性行为而已。

　　第二个故事是我妈妈告诉我的。她说有一天下雨,她送我弟去上学,路上遇到了车祸,她当时因为腿受伤了起不来,我弟就在一旁吓得大哭,而肇事的车主忙着联系保险公司,是一个美团的外卖小哥帮忙叫的救护车。我妈说后来我弟跟他聊天,说我们应该去谢谢那个外卖小哥。我妈问为什么,我弟说如果他给人家送餐迟到了会被投诉,他待了那么久应该早就迟到了。原来,这个外卖小哥联系救护车之后没有离开,还一直留在现场安慰我弟说"别怕,别哭了,没事了",一直等到救护车到来,一切都安置好了他才默默离开。就像很多报道中所说的"做好事不留名"的人一样。我们不知道他最后有没有迟到,有没有被投诉。但是谁又能想到,当时在现场只顾着哇哇大哭的孩子会注意到他的这份善良呢。不过我想,当我弟以后遇到有人需要帮助的事情的时候,他应该也会走上前去,毕竟他接受过这样的善意,而善良又是可以互相感染的。

　　故事讲完了,我想表达的意思也很简单,如果我们每个人都能够表现出一份善意,让善良成为一种习惯,那么整个社会就有机会形成一条善意的链条,当这些链条纵横交错,那么整个社会上温柔、善意将无处不在。就像著名歌手韦唯在《爱的奉献》中所唱的那样:"只要人人都献出一点爱,世界将变成美好的人间。"

"坏"习惯的前世今生

阮雷影

广播电视学专业 2016 级本科生

美国著名作家杰克·霍吉在其代表作《习惯的力量》中写过这样一句话:"习惯造就性格,性格决定命运。"

其实从小到大,不管是爸爸妈妈,还是学校老师,一定都无数次不厌其烦地跟我们强调过好习惯养成的重要性。追随一生的好习惯是我们最大的财富。但是我今天想讲的,不是怎么养成好习惯,而是我亲身感受过的,一直被人误解的"坏"习惯,当然了,这个"坏"字,是带着引号的。

8月中旬我参加了暑期社会实践,从而走进了祖国大西北——青海油田。在那里,我有幸结识了一些石油人,其中有三个人给我留下了很深刻的印象,他们用自己的一些"坏"习惯,让我真真切切地感受了一回"石油精神"。

第一个石油人叫王统义,他是格尔木炼油厂的一名技术员,2018年是他来到炼油厂的第11个年头。在交谈的时候,他说自己是一个固执死板的人,有很多坏习惯。

比如家里烧开水的时候,他一定要等水沸腾后几分钟才关火,不然就不肯喝。看到压力表他就会习惯性地去读数,然后看它是不是定检了,有没有过期。还有,别人写错别字的时候,他也会斤斤计较。

王统义告诉我在别人眼里他还是一个"不爱洗手的人"。有一次王统义去吃饭,邻桌坐着一对母子,小孩子大概四五岁的样子,可能因为调皮,手上沾了不少泥巴,妈妈拉着他去洗手,但是小孩儿就是不愿意去,看到旁边坐着的王统义更是立刻来了气势,对妈妈说:"你看叔叔的手,那么黑他都不洗!"王统义正拿着馒头往嘴里塞,听了小孩儿的话立马僵住了,尴尬得不知道手该往哪里放。

其实王统义怎么可能不知道饭前要洗手,事实上,他已经用香皂来回洗了三四次了,只是孩子不知道的是,王统义手上黑黑的都是石油,是用水洗不掉的油污。

第二个石油人叫王海云。

王海云在家的时候,经常会被家人嫌弃,做饭的时候手沾上了油往身上抹,种棉花的时候手蹭到了泥也往身上抹,他女儿有时候看不下去会忍不住说他:"爸,您手脏了就去洗一洗,不想洗拿毛巾擦一擦也行啊,怎么还跟个小孩似的往身上抹。"其实他女儿哪里知道,采油的工作环境又脏又乱,工作量也大,在繁忙的工作中王海云的双手不可避免地会粘上石油或者其他脏东西,为了不影响工作,他只能顺手往自己的工装上抹,这才慢慢养成了坏习惯,即使到了家里,也一时半会儿改不了。

还有负责检查供电系统的史陆海,他睡觉的时候一定要开着灯,否则就睡不着。因为在平时的工作中,为工程供电的发电机偶尔会出故障,通过床头的小灯,史陆海可以及时知道供电情况,也好在出现故障时及时解决。但是我想,不了解情况的环保热爱者如果知道他这个坏习惯,恐怕会站出来指责他的。

在人迹罕至的西北油田里,这三个人的故事可能再普通不过,但是我听完之后却格外心酸。20世纪大家提到"石油精神",第一个想到的大概就是"铁人"王进喜,而对于21世纪来说,我想对"石油精神"最好的诠释,就是他们的这些"坏"习惯吧。

坐车回去的路上,我忍不住一遍又一遍地去想他们所谓的那些"坏"习惯,忍不住反思,是不是很多时候,我们都太过于相信自己的眼睛所看到的表面现象?

看到每天都浑身灰尘的农民工,就觉得他们没有洗澡的习惯,却不知道他们刚出门时也是一身整洁;看到白天睡大觉的人就觉得他们没有养成良好的作息习惯,却不知道他们刚刚上了一夜的班。

当然了,我们应该养成好习惯,早睡早起,多运动,多读书,制订计划并且完成。但是,也要理解特殊职业工作者的这些"坏"习惯,让这些从事最辛苦职业的人,感受到来自我们的温暖。

你的习惯,就是你的力量

袁玉勤

网络与新媒体专业 2016 级本科生

2016 年 9 月,我踏入了郑州大学的校门,在这里结识了将与我相处四年的大学室友。第一学年,我们几个人一起去上课、一起去食堂、一起去听讲座,教室里我们总是坐成齐齐的一排。可能在座的有人会问,这和习惯有什么关系?当你习惯了几个人一起行动、共同承担,你再自己一个人做事时,你的内心就会感到不安与脆弱。大二学年,我们几个人分别在党宣记者团、院学生会、学校图书馆、班级等组织中开始忙碌起来,我们的生活节奏越来越不一致,我们也很少能够结伴而行。

我想我得去习惯只有我一个人的生活了。

开始我强迫自己单独去行动,但是慢慢地,我发现一个人的生活似乎也没有想象中那么糟糕。我发现我早上七点在食堂吃完饭后可以慢慢地走路去教室,比跟舍友一起慌慌张张地冲进教室要镇静得多;我发现空余时间在教室里待着,比在宿舍里能干的事情要多得多;我发现在晚上十一点半之前入睡,比十二点过后才睡觉精气神要好很多。正是这些发现让我能做到按时作息,在没课的时候去自习。我依然记得上学期期末的时候,我每天准时出现在同一个教室的同一个位置上,完成我的网页设计作业,这份期末作业也拿到了 90+ 的分数。不知道从什么时候开始,我已经忘记了自己当初对独立行动的不安,这就是习惯的力量。

而我的舍友呢?在记者团担任学生记者的,经常为自己的师弟师妹修改稿件;在学生会任学生干部的,就时常在学院举办活动的现场忙前忙后;在图书馆担任学生工作助理的,就常常坐在书桌前为图书馆的公众号剪辑视频;什么组织也没参加的,就一直在为自己的双学位考试而做准备。

我想说的第一个室友,她是记者团的一员,是个特别爱做读书笔记的姑娘。从各种名著到散文小说,读书笔记做了一本又一本。有一次我跟她聊天,说我最近在看《月亮与六便士》,她问我,你觉得怎么样?我说我觉得斯特里克兰真的没有男主角担当的样子,为了画画竟然抛下跟自己生活了几十年的妻子和儿女,还一点都不感到愧疚,真是太自私了。她说,你知道这本书为什么叫"月亮与六便士"吗?月亮是挂在天上的理想,六便士就是现实生活,男主角只是抛弃了六便士选择去追寻自己的月亮罢了。说实话,我看这本书时从来没想过这个书名是怎么来的,对男主角的看法也总是带着自己的偏见,总觉得男主角就应该是集各种优点于一身的人,而不是像斯特里克兰这样的"自私者"。但是总是做读书笔记的舍友,她就能发现我看不到的东西,她就能更加理性地分析书中的人物,你能说这跟她时常做读书笔记的习惯没有关系吗?

我想说的第二个室友,她申请了法学院的法学专业双学位,报考了计算机二级考试,是个周五晚上还有课都要回家的"规矩女孩"。有多规矩呢?大一时课还不多的时候,每天十点准时上床睡觉;到现在大三了,她也很少点外卖,几乎每天都去食堂吃饭。除此之外,她有一个逆天的习惯,就是从来不用电脑看连续剧。我们其他人消遣的时候都会吃个零食看个视频什么的,她如果不干正事儿的话,几乎不会把电脑打开。当初让报考计算机二级考试的时候,我还以为我们宿舍没人报,直到后来她跟我们抱怨说中秋我们都在玩她还得去考试,我们才知道她已经不声不响地准备了好几周。这时候我才意识到,这个从来不参加社团,不参加学生会,每天只是安安静静带着微笑跟我们聊天的女孩,身体里蕴含着巨大的力量啊!你能说这跟她每天自律的生活没有关系吗?

每一个人的生活方式不同,所培养的习惯也不同。有没有好的习惯意味着你的生活是像折好的千纸鹤一样有形有状,还是像一个废纸团一样乱成一团。但是,好习惯的衡量标准是什么呢?它从来不是什么"早起的鸟儿有虫吃"的心灵鸡汤,也不是"别人家的孩子才能做到"的了不得的事,它就藏在你自己的生活方式当中!抓住好习惯的30%,你就抓住了每天饱满的精气神;抓住好习惯的60%,你就抓住了原本离自己遥遥无期的目标;抓住好习惯的90%,你就抓住了掌控自己的力量!希望大家都能寻找到自己的好习惯,拥有这股子力量!

拜拜，大学"足疗"生活

王琪琪

广播电视学专业 2016 级本科生

晚上睡前用温水泡脚，放在生活方式上，这种足疗可谓是个好习惯，但是把这种足疗状态用在学习上，好习惯就放错了地方，其结果就恰恰相反。大学"足疗"生活是什么？其实就是在每学期的前十几周沉浸在温水泡脚、享受足疗舒适感的安逸生活，但是在后两周喝掉泡了十几周的洗脚水。就拿我自己来说，上学期期末考试，最难攻克的就是电影美学，距离考试还有两周的时间，我已经做好了周密的背书计划，不过计划赶不上变化，理想总是屈服于现实，拖延症再犯，背书一拖再拖，在考试前夜，挑灯夜战，通宵伏案，超速记忆，第二天早上一脸疲惫，马不停蹄地赶赴考场。果然，出来混，总是要还的，一拿到试卷就像得了失忆症，花了一夜背的重点，统统忘掉，可算是把影视美学硬生生学成了影视啥也没学。现在很多的大学生基本都是这样的"足疗"状态，这应该归咎于高中的填鸭式教育，一旦上了大学，感觉等同于摆脱过去、重获自由。这种"足疗"生活本该存在于我们的幻想中，但依然被拉伸到现实中，不慎过于放纵自己，于是只好在期末苦饮独家秘制的洗脚水。

好习惯要符合身份。写诗作词是个好习惯，但是将这一习惯加注在一代帝王身上，就变成了荒废国事的李煜。还有一位同样习惯于走文艺路线的皇帝就是宋徽宗，书法、绘画、诗词样样精通，但是在治国理政方面，就要另当别论。将两位皇帝放在当今社会，假设他们穿越到现代，那么一定可以在中央美院或者北大文学系做一名知名教授。

好习惯要符合时宜。在前不久结束的 2018 年雅加达亚运会上，有一帮打着王者荣耀和英雄联盟游戏的年轻人为中国夺得两金一银，从"玩物丧志"到"为国争光"，电子竞技算是打了一个翻身仗。电子竞技进军传统体育项目的消息让家长和孩子们"几多欢喜几多愁"。玩游戏基本已成为当代学生的一个生活习惯，请在座的各位同学打开自己的手机看一下，大到王者荣耀、刺激战场，小到开心消消乐、微信小程序，基本每个人都会玩，但是我们从中获得了什么？又失去了什么？获得的是玩游戏的快感，失去的却是大把的珍贵时间。

在我那少得可怜的好习惯中，读书算是一个。暑假看了林清玄先生的《人间有味是清欢》，他说自己小时候想成为一位作家，因此从小学开始，就给自己规定每天写500字，后来不断增加到每天1000字、2000字、3000字。每天写作的这个好习惯使得他20岁的时候就出版了自己的第一本书，多年写作习惯的积累带来了源源不断的文学作品。30岁那年，他拿遍了台湾所有文学大奖。

习惯的力量是巨大、持续的，在行为心理学中，人们把一个人的新习惯形成并得到巩固至少需要21天的现象，称为21天效应。习惯的形成大致分三个阶段：第一阶段，1~7天，此阶段表现为"刻意、不自然"，需要十分刻意地提醒自己。第二阶段，7~21天，此阶段表现为"刻意、自然"，还需要意识控制。第三阶段，21~90天，此阶段表现为"不经意，自然"，无须意识控制。

我们以21为例，看一下身后的数学公式。假设每个人的出发点都是1，每天浪费0.1，那么0.9的21次方约等于0.1094，长此以往，成为习惯，结果接近0。而每天多付出0.1，21天后，得到的结果是原来的7倍。习惯好不好，大学四年后，自会见分晓。

"滴水穿石，绳锯木断"。习惯的养成贵在坚持，习惯的力量能决定命运。

新学期给自己立个flag，拜拜，我的大学"足疗"生活。

说"习惯"

常安洁

广告学专业2018级本科生

习惯,是浑然天成不着痕迹,是一首英文歌,一句晚安,亦或是一个人,一份等候,甚至是一碗清汤面。这个东西,谁也不能扔到窗外,是影子,却能驱使光明;是引力,也能牵引黑暗。

俄国作家陀思妥耶夫斯基曾说过,一个人的后半辈子均由习惯组成,而他的习惯却是在前半辈子养成的。

很幸运,我曾遇上一个十二万分正经的人,我的高中班主任。当然他没有别人家班主任潇洒,也不太贴心,但我可以肯定的是,在高考这条路上,他足以影响我们大半个班的人。每天第一个到校,最后一个离校。陪我们跑步、读书、熬夜、奋斗。这一陪,就是3年。他带了7届毕业班,7个3年,21个春秋。每餐7分钟,午休40分钟,新闻半小时,备课1小时,阅读1小时,再用20分钟跟同学们谈谈人生、讲讲理想。作为政治老师每天还习惯性再背上二三十个单词,当然是英语单词。有同学问,听说您的职称早已到顶,干嘛这么拼,又不带加薪升职的。他的回答是,上有好者,下必有甚焉者矣。能有同学做到我这样甚至超越我,其成就也不会差。保持早起的习惯,努力的状态,感觉自己还活着,还年轻。只要学校还信得过我,这个班主任,我会一直当下去。如果说优秀是一种习惯,那么懒惰也是一种习惯,我们的一言一行都是日积月累养成的习惯。从现在起就要把优秀变成一种习惯,使我们的优秀行为习以为常,变成我们的第二天性。

习惯,让你舍不得,也放不下。你不知道的是,它几乎占据了你的全部,你不明白的是,小的大的、好的坏的、黑的白的、明的暗的、虚的实的、美的丑的,都很难再去改变。无论今后的你处于怎样的状态,有怎样的辉煌与荣耀,怎样的光芒万丈,一个优秀的人,绝不会轻易改变他的习惯、他的戒律。

不习惯思虑太多,所以倒床就睡;不习惯酒足饭饱,所以七成便好;不习惯世故圆滑,所以不落俗套。

既然如此,大学里最初的我们,是否应有青春该有的样子？是否当订制一套自己的习惯戒律？可我们都明白,习惯绝不是一圈圈轮回到永无止境,不是一遍遍重复到天昏地暗,也不是高中的三点一线,更不是彻夜畅玩、通宵达旦。我们要的是用激情挤掉颓废,用无畏挤掉怯懦,用梦想挤掉平庸,不断打磨,不断积淀,不断坚韧。

终其一生,我们都是不断发育中的孩子,需要无休止地定期更换不同阶段的奶粉,习惯这玩意就是盛放的容器,不停刷洗消毒才能使用长久。

习惯之始,如蛛丝;习惯之后,如绳索。习惯读书思量,习惯祭奠远方。

你不得不承认,这个世界有人过着你想要的那种生活,习惯努力的方向,习惯你想成为的模样,习惯用微笑与一切计较,习惯应有的值当,习惯闲来泡泡图书馆,习惯迎接晨光,习惯操场的湛蓝天空,习惯舍友间的天马行空,习惯为自己写首歌,习惯给自己颁个奖章,习惯发现微小的欢喜,习惯成长,习惯勇敢,习惯真实的自我,习惯与这世界温柔以待,习惯用尽全力走好每一步,如此便是最好。

这个世界,这台剧,你编你导你演,也还是你看,不是活给别人的,所以得习惯找个有趣的活法,做个好玩的人。

请记得,流星亮起来,不输日月。

祝愿你将有一个优秀的习惯

胡晓荣

广播电视学专业2017级本科生

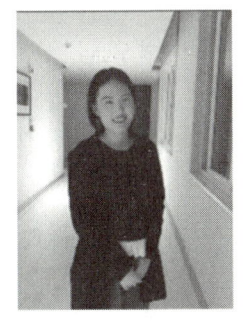

这是本学期"新传青年说"的第一次比赛,这是本学期开学的第25天。祝愿你将有一个优秀的习惯。

你将有一个优秀的习惯,堕落将随昨日的尘埃消失。这是秋日里平常的一天,北方的树叶已经开始飘落,南方的树叶还留在枝上,人们在大街上懒洋洋地走着,或者急匆匆地跑着,每个人都怀着自己的希望,每个人都握着自己的心事。

9月最后的日历正在一页页减去,没有什么可以轻易让人改变,除了日积月累的习惯。人们有理想但也有幻想,人们得到成功却也遭受挫折,人们曾经不再希望改变世界,也不再希望改变自己。好在岁月让我们深知坚持的宝贵——持之以恒,习惯成自然。习惯,他让我们离开凌空蹈虚的乌托邦幻境,认清了堕落和虚妄。尽管,养成一个好习惯有时让人痛苦不堪,但坚持习惯的人是成熟的人,坚持习惯的生命是坚强的生命。

没有什么可以轻易把人打动,除了未来发出的号角。当你面对日复一日的枯燥,当你面对碌碌无为的人生,当你面对足以影响自己一生的艰巨考验,你就明白一个优秀的习惯只需要微乎其微的代价,而它的回报又是多么丰满。

没有什么可以轻易让人改变,除了内心的爱促使而成的习惯。没有什么可以轻易让人改变,除了习惯驱使你前进的脚步。

这是本学期的第一次"新传青年说",就像往常一样,我们再次精心筹备,为逝去的一学期而感怀,为新来的一学期而准备。祝愿你将有一个优秀的习惯。

祝愿你将有一个优秀的习惯,堕落将随昨日的尘埃消失。有一种力量,正从你的指间悄悄袭来,有一种关怀,正从你的眼中轻轻放出。在这个学期伊始的时刻,我们心怀欣喜,然后祝福:让无力者有力,让悲观者前行。让往前走的继续前行,让优秀的人更优秀。而一个优秀的习惯,正是这一切的起点。

这,是一切的起点。因为习惯的力量总让人充满希望和热情,因为习惯的力量能帮你摆脱苦难和困窘。

总有一种力量让我们壮志凌云,总有一种力量让我们精神抖擞,总有一种力量驱使我们不断寻求"希望正义、真实爱心、成功良知"。这种力量来自于你,来自于每一个拥有优秀习惯的人。

所以,在这样的时候,在本学期"新传青年说"的第一次,我们要向你、向你身边的每一个人,说一声"新学期、新起点,新征程、新辉煌"!祝愿阳光打在你的脸上。祝福你,祝福你身边的每一个人,愿你将有一个优秀的好习惯。

因为优秀的习惯,才有优秀的你。

如果你坚持晨起,那么你的习惯就是曾国藩的习惯;如果你笔耕不辍,那么你的习惯就是莫言的习惯;如果你每天跑步,那么你的习惯就是村上春树的习惯。

最后,再次祝愿你将有一个优秀的习惯,祝愿你将一扫颓废之气,祝愿你在新的一学期,不执于旧,无畏于新。

习惯决定未来

柳霖浩

广告学专业2018级本科生

2018年8月31日晚,带着18年的梦想,带着家人的期许、朋友的祝福,初次踏入郑大的我,心中涌起万丈豪情,暗暗发誓要在郑大的舞台上闯出一片天地。相信在座的各位与我有着相同的感受。然而,时光匆匆,四年一瞬。当我们回首往事,会有几人还在坚持?又会有几人还有诗和远方?又能有几人能说"我做到了"。上课时,发呆、睡觉、玩手机;下课时,吃零食、追剧、玩游戏。最终,毕业就是失业!另一部分同学,他们起得比鸡早,睡得比狗晚,干得比牛累。年复一年,日复一日,在寝室、教室、图书馆三点一线奔忙。走出校园,他们就是高富帅,高在学识,富在精神,帅在气质;她们就是白富美,白在品质,富在内涵,美在心灵。

是什么让同样壮志凌云的我们两极分化?是习惯!

那习惯又是什么呢?

习惯,是人们在长期生活中逐步养成的一种相对稳定的思维和行为倾向。习惯成自然。当一种习惯渐渐稳固,成为人的个性的一部分,它就像一个隐形人一样,在不知不觉间控制着人的思想,指挥着人的行为,影响着人在生活中的点点滴滴。在社会生活中,人的行为总是被打上道德的烙印,所以人的习惯自然也就具备了高下和优劣之分:它们不是造就你,就是毁掉你;它们不是有助于人,就是有损于人。

马克思曾说:"良好的习惯是一辆舒适的四驾马车,坐上它,你就能跑得更快。"正是习惯,减少了思考的时间,简化了行动的步骤,使我们在做每一件日常事务时,不必事事学习、探究、尝试,而是以一种完全自动化的方式从容应对。也正是这种从容应对,才把我们从繁冗的日常事务中解放出来,使我们有时间和精力从事一些更有创造和挑战性的工作,让我们更有效率地工作和生活。

好的习惯,具有巨大的推动力。滴水能够穿石,积土能够成山,跬步能致千里,这些点点滴滴的积累,是一种习惯的力量,它能够推动一个人完成先前所不曾预料的事情。

好的习惯，蕴育着一股强大的能量。春天的灿烂只在一瞬间，但是却需历经漫长的严冬。台上一分钟，台下十年功。当习惯的力量潜滋暗长，最终以排山倒海般的方式显现出来，没有任何偶然的成功能与之匹敌。这漫长的蓄积，这十年的历练，这种在长期的寂寞中坚韧和执着的力量，就是习惯的力量。

非常幸运，大学时代正是我们养成良好习惯的黄金时期。一方面，适应成年期，我们的大脑达到第二次，也是最后一次成长高峰。这说明无论你想改变自己的什么，现在就是改变的时间。另一方面，对许多新生来说，来到大学是他们第一次远离父母，远离安逸舒适，来到一个完全陌生的环境中。为了适应，不得不改变自己的许多习惯。这就像走入金矿，虽然四周漆黑，但是只要适应了黑暗，就能挖到黄金。

英国侦探小说家阿瑟·柯南·道尔曾说："要靠自我警醒，悟知习惯带来的伤害。"什么是自我警醒？举个例子：在印度，常常可以看到，驯象人在大象还很小的时候，就将其用一条铁链拴住，小象无力挣脱，时间长了，就习惯了。就这样一条细细的铁链拴住了千斤大象。我们就像大象一样，习惯拴住我们的铁链，而我们却认为理所当然。我们要自我警醒，发现我们认为理所当然的坏习惯。正所谓要想地里不长草，最好种庄稼。发现坏习惯，用好习惯来取代它，人生就能迎来丰收。当然，改变需要我们的行动。明天是空想家最"强大"的武器；行动者的利器则是今天。

习惯需要 21 天养成，我只希望今天是第一天。好的习惯，意味着游刃有余，举重若轻；意味着淡定从容，处变不惊；意味着自由快乐，心怀坦荡；意味着信守承诺，风雨无阻；意味着自强不息，勇于攀登；意味着良好的个性和一生的幸福。各位，为什么不行动？

习惯平凡,但别习惯性平庸

苏 宇

网络与新媒体专业2017级本科生

前两天在网络上看到这样一首打油诗,和大家分享一下:"脑壳啊脑壳,一团乱发;生活啊生活,一团乱麻;不如啊不如,趁着年华;出去啊出去,疯魔一下;去哪啊去哪,勇闯天涯;天涯啊天涯,不如瘫在家;瘫家啊瘫家,其实真不错哈。"这首诗的标题是"不想上班"。可以说是反映了很多人内心的慵懒状态!

之所以这样吐槽,是因为在现代生活中,我们真的是太忙。不论是我们自己或是周围的人,很少有能够相聚在一起放松闲暇的时间。我们渐渐地适应了时代的快节奏,也渐渐习惯一边吐槽一边用忙碌把生活填满。

其实,我个人不反对有人为自己的欲望或者目标而忙碌的状态。但当忙碌成为一种常态,在这个过程中甚至逐渐变质成为庸碌时,我想告诉大家:试着停下来,习惯"忙里偷闲"。

为什么要习惯忙里偷闲?这里给大家讲一个我听到的小故事。一位医生举起手中的一杯水,然后问因劳累过度而住院的病人:"你认为这杯水有多重?"病人回答说:"50克左右。"医生则说:"这杯水的重量并不重要,重要的是你能拿多久?拿一分钟,一定觉得没问题;拿一个小时,可能觉得手酸;拿一天,可能得叫救护车了。"其实这杯水的重量是一直未变的,但是你拿得越久,就越觉得沉重。这就像我们承担的压力一样,一直拿着它,我们会因越来越沉重而无法承担。而我们要做的就是,放下这杯水,休息一下后再拿,如此我们才能够拿得更久。因此,我们要学会习惯忙里偷闲。

习惯忙里偷闲是要你转换一个心情,休息一下,享受生活的艺术。在这里,并不是要大家偷懒,而是要使自己身心放松。美国哈佛大学前校长陆登庭博士曾经讲过自己的亲身经历,有一年,他向学校请了三个月的假,这三个月里,他放下了学校里一切杂事,去一个地方尝试过另一种生活。打工,端盘子,偷偷和工友蹲在地上抽烟。甚至因为餐厅刷盘子太慢而被骂成"无用的老头"。结果这个"无用的老头"回到哈佛大学面对自己的工作发现了更多有趣的事，继续开心地忙碌了起来。他的做法可以说是别致一格，但实质上也是忙里偷闲。可大多数人在生活中没有这样的时间怎么办？那我们就需要脱外套式的忙里偷闲。所谓脱外套，就是随时随地无需技巧地享受生活。记得在高三紧张复习的日子里，我的同桌就很会忙里偷闲。在他桌子的右上角，永远放着一本《道德经》。偶尔做考试题累了，就读一会儿，和老子进行思想上的交流。对他来说，读书就是自己忙里偷闲的好方式。对我而言，我习惯在累的时候闭眼，感受自然，放空思想，让自己停滞一会儿，然后再继续前进，继续忙碌。忙里偷闲，就是让自己保持轻松愉悦，然后继续开心地忙碌。

习惯忙里偷闲更是要你及时思考自己忙得究竟有没有意义，然后调整方向。曾经有人解读过"忙"这个字。一个"竖心"一个"亡"，可以把它理解成为"心亡"。我觉得这样的解释很新奇，它反映了有那么一部分人在忙碌过程中逐渐失去自我，成为机械躯壳的一个状态。现在请大家想一想有没有那么一个时刻，忙碌得失去了方向。我们不再为自己的欲望而忙，而是为忙碌本身忙。习惯忙里偷闲，就是要你在忙得空虚的那一时刻，习惯性停下来，用几秒钟时间定心，然后质问一下自己：我在干什么？我忙碌的目的是什么？我忙得究竟有没有效果？然后一一回答自己的问题，给予肯定或者否定，然后朝着原先的方向或者换一个方向再忙碌，继续前进。心若静，目若明，即使面对千军万马，也能运筹帷幄千里之外。

学着习惯忙里偷闲。有首诗说："忙里偷闲，闹中取静，利名休竞。"你会发现，生活变得妙不可言。

动物归原

吴伊婷

广告学专业2018级本科生

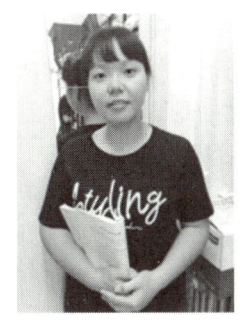

《弟子规》中有这样一段话:"列典籍,有定处,读看毕,还原处。虽有急,卷束齐,有缺坏,就补之。"我们都知道《弟子规》是古代儿童的启蒙读物,这段话的意思,就是要求儿童从小养成学习看书,养成礼仪和规范的习惯。陈寅恪先生将它的含义延伸为"动物归原",这里的动物并不是生物学里的概念,而是指动态的东西,意思就是物品从哪里拿的就要放回哪里去。把用完的东西放回原处,其实就是一种维持的能力,维持生活和学习井然有序的环境,维持一个人心态的平和与稳定。

动物归原,这个习惯要求无比细小简单甚至要求有些过分,但是事实上大部分人都不能做到。我们大多数人都比较随性,用完的东西经常随手一放就不在意了,等需要使用的时候绞尽脑汁地回忆它的位置,但是通常的结果是花费原本不必要的时间和精力去寻找,甚至耽误正常的学习和工作。像我本人就有两个很不好的习惯,喜欢摘下眼镜随手放置和乱丢钥匙。这导致我曾经在一个人的情况下,用近视600度的眼睛花了一个多小时去找一副眼镜;在开学第一天弄丢了刚刚拿到手的钥匙,只能上蹿下跳地去问路,找工具撬开柜子的锁,买新锁,配钥匙。

另外,我们还需要专门空出一段时间,集中精力进行房间或者学习文件的清理,这种清理会变成一种压力,让我们感到焦虑,潜意识里回避,进而不断拉长中间的周期,导致很长时间内可能都处在脏乱差的环境中。而收拾好的环境,通常只能够维持几天。

动物归原,看上去很简单对不对?是的,我们只需要在做完事情之后花上几秒钟到几分钟的时间做好整理收尾工作。但事实上它又不那么简单,它包括但不仅限于把晒好的衣服立即收下叠好放进衣柜;把擦完桌子的抹布马上洗干净并挂回挂钩;把用完的塑料袋和包装盒马上叠好或者分拆,塞进收集箱;把用完的剪刀、撕完的保鲜膜桶、抽过的纸巾盒、用完的遥控器、没看完的书放回原位……这么看,动物归原其实就是在锻炼自己说做就做的能力。

我认识的一位中国人民大学的学姐就有这样非常优秀的习惯,她的房间总保持得干净整洁,而且她能清晰地说出房间里每一样东西的放置地点,准确而迅速。每次我问她什么东西放在哪里,都很惊讶她的记忆力。后来我意识到那根本不是记忆力,而是她确保了每件东西都在它们应该在的原位。

其实刚开始想要养成这个习惯的时候,每天都会很多次跟自己的懒惰做斗争,觉得过一会儿再做和马上归位差别不大,但时间长了就会发现,有些事情,等一会儿就彻底不想干了。细细想想,我们一天中存在多少"过会儿再说吧""想好了再做"的情况,这种心态并不能让我们把事情做得更好,而只是拖延症的借口。东西不会自动归位,垃圾不会自动处理,等着其实就是想拖着不处理,然后越拖越不想做,我们的环境就从整洁变得乱糟糟。

如果有意识地将这个习惯坚持下来,我们的"执行力"会得到提高,每天数次的"马上处理,放回原位"行为,其实是在锻炼我们的意志力和说做就做的执行力。通过极小的成本和习惯改变,逐步将自己变成一个自制力和行动力强的人。

以上是我想分享的一个细小的好习惯,希望能和大家一起践行它。谢谢!

握习惯于手,治之于心

杨素萍

新闻学专业2017级本科生

新的学期,我也从"小萌新"进化为"小学姐"。2018级的师弟师妹拖着大大的箱子问路的身影,让我仿佛看到了一年前的自己。回望过去的一年,改变了很多,也成长了很多。其中最大的收获,是让我学会了把握习惯,思考习惯,做习惯的主人。

握习惯于手,治之于心,要延续自己的好习惯。2017年9月,怀着对大学的无限憧憬与渴望,我成了一名大一新生。经历了军训的洗礼与教育,我的目标也更加坚定:努力学习,努力学习,还是努力学习!于是,带着高中的志气与脾气,带着十二年寒窗苦读的习惯与方式,每天在教室、餐厅与宿舍之间三点一线;课前早早来到教室占前排,课堂上认真听讲,笔记记了一本又一本;课下跟着老师的课件一遍遍复习……做了这些不一定能够让我得到什么,但至少在每节课后,我的内心非常踏实。

握习惯于手,治之于心,要时常思考自己的习惯,发展完善自己的习惯。习惯让我依赖老师为我规划一切,习惯让我专注于专业课心无旁骛。但专业课,并不是大学能教给我们的全部。我开始思考,当一个好的习惯已经不再适应自己的发展的时候,我们该怎么办呢?

没课的晚上,"夜游"是我消磨时间的最好方式。带着耳机,经过一个又一个的学院。核心教学区亮着的灯光,图书馆寂静的氛围,操场上的欢笑……夜晚的校园格外开阔,困扰着我的问题也豁然开朗。大学是自由而包容的,它容得下阳春白雪,也欢迎下里巴人;探讨得了学术,也教得了做人;是一个小社会,但却是最后的伊甸园。一直以来的习惯让我追求课本知识,但大学提供给我们的,又何止是书本上的文字呢?我开始参加各种各样的志愿活动,蹭我喜欢的课,学习我喜欢的古典乐器……当我真正养成合理安排时间的习惯时,才真正感觉到大学的自由与包容。

然而,习惯的养成是漫长的,其间也出现过一些曲折,坏习惯的改变十分必要。紧张的期末复习月到了,各种课程与活动纷纷停止,每天大片的时间空白让我窃喜，又有莫名的紧张。没有课需要我去上，没有活动需要我参加，没有作业需要我完成。我的面前有手机，有零食，有小说。我想，有太多的想法。可是生活并不是完全按照你的意愿组成的，除了爱好，还有责任和义务。当我捧着日本小说家东野圭吾的小说看得津津有味的时候，专业课的复习便被我抛在了一边；当我拿着喜欢的零食大快朵颐的时候，体测的恐惧便被我忘在脑后。我的自控力在安逸的生活习惯面前不堪一击。习惯真是可怕，长久的好习惯会造福人的一生，可是一时的坏习惯便有可能毁掉一个人。过于自由的生活习惯让我越来越浮躁，也越来越难以静下心来复习。

  重复的生活总是乏味的。我走出宿舍，仿佛走出了我沉溺已久的生活圈。我开始每天晚上跟着学姐一起去上自习，在自习结束之后跟学姐一起到操场跑步，跟在学姐后面跑步，一圈又一圈，学姐很贴心地控制着速度，使我能够跟上。虽然我背书的速度很慢，虽然我跑步的速度也不快，但慢慢地，我背完了各种专业课程；慢慢地，我可以围着南操场跑两圈、四圈、六圈……我为之前的我感到羞愧，那个被不良的生活习惯所碾压，成了习惯的奴隶的我。

  握习惯于手。我们是习惯的主人，治之于心，我们用心来分辨好的习惯和坏的习惯。不知你们是否和当初的我有过同样的感觉，但不管如何，希望我们都能做习惯的主人，拥有良好的习惯，为自己负责。

第七期　挑战说

在一个快速进步的社会,很多人都喜欢挑战。挑战自我,挑战对手,挑战不可能,挑战无处不在。

身处新时代,我们期待挑战,鼓励挑战,赞美挑战。因为只有敢于挑战,今日之我才能战胜往日之我;只有敢于挑战,才能一代新人胜旧人;只有敢于挑战,才能把不可能变成现实,创造奇迹。

挑战意味着苦难、困境。中国人面对顺境和困境,有自己的态度和逻辑。

《左传》中说:"或多难以固其国,启其疆土;或无难以丧其国,失其守宇。"

陆九渊说:"君子遇穷困,则德益进,逆益进。"

洪应明的《菜根谭》中说:"居逆境中,周身皆针砭药石,砥节砺行而不觉;处顺境内,满前尽兵刃戈矛,销膏靡骨而不知。"

历史是由人民创造的,更是由挑战者创造的。红旗渠精神、愚公移山精神、焦裕禄精神,都是中原大地上伟大的挑战者精神。我们要赞美和传承这些伟大精神。

青年是一个民族的未来和希望。青年敢于挑战,乐于挑战,享受挑战,那么整个社会就会散发活力,充满希望。雨果说过:"所谓活着的人,就是不断挑战的人,不断攀登命运峻峰的人。"我们期望每一个青年,在追梦路上,不断攀登命运峻峰;我们期望每一个圆梦的青年,能够无悔人生,不愧年华。

我们期望每一个青年都成为挑战者,成就更好的自己。

挑战之路

焦 洋

广播电视学专业2016级本科生

我第一次握住麦克风,是在5岁的时候。幼儿园的广播,会在每天吃饭的时候准时响起,有声音甜美的老师给大家讲故事。就是那样一个瞬间,幼小的我心动了,想要把昨天看的《猫和老鼠》的故事讲给大家。可是,从来没有小朋友在广播站讲过故事,这是一个挑战。我放下碗筷,走到老师身边,拽了拽老师的衣服:"老师,我想讲故事!"老师笑着摸摸我的头说:"可以呀,等大家吃完饭,你站前面给大家讲。"我咽了咽口水,提高了音量:"老师,我想去广播站讲故事,我想讲给所有小朋友听!"那一天,喇叭里回荡着稚嫩的声音,也许所有的小朋友都不记得我讲了什么,可是我永远不会忘记,我挑战成功了,我如愿以偿,发出了第一声。

挑战是什么?挑战意味着,改变旧的规则,建立新的规则;挑战,是让不可能走向可能。在之后的小学初中时光,英语角,升旗仪式,每一个或大或小的舞台,都是我的挑战目标。我渐渐爱上了主持,当站在舞台上,所有人注视你的时候,你会明白,没有什么奖励比观众肯定的目光来得更加酣畅淋漓。

在16岁的时候,繁重的高中课业几乎剥夺了我所有的课余时光。雪上加霜的是,汹涌而来的青春期,在我的脸上留下了斑驳的痕迹,一个个刺痛的青春痘,把我彻底从主持的世界驱逐出境。去面试高中的电视台主播,学姐婉言拒绝了我:"我觉得,焦洋你上镜情况不是太理想。"和父母沟通想要参加播音主持艺考,也被狠狠地回击:"早上洗脸的时候多照照镜子,就知道好好读书了。"

挑战,是不断前进吗?事实上,挑战是迂回的,是绝境求生,"山重水复疑无路,柳暗花明又一村"。班里每月要开班会,缺少一个组织的同学。我知道,我的机会来了。4平方米的讲台,成为我高中时期最大的舞台。主持班会的工作很简单,只用开场说几句话,但我却乐在其中。因为这是不幸中的万幸,我的主持之路没有被平凡的外表和他人的冷眼打断。

18岁成人之年,我跨入了郑州大学。宽松的环境给人更多的成长空间。我紧紧抓住每一个机会,面试主持队、电视台主播。和众多热爱主持的同学一起训练、一起参加活动,可以说是如鱼得水,找到了真正挑战的沃土。杏坛观影,周末大家唱,啦啦操大赛,歌手大赛,元旦晚会,迎新晚会……在这些地方,或许人山人海你看不清我的面孔,但你一定听到过我的声音。郑州大学大大小小的舞台,都是我挑战的擂台。

所有人都想问,挑战容易,怎么样才能挑战成功呢?其实,挑战就是用日积月累来换日新月异。声音醇厚饱满的背后,是七百多个清晨在中心体育场二楼练声的积淀,从简单的气泡音、螺旋音,到绕口令再到朗诵稿,整个流程倒背如流。灵活应变的前提,是每周都会做的危机主持训练,话筒没声,裙子被踩,上台摔倒,队友抢词……你能想到的每一种突发状况,我已经做过数次应对练习。

深究"挑战"一词的含义,有"挑起战斗"之意,其本质是"以格斗家般的拼搏精神进行战斗",需要心怀类似野性的强烈欲望。

挑战之路,从无坦途。你之所以会去挑战,是因为足够热爱一件事情,你愿意为了它去吃苦耐劳,去排除万难。对于我来说,主持就是这样的存在:只站在舞台上并不是全部,还要发光发热,更要传达自己的声音和思想。

真心地希望,每一个为自己梦想热忱而不断挑战的人,都能收获成功;也由衷地期盼,我们新一代的建设者,都敢于挑战,热爱挑战,成为中国的脊梁!

迎接挑战，倒逼成长

吴鸿瑶

穆青新闻实验班2017级本科生

十天前，我过了19岁生日。回顾18岁这一年，有两段经历让我倍感难忘，很荣幸，今天有机会在这里与大家分享。

第一段经历就是刚才放的这段视频。十一假期前，我作为学生记者参加了中国青年报、北京市昌平区政府、北京市文联等单位共同举办的第四届中国北京国际魔术大会，这段视频便是我拍摄的一些花絮。

当时在网上看到招募消息的时候，我深知这是一个锻炼自己的好机会，可是我不禁问自己：我才刚刚步入大二，面对这么大的活动，这么高的平台，我能胜任吗？

一番犹豫之后，我还是向《中国青年报》投了简历，表达了自己真的很想去学习、去实践的愿望。幸运的是，我和一位曾在光明日报社实习、非常有经验的大四学姐成功入选。后来我知道，与我们共同竞争的有四百多人。

在魔术大会进行的这三天里，我与《中国青年报》的记者老师一起，进行了全方位的采写工作。我独自采访了世界魔术联盟主席多美尼克，清朝宫廷戏法第四代传承人秦鸣晓，中国小剧场魔术秀第一人孙峥，曾为迈克尔·杰克逊、刘德华做过魔术道具的墨西哥魔术师阿亚拉……巨大的工作量，深度的英语采访，沉重的稿件任务，压得我喘不过气来。

在那三天里，我几乎没有休息时间。每天晚上熬夜写稿，直到凌晨，伴着第一缕曙光从天边显露，我给自己加油打气，开始新一天的工作。紧张繁重的采访、写稿，既是对自己的身体和精力的挑战，也是对自身专业知识和素养的挑战。

最终，这些深夜里细细研磨出来的一字一句，被刊发在《中国青年报》上，我的稿件占满了一整版。

第二段经历，是今年暑假的时候，我独自一人第一次走出国门，在泰国贫困地区沙缴府的班考查学校，教一到九年级的孩子们英语。

在去泰国之前，我也犹豫了很久，我该怎么办护照？怎么办签证？怎订机票？能不能找个人跟我一起去？到底值不值得去一次……太多的问题摆在眼前，一团乱麻的时候，我决定拿出魄力，逐个解决。

刚到泰国的时候，看到泥泞的乡间小道、墙上的壁虎、饭里的小虫子，以及一掀被子满床的蚂蚁……面对这样艰苦的环境，我问自己，为什么不在家好好待着，非要跑到这儿呢？

然而，我现在可以很确定地说，这是18岁的我做出的最正确的决定之一，也是最宝贵的经历。在泰国贫困地区，九年级孩子的英语水平甚至不及中国小学三四年级的孩子。当我进入教室，孩子们的目光聚集在我身上的那个瞬间，我有一种强烈的被需要的感觉。我耐心地教给他们一词一句，看得见的时光里，我仿佛第一次能够以局外人的身份旁观自己，审视自己的成长和改变。

以上便是我想向大家分享的两段经历。

以前，我也是一个唯唯诺诺、胆小怕事的小女孩，一面进行着自我否定，一面又渴望自己变得更好。感谢我的偶像，趁早品牌创始人、畅销书作家王潇，她曾说："没有一劳永逸，永远要重新开始，重新进入动荡，重新寻找，重新赢得欢喜。"我渐渐明白，其实成长不是一件顺其自然的事，它是不能用时间或者年龄去衡量的。成长，是由经历倒逼出来的。我们必须不断地、一次又一次地从自己的舒适区中跳出来，去到新的环境里。看过的风景、流过的汗水都是财富，经历的辛酸、遭遇的凉薄、克服过的困难和挑战，才是我们迈向成长的步伐。

告别18岁，站在19岁新的起跑线上，我的身份是一位新闻学子，是一名团支书，是学校宣传部的学生记者、广播站的主播，同时我还是河南高校传媒联盟会员部的一员。身兼数职的我非常明白，未来一定会有更多的挑战。

中国香港女歌手薛凯琪有首歌叫《给十年后的我》，歌词这样写："这十年来做过的事，能令你无悔骄傲吗？那时候你所相信的事，没有被动摇吧？对象和缘分已出现，成就也还算不赖吗？旅途上你增添了经历，又有让棱角消失吗？"我希望十年后的自己，内心会有清楚明确的答案。而此时此刻，我最大的心愿是希望自己可以"活到淋漓"，绝不为梦想和努力设限。希望我能做到"文武双全"——付出和回报成正比，实力和野心相匹配，兴趣和身心互促进，爱人和被爱共重叠。希望自己全力出击，迎接挑战，倒逼成长。每当我回顾过去，都可以痛快地说上一句：无怨无悔，问心无愧。

因为山就在那里

贾英杰

穆青新闻实验班2017级本科生

关于"挑战"呢,我想和大家分享一些我自己的经历。先介绍一下我自己吧,我是"高考落榜生""心境障碍患者"以及"男护士",当然,这里需要一个限定词——曾经。

第一次高考之前的日子,我沉迷于上网、睡觉和抽烟,当时为了不学习,想尽了各种办法,以各种理由向老师请假,高考前一个月,班主任叫醒课堂上睡觉的我,一脸愤怒又无奈地对我说:"贾英杰,你要是能考上大学,我再也不做老师了。"中国人民大学知名学者周濂博士在《你永远都无法叫醒一个装睡的人》中说:"你永远都无法叫醒一个装睡的人,除非那个装睡的人自己决定醒来。"很遗憾,生活不总是那么热血,班主任没能叫醒我,最后高考成绩揭晓,我也不出意外地落榜了。432分,二本都上不了,我可能会在随便一个城市的随便一个大专开始随便的一生。但就在我行将接受现实的时候,散伙饭上喝大了的同学拍着我的肩膀说"你不是学习的料",这句话深深地刺进了我的内心。前所未有的挫败感袭上心头:我,贾英杰,不是学习的料,我注定是平庸的千千万万分之一,我将度过岌岌无名的一生,并在某个无人知晓的时刻老去。

我想起了抄在笔记本上的心灵鸡汤,"最怕一生碌碌无为,还安慰自己平凡可贵",还有这句"你本生而有翼,为何行如蝼蚁"。出于不甘心,我想要挑战自己,并决心以全新的形象去复读。置之死地而后生嘛,也是这段复读的经历让我明白了"天道酬勤"的含义。当你迈出挑战的那一步,你会发现整个世界都为你让路。我考了564分,以复读班第一名的成绩拿到了郑州大学的录取通知书。现在,我想告诉那位朋友"我是学习的料"。

可能是"匮乏使人用力过猛",高考后的暑假,我自闭了。和大家平时挂在嘴边的自闭不同,我还得到了权威的认定。"心境障碍",医生这样定义我,这个晦涩的名词的另一个表述是"抑郁症"。大家知道在抑郁症患者眼里的世界是什么样的吗?我知道,他们时刻觉得生活无意义,不理解人们为什么会快乐,总是假设事情的最坏结果,并不可抑制地为之感到悲伤。概括来说就是,不太想活,也不敢去死。

  医生给我开了马普替林、多滤平等抗抑郁药物,并建议我休学。他觉得是复读导致了抑郁。他怕这心魔会突然冒出来击溃我的理性。但是,我不想放弃,我复读不就是为了进入象牙塔吗?我撑过那些煎熬的苦日子不就是为了与诸位一样感受生命的精彩吗?休学是不可能的,为了对抗自闭,我会微博打卡记录生活,保持阅读、与人交谈,至今,我没有一次心态爆炸过,我已经完全走出来了。不仅如此,我还完成了从"男护士"到新闻人的角色转变。

  大学第一学期,我所学专业为护理学,一个对男生十分友好的专业,用我们老师的话说"能正常毕业就有医院抢着要"。还记得刚转到穆青班时孙书记开玩笑说:"护理专业毕业后工资那么高,为什么要来新传呀?"是啊,为什么呢?我想,除了对新闻的热爱,还因为我喜欢上了折腾带来的快感。选择稳定,当然也能成功,但你永远体会不到"创造奇迹"的感觉。

  从不甘受辱,到不愿放弃,再到如今热爱挑战,这一路走来虽然坎坷曲折,可我最终还是站在了这里,是因为沿途有美丽的鲜花,更是因为这个不断挑战、热爱挑战的自己。其实啊,人生的意义就在于不断挑战,恰如尼采所言:"每一个不曾起舞的日子都是对生命的辜负。"挑战应该是生命的常态。舒适圈带来的安全感吸引着每个人,我很难告诉你挑战总能带来好的结果。就像我同时得到通知书和抑郁症一样,但我可以明确告诉你的是,挑战带来的不确定本身就意味着可能性。一成不变的生活是乏味的,那些由"还是算了吧!"构建起的人生也太无趣了。

  英国登山家乔治·马洛里的"因为山就在那里",被后世挑战者奉为圭臬。山,本就在那里;山高水远,路遥马亡。这都不重要,重要的是当决定了要攀那座山,字典里就不应该有"退却"二字。朋友,去过挑战的一生吧!毕竟,山就在那里!

学做自己　勇敢去爱

吴　静

新闻与传播专业2018级研究生

不知道大家还记不记得,就在前不久的学院开学典礼上,邓元兵老师一而再再而三地说着这句话:"学做自己,勇敢去爱。"是啊,"95后""00后"的我们正青春,我们的人生才刚开始,所以我们更要学做自己,勇敢去爱。

不知从什么时候开始,我们停止了追随自己的内心?相信对大多数人而言,这种状态已足够久了。每个人总在做人生的加法,我们总不停地给自己安排、计划,我们赢得了数不尽的荣耀,占有着用不尽的财富,然后回过头,问自己这是真的自己吗?

2017年,我选择听从自己内心的声音——考研。初试的前一天晚上,我发了烧,在校医室里打完点滴,再也撑不住了,一个人在医院漆黑的走廊里哭了很久。回到宿舍,躺在床上,由于低烧不退,我一直出着虚汗。不想在最后一刻丢盔弃甲,我选择坚持了下来。后来,很幸运,我进了复试。复试结束后,考研结果就出来了。综合排名39,计划招生34人。当看到那个综合排名的时候,我还调侃自己说:"幸亏不是倒数第一。"一直以来我都把考研结果说得云淡风轻,说没有考上,大不了就重来,但是,我知道,最后那个结果对我来说有多重要,不要说什么尽力就好,在我离它最近的时刻,想做的是拼命地抓住它!后来,我决定二战。知道这个决定的朋友都劝我说:"别二战了,能调剂就调剂走吧。或者出去找找工作,万一找到好的呢。"他们说的这些我都懂,我也无数次地问自己,真的要二战吗?如果放弃二战,我能找到好的工作吗?每次得到的答案都是:再试一次,如果失败了,我也不后悔。2018年4月12日,我突然得知自己被扩招补录进了郑州大学。我没有像大家想的那样欣喜若狂,反而很平静地看待这个意外之喜。但直至今天,我的内心依然充满了感恩,感恩学校给我的这个机会,让我能够在郑大开启我的研究生生涯。初试发烧,复试被刷,又被扩招,在这条时明时暗的道路上,我没有畏惧,而是选择了直面困难、勇于挑战。

沧海一粟，世事浮沉。生活总会一次次地给你耳光，好像在告诉你："快放弃吧。"然后又有个东西揪着你，大声骂着你："傻子，这世界上总有人爱着你呢！"也许就像杨绛先生说的那样，人生最曼妙的风景，竟是内心的淡定与从容……我当然不是在推荐大家都一味地去追求内心的淡定从容，我只是感到我应该把那种对世间、对人生的博爱传达出来。亦舒在其小说《我的前半生》中写道："我们失去一些，也会得到一些，上帝是公平的。"我相信，没有人能逃出这个规律，也没有人能撇开这个泰然自处。我也相信，每个人都有自己的人生。听老师说人生就是因为不确定性而变得异彩纷呈，但我不这么认为，我讨厌不确定，我讨厌聚少离多，我喜欢安定。我不认为我是个足够坚强的人，在过去的二十多年里我经历最多的就是聚少离多。

  我的父母在我很小的时候就出去打工，刚跟他们分开的时候，我很不理解。"为什么要离开我和弟弟，我们家过得不是挺好的吗？"后来这种不理解慢慢变成了愤怒。我开始不接父母打来的电话，开始无缘无故对身边的人乱发脾气。我把自己围起来，在放学的拐角，在无人的街道，我走走停停，像个过客。

  七年级时，我选择到县城的一所寄宿学校上学。我记得那会儿学校每年在父亲节、母亲节的时候都会举办主题班会；那会儿老师们总是会跟我们说："百善孝为先，你们要经常给父母打打电话，要勇敢表达你们对父母的爱。"在这样的环境里生活，我发现我在悄然改变着。那是一个母亲节的前一天，晚习放学后，我到水房打水。在路上，我看到学校公共电话亭外排着长长的队伍。"发生了什么？这边为什么会有这么多人？"我不解地问。同学说："明天是母亲节呀，他们应该在排队给自己的妈妈打电话吧。我刚给我妈打过电话，你打了吗？"听到这些话的时候，我沉默了。对啊！我好像好几年没有主动给妈妈打过电话了。看着昏黄的路灯下那条长长的队伍，我的心被狠狠揪了一下！第二天，我早早地起床，跑到班主任的办公室，用她的手机拨通了那串我熟悉而又陌生的号码。那天，那通电话，把渐行渐远的我们拉得很近。后来再跟妈妈聊天的时候，她还会说："以前陪你的时间太少了！一转眼，你都长大了。"听到这些话的时候，我总是会笑着安慰她："妈，任何事情，有舍必有得啊。正是因为你们不经常在身边，我才能更早学会独立，学会照顾自己，学会与人相处……这些东西早一点学会总比晚一点强呀。"对父母的态度从不理解到愤怒再到慢慢接受，最后能站在父母的角度笑着安慰他们，在这个过程中，我挑战着，也在成长着。

  生活里没有那么多的心灵鸡汤，没把你击倒的不一定使你更强大，它可能只是扔了一颗邪恶的种子在你潮湿的角落里，我以前一直以为只要忽略它就好，后来我发现这是错的，我必须时常把它拿出来晒晒，我得有足够的勇气来面对它,用灿烂的阳光温暖它,最后能坦诚地说一句:"谢谢你,谢谢你一路的陪伴。"

同学们,在平凡的生活里,我们只有把自己变得更好,才能去爱自己、爱他人、爱社会。在这个过程中,我们可能会遇到很多的困难,但不要害怕。只要我们直面困难、勇于挑战,结果就不会太差。

最后,我想以《天使爱美丽》的一段台词作为结尾,送给大家,也送给自己。

小艾米莉,你不是虚弱的玻璃人,幸福全靠自己争取。假如你错过了机会,你那颗心迟早像我的骨头那样又干又枯。不要犹豫了,去挑战吧!

挑战抑郁

徐艺婕

新闻学专业 2016 级本科生

今天，我想跟大家聊一聊关于抑郁症的事情。

首先呢，我们要明确"抑郁"的概念。在医学上，抑郁被分为三个等级：轻度抑郁、中度抑郁和重度抑郁。轻度抑郁即抑郁情绪，它存在于我们每一个人的身上，属于正常心理范围，这是毋庸置疑的。举个例子，在你觉得自己"好丧"的这个瞬间，你就正在遭受抑郁情绪的困扰。而我们常说的具有自杀倾向和行为等症状的，仅仅存在于少部分患有重度抑郁症者的身上。在我国，已确诊的中度或重度抑郁症患者有 3000 万人。很不幸，我就曾经是这三千万分之一。

英国前首相丘吉尔有一句名言："心中的抑郁就像只黑狗，一有机会就咬住我不放。"我是在高二的时候开始意识到我的身边，也有这样一只凶猛的大黑狗朋友。

其实我并不太想把它称为我的朋友，因为每当这条黑狗出现，我就感到沉郁，生活也慢了下来。黑狗让我变得像个老人一样，整个世界好像都在享受生活，我却只能与黑狗相伴。那些曾带给我快乐的事情，忽然消失了。大黑狗让我失去食欲，蚕食掉我的记忆力和集中精力的能力。拖着这条黑狗，无论去哪里或者做什么，都需要超人的力量。

生活中有一条黑狗，不仅仅是感到一点低落、悲伤或者忧郁。最糟糕的时候，所有的感觉都会失去。我的朋友曾经调侃我，你每天早上要是没人催你，从睡醒到起床你能用半个小时，你是在吸收天地精华吗？我真的很想跟她说，不是的，我只是需要把自己拼接起来，仔细想想这又是新的一天，我该怎么过。

黑狗一天天地长大，开始不离我的左右。我用尽了一切办法，但是却一次又一次失败了。我不断地想我这一次一定可以，我都这样了，难道还不行吗？然而大黑狗总是会用实际行动告诉我，不管我怎么对它大放厥词，怎么把它赶走，但获胜的往往还是那条黑狗。更糟糕的是，大黑狗开始让我觉得,和重新站起来相比,躺倒变得更容易。

就这样一天一天下来,黑狗的影子几乎要填满了我的生活。让我每天早上一醒来就开始质疑生活乃至生存的意义。

可能这个时候,有人会想,你会不会在一个月黑风高夜,冲上天台然后翻过栏杆一跃而下呢?

所幸,在我万念俱灰的时候,我身边的人没有放弃我。在我一次又一次地尝试着,在大黑狗的影子里站起来的时候,给予我帮助的人除了一直陪伴我的家人之外,还有我的主治医生。我寻求了专业的帮助,那是我为了反抗大黑狗而发起挑战的第一步,也是我生命的一个转折点。我了解到,无数人都在被这条黑狗所侵扰,任何人都可能被它袭击。你越是疲劳和紧张,它就叫得越凶,所以学会让自己平静下来,正视大黑狗,很重要。

我认识到,与其盲目地抵抗或是逃避我的问题,不如拥抱它们。通过学习知识,加上耐心、克制和幽默,即便是最凶狠的黑狗也可以被制伏。最重要的是要记住,不管情况变得多么糟糕,只要你走向正确的方向,找熟悉友善的人交流,受大黑狗折磨的日子一定会过去。我知道,大黑狗也许将永远是我生命的一部分,但它再不会是以前的那只野兽了,纵使它还会让我感受到紧张、自卑和难堪,但它不会再像曾经那样,逼迫我在生存还是死亡之间艰难抉择了。

自此,我开始相信生命是有梯度的,当你完成了一个阶段的挑战之后,你就能站在更高的一个台阶上,向着下一个高度发起挑战。而对于我来说,当我能安安稳稳地站着、活着,走到更远的台阶上的时候,虽然比起各位我还差很多,但是比起曾经的自己,我也能说,你看,我挑战成功了。

回首整个过程,我发现,让我能慢慢从抑郁症的阴影里走出来的,除了那个时候能勇敢地试着站起来的自己,更重要的是一直陪伴着我,没有放弃我的那些人们。其实,抑郁症患者更需要家人和朋友的关心、理解和支持,充分给予他们关注和沟通才会帮助他们早日痊愈。了解和正视抑郁情绪和抑郁症,不仅仅是为我们自己,更多的是能通过我们的一点力量去帮助身边的人,在他们向抑郁发起挑战的时候能够助他们一臂之力,而不是用异样的眼神看着他们。

最后,假如你身处困境,一定不要放弃抵抗,一定不要害怕求助,这样做一点都不丢人,只有错过生活才是遗憾。所以,如果得了抑郁,不论病情轻重,请勇敢地挑战它,请主动寻求帮助。如果没有抑郁症,请一定要对抑郁症患者温柔,请一定要告诉他,我陪着你,不要怕。

身边的挑战

李非凡

新闻学专业2018级本科生

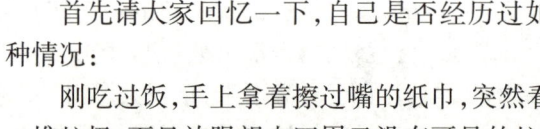

　　首先请大家回忆一下,自己是否经历过如下的几种情况:

　　刚吃过饭,手上拿着擦过嘴的纸巾,突然看到路旁一堆垃圾,而且放眼望去四周又没有可见的垃圾箱,这时候手中的这张纸,你是扔还是不扔呢?

　　出租车上,你捡到了一个包包,打开一看,哇!几张崭新的百元大钞,这些钱,你要还是不要?

　　回到宿舍,洗过澡,打开电脑,突然想到还有作业没完成,你是立刻去写作业呢,还是继续玩电脑,剩下的作业明天写也不迟呢?

　　相信我们都曾遇到或者会遇到这些情况,不过谁又会意识到,这些看似平常的事,却在不经意间挑战了我们的道德、欲望以及自制力。然而这只是我们生活中发生的极少部分的事,这样的现象发生在我们身边的还有很多,不知道你有没有"中枪"呢?

　　切入正题,我想谈谈"身边的挑战"。

　　刚来到大学,第二天就开始军训。虽然在假期里我也曾无数次幻想过军训的苦与累,甚至还准备了齐全的军训神器,但还是没能料到那烈日竟那么炽热,汗水禁不住地流。站军姿时,袭脸的热浪让我忍不住眩晕;蹲下时,脚尖的酸痛直入内心。就在这没有雨的15天,面对着生理的和心理的双重挑战,说实话,我也想过放弃,想请个假到阴凉处休息,可就是心中的那股劲,那开学前对自己许下的豪情壮志支撑着我,坚持过了这15天,最后也能从教官口中听到他说:"李非凡,瞪出眼泪,不错啊,很不错。"就在这不知不觉间,我完成了这次对意志力的挑战。

　　军训结束后,我们的生活慢慢走上了正轨,然而我发现,原来真正的挑战才刚开始。在平常的生活中,我们失去了高中时积累的优良作息习惯,开始在没课的早晨睡懒觉;有一顿没一顿地吃饭;手机不离手,耳机不离耳;能坐车就不骑车,能骑车就不走路。学习上,会在课堂上偷偷刷微博,发条短信,和朋友聊着"下一顿吃什么"的话题,甚至敢趴在桌子上睡一觉。我也不怕告诉大家,像上面的这些情况,全部都是发生在我自己身上的事情。想想自己在开学典礼上的发言,还说什么"莫让青春的生命被虚幻的游戏画面所困囿",什么"在知识的曙光下追起时代的光辉",首先我自己就没能够做到,甚至还被同学嘲笑道:"你这牛皮吹得可是有点大啊!"当我意识到这是对自己的一个个挑战时,我试着去寻找方法来克服他们。首先,我断了自己的校园网,断了自己走到哪儿都在玩手机的习惯。再者我会在课堂上尽量坐在教室前排的位置,坐在老师眼皮子底下。同时还得感谢我们院有早签到这么好的一个制度,它也在帮助我们克服这些挑战。因为早签,我们就必须早睡早起;早签过后,正好能在操场上跑两圈;早签完了,顺路就在食堂里吃早饭,再也不会出现不吃早饭就去上课的情况。虽然说我还有许多陋习,不过我也正在做一点一滴的努力去改正他们。我相信,只要坚持,就一定能克服这些挑战。

当然,我们面临的挑战远不止这些。信息社会的高速发展对传统新闻产业造成了巨大的冲击,纸媒的衰落,大众对新闻专业的不看好,将来一毕业就可能失业的窘境,这都是我们有可能面临的挑战。那我们应该怎么做呢?我想告诉大家:不要怕。俗话说"雄关漫道真如铁,而今迈步从头越",传统媒体虽然衰落了,但新媒体不是正在迅速崛起吗?新时代的浪潮里,抓住新媒体这一时代的脉搏就是我们能够挑战成功的法宝。这就需要我们去了解新媒体,学习新媒体。话说得很高大上,其实操作起来很简单,就比如加入今日头条啊,组建一个微信公众号啊,学习新媒体是如何运营的。再比如学习 PR、PS 等新媒体专业技术。还比如,就像现在这样,来参加"新传青年说"活动,它也需要我们自己拍视频、剪辑,去整理各种素材,这不都在锻炼着我们的新媒体操作能力吗?在大学时就积累多种能力,培养过硬的信息技术素养,相信我们就能够在未来的人生路上从容不迫地去迎接各种挑战。

世界著名网球选手小威廉姆斯曾说过:"世界上没有伟大的人,只有普通人迎接的巨大挑战。"当我们能应对生活中的挑战,完成身边的一件件小事的时候,我们就是真正的人,成功的人,顶天立地的人!

一次挑战就是向自己和他人证明你有能力的一次机会。愿我们能够接受挑战,享受挑战。"千里之行,始于足下",学会克服这些挑战,我们都可以做到"长风破浪会有时,直挂云帆济沧海"。

不惧挑战,无问西东

刘 旭

网络与新媒体专业2018级本科生

在开始演讲之前,我想问大家一个问题,大家有没有搜集一些品牌广告词的习惯,或者说无意识地记住一些广告词呢?那么现在,我想分享两个我最喜欢的广告词。一个是Nike的"Just do it",另一个是Adidas的"Impossible is nothing"。当然我最喜欢把这两个广告词串联在一起,就是"Just do it because impossible is nothing"。一切皆有可能所以尽管去做吧,一切皆有可能所以尽管去挑战吧!

那么问题来了,挑战是什么呢?

在我们大多数人的潜意识里,一听到挑战这个词,就条件反射地认为:只有登上珠穆朗玛峰才算挑战;只有敢蹦极敢走玻璃栈道才算挑战;只有像毛泽东主席那样敢冬泳横跨长江才算挑战……其实不然,在我的个人理解中,挑战就是突破你的第一次。人生中有很多第一次,第一次自己吃饭,第一次自己走路,这些都算挑战,因此不仅仅是做了冒险的事情才算挑战啊。开学已经快两个月了,我想跟大家分享一下我挑战自己的故事。当然,这其中有成功也有失败。

为了不留遗憾地度过大学四年,在很久之前,我就下定决心:我一定要让自己忙起来,我一定要当班委,好好锻炼自己的能力。可是,有时候,志向立得快,倒得也快啊。从军训说起吧,9月2日那天下午,我们全体新生在操场集合,做正式军训的准备工作,快结束的时候辅导员说要选班级负责人。当时,我的心里有一点小激动,也有一点退却,跃跃欲试但又害怕得不行。当轮到我们班的时候,我本来都挣扎着快要站起来了(因为我们当时都坐在地上),这时我们班QQ群的群主突然站起来说他想当班级负责人。于是,我好不容易鼓起的勇气就泄了,内心的小兽开始叫嚣了:"第一,我从小到大都是被人管,从来没有管过别人,我这样一点经验都没有,不行!我肯定干不好。第二,群主都站起来了,他在班级群里可活跃了,人气可高了,我肯定比不过他啊。"所以……最终是小兽战胜了,群主成了班级负责人。这一次,我畏畏缩缩，不敢挑战自己，回去之后后悔了很久，也默默吐槽自己怂……可是啊，大学有一点很好，就是她的试错成本很低，她给你的机会很多。所以，几天之后，我的机会来了！这次的机会是什么呢？其实就是班级负责人在群里问，有没有人想当女生负责人？我记得很清楚，当时群里寂静了很久，我纠结了很久，同样一条信息删了又打，打了又删。终于，我发了三个字：我来吧！于是，我就顺理成章地成为我们班女生负责人，现在呢，我也成为我们班的团支书。也许这对大多数人来说是非常微不足道的一件事，可是对我而言，发出"我来吧"这三个字是非常大的挑战，终于，我勇敢地走出了自己的安逸区！虽然我没什么经验，当团支书的日子做事情经常出错，但我也一直在错中进步。如果没有当时勇敢迎接挑战的自己，就不会有以后更优秀的我。

　　下面我再跟大家分享一下我的学习和生活吧。其实，有时候我很爱否定自己，我自以为我说不好评论性的话，我没有创意，有时候我甚至会觉得自己一无是处。可是《公共关系课》真的改变了我的看法。第一节课的小组讨论，我真的想不出什么，但是，我还是做了一件以前从来没有做过的事：站起来做总结发言。说实话，快轮到的时候我很紧张觉得我的心像被什么揪着似的；但是，当我正式站起来讲话的时候，发现自己很平静，竟然没有卡壳，尘埃落定！这对很少站起来说开放型问题的我而言真的是一个很大的惊喜。我发现，只要你思路清晰，你是可以说得很顺畅的，你是可以很好地向大家表达你的观点的。还记得高中班级举办的那么多期时政讲坛，我从来没有站起来发表过我的观点，一直都是听大家侃侃而谈，指点江山，激扬文字。我不敢站起来说，因为我觉得比我优秀的人太多了，比我有思想、比我会说话的人也太多了，我觉得在他们面前我很自卑。可是在大学，我想一个一个地尝试那些我曾经想做但却不敢做的事情，不管比我优秀的人有多少，无问西东！这节课让我意识到，你不去尝试，不去挑战，你永远不知道自己能做得有多好，你永远不知道能给自己带来多大的惊喜！至于创意，每次讨论我都是听别人说，自己在心里赞叹："哇！好厉害啊！这个人好有想法啊！"自己一直是不想思考，更确切地说是不敢思考，觉得自己想也想不出来，那我为什么还去想呢？但是第二节公共关系课，老师让我们设计郑大新传中秋节的月饼。我尝试着挑战自己，尝试着想一想，我发现我是可以想出小点子的。我发现只要我想出一个点子，其他点子很快会一起蹦出来……相信以后，我会更多地贡献自己的点子，因为事实证明我是可以的啊。还记得有篇文章叫作《为什么大多数同学宁愿吃学习的苦，也不愿意尝思考的痛》，我觉得很大程度上是因为大家不想去思考，因而没有感受到思考带来的满足与成就感，于是就不敢去思考。所以，突破了第一次，挑战了自己，你

会发现接下来的一切真的会变得很顺畅,就像打开了一扇新世界的大门!

  这些就是我开学第一个月经历的我认为的很重大的挑战。九月份的学习生活真的给我带来很多第一次,给我的生活增添了很多不一样的色彩。没有人天生全能,在优秀的路上,大家都经历了很多挑战,从不会到会,只是时间早晚而已,但只要现在开始,一切都不算太晚!毕竟一万年太久,只争朝夕!很难想象,这是我长这么大第一次拿着话筒在大家面前演讲,过去的我,不敢尝试,不敢挑战。如果你们也像过去的我一样,我们可以一起从小挑战做起,一个又一个的小挑战积累起来,我们才有勇气有能量去迎接更大的挑战,走更多没有走过的路。只有一个个的小挑战积累起来,我们才能有更大的自信去迎接实现中国梦,在全球化浪潮中勇做时代弄潮儿的挑战!

  正如法国著名作家雨果所说:"所谓活着的人,是不断挑战自己的人,是不断向上攀登的人。"大学四年,不给自己的人生增添一些新的色彩,以后难免会遗憾。所以啊,勇敢地迈出第一步,不惧挑战,无问西东!

挑战极限：红旗渠的故事

原丹丹

广播电视学专业 2016 级本科生

　　世界有七大奇迹：中国万里长城、中国西藏布达拉宫、意大利古罗马斗兽场、墨西哥"库库尔坎金字塔"、智利复活节岛巨像、意大利比萨斜塔和印度泰姬陵。然而，对于老一辈林州人来说世界还有第八大奇迹，就是"人工天河"——红旗渠。

　　我的家乡在河南安阳林州市。林州，旧时称为林县，地处太行山麓，历史上这里自然条件恶劣，山高坡陡，十年九旱、水贵如油。究竟水贵到什么程度呢？爷爷曾经给我讲过这样一个故事：除夕前，任村的一位老人桑林茂跑了20里路挑了一担水回来，准备攒着过年，儿媳在门口迎接，结果儿媳没有接好，眼看着过年的水都洒在了地上，儿媳懊恼不已，当天就上吊了。第二天，大年三十，全家便逃荒走了。林县的缺水状况由此可见一斑。所以，为了响应毛主席"大兴水利"的指示，更为了林县子孙后代的生存发展，1960年，30万林县人民拉开了创造奇迹的帷幕，我爷爷奶奶就在那30万人之中。

　　要从根本上解决干旱问题，就需要将山西的漳河水引到河南的林县来，当时17岁的爷爷奶奶因为年龄尚小，所以修的是相对较为平坦的河南段。据我爷爷讲，当时条件非常艰苦，什么材料都没有，需要什么，都是就地取材或者自己制造。建造红旗渠岸的大块石头数量不多，只能采取两边用大石块，中间填上小碎石的方法，但是碎石怎么固定呢？这就需要自己制造"水泥"了。把用炸药炸碎的石头收集到一起，上面铺一层碳，再铺一层易燃的干草或者玉米叶子，点火烧一个星期得到石灰，再将石灰和红土加水混合制成"泥石浆"，岸的两边铺设大石块，中间放上碎石子，浇上"泥石浆"，这样，便修建得稳稳当当。而想要造路引水，遇到小山，就只有打山洞。打山洞是怎么个打法呢？我原本以为就像詹天佑打山洞一样，同时从山的两边相对开凿，当时确实采取了这种方法，但是山脉延绵不断，如果仅仅采取这种方法，一座山就要凿两三年才能凿穿。所以，为了扩大工作面，老一辈想出一个办法：从山上往下打井，人下到井的底部去，分别向相反的方向开凿。打一个井,相当于扩大了两个工作面,这样可以节省一半的时间,山越长,打的井就越多,最多的一次,一座山打了 25 个井。因为这种井高于地面,井口又在山顶,所以称为"天井"。爷爷说,他们需要用炸药硬生生在山上炸出一个井,想要在山石上炸出洞,炸药的威力必须足够大,炸一次,山石飞溅、浓烟四起。最困难的是,炸得深了,人必须下到井里去放炸药,炸得最深的一次是一个超过 80 米深的井,相当于 27 层楼的高度。越到深处烟散得越慢,下到井里常常被熏得睁不开眼睛。而且深处更黑,当时又没有电,只能提着煤油灯下去。他们丝毫不敢松懈,井打好了就要开始凿穿这座山了。即使如此艰辛,还总是吃不好。奶奶经常说:"我们修红旗渠的时候,天天干体力活儿还吃不饱,晚上喝点稀饭,一个个碗里都能照到月亮。"我想,那时候,应该就是天上一个月亮,地上三万个月亮吧。就这样日复一日,年复一年。他们硬是用十年春秋,用一锤一钎、一双手,削平了 1250 座山头,架设 151 座渡槽,开凿 211 个隧洞,在太行山的悬崖绝壁上,凿出了一条人工天河,彻底解决了困扰林县千年的"吃水难"问题,更铸造了"自力更生、艰苦创业、团结协作、无私奉献"的红旗渠精神。

其实这 30 万人,大都是青年人,红旗渠中间有一个青年洞,就是青年人精神的代表。爷爷跟我讲,青年洞是当时一群青年人组成突击队,夜以继日凿出来的,他们平均年龄也就二十一二岁,跟我们大学生差不多,50 年前的他们,已经在向大自然、更是向自己发出挑战,并且最终获得了胜利,为子孙后代带来了无尽的福泽。

老一辈建造的红旗渠就像一棵绿荫如盖的大树,我们就出生在这棵树下、成长在这种精神中,我们现在不用去挑战自然,不用那样艰苦地干体力活,但是我们必须不断地挑战自己,努力战胜自己,才能够适应这个飞速发展的社会。而挑战自己,传承红旗渠精神,对于现在的大学生来说,可以是多方面的:跳出自己的圈子,提高自己的认知能力和水平;勇敢向前一步,增强表现自己的勇气和自信心;或者,仅仅只是挑战一百天早起背英语单词而已。

《菜根谭》有言:"居逆境中,周身皆针砭药石,砥节砺行而不觉;处顺境中,眼前尽兵刃戈矛,销膏靡骨而不知。"所谓"挑战",就是不管逆境顺境,都有信心"挑"起来,更要有勇气去"战"到底!挑战极限,一切皆有可能!

不为荣耀，只为不辜负

周 炎

新闻学专业2018级本科生

我出生时是个难产儿，2天零8小时，每一分每一秒都是在和死神挑战，后来身体和智力都较其他孩子差一点。两岁时，我还不会翻身，不会爬，不肯说话，很少哭。很多人怯怯地说："这孩子应该是因为难产憋傻了吧。"是先会喊爸爸还是妈妈，是多大会翻身，是什么时候会爬，这些我家里人都记不清了，不过今天我唯一确信的一点就是这场和命运之神的挑战，我成功了。7岁时，我学东西特别慢，学乘法，现在我都记得老师对我说："你是傻还是怎么样，为什么人家都会了，你连3×5都不知道得多少！"据我妈说，当时，她回家给我洗手的时候，我手上和胳膊上不知道用哪儿来的黑笔写满了9×9乘法表。我也不知道什么时候开窍学会的。只感谢那么小、不懂事的自己没有放弃，没有哭没有埋怨，勇敢地接受了那次挑战。到了初中，当时有一场作文比赛，当我终于鼓起勇气去报名的时候，老师对我说："虽然所有人都能报，但老师还是希望选择胜算大的，希望你能理解。"我慢慢地退出办公室，尽自己所能多看书，多写文章，多找老师批改，在报名截止前又一次报了名，最后也取得了和努力匹配的成绩。有时候，别人否定你，你觉得自己行，你就要挑战一下，试一试，不然你怎么知道自己有多大的潜力。请记住，消极的人接受现实，积极的人挑战现实。

15岁时，那个平时不是很优秀的我以全校第二名的成绩进入了省级实验高中。全封闭式外加寄宿制，不允许带任何通讯工具，限制学校公用电话使用时长。学习时间从早上5点到晚上10点半。当把我一下子放到这种环境时，我才发现，打破对回家的思念是一种挑战，5点钟起床是一个挑战，自己洗衣服、刷鞋是一个挑战，上课不睡觉是一个挑战，跟上老师的上课节奏是一个挑战，周测排名不考倒数是一个挑战，争取过及格线是一个挑战。总的来说，适应这个我不适应的环境就要面临一系列的挑战。很遗憾，在高一上学期全部挑战失败，当时，我就觉得自己完了，没有基本的自理能力，没有足够有效率的学习方法。当时的班主任找到我，对我说："我还没放弃你，你自己也不能放弃自己。想一想有没有以后特别想做的事能支持你挑战目前的这一切。"当时,有感动也有思考,听进去这些话后,后来成绩勉强中游,学会了基本的自理能力。然后默默地坚持着自己战地记者的梦想,日子总算走上了正轨。

你问我经历过哪些很刺激的挑战,我会和你说,我高三的五次模考成绩连好一本都走不了,多次请假去医院看病。当高考真的到来了,什么高考,撸起袖子干就完了。今天我来到这里,考进了郑大,花费了12年的努力与运气,在正青春的年纪,一切都刚刚好。我会和你说,在过去三年里,我连续参加"12·9"长跑,3500米长跑,每次跑到半路,身边总是一个人也没有,你们有谁体会过那种孤独和无助吗?我上一次演讲还在初中,全场3000多人,我既忘词又说错话,刚才上台前,脑子里还闪烁着上次的经历。今天我报名来"新传青年说"挑战自己。试一试,没准这次我就不那么紧张了。

最近的一次,高考后我不顾家人反对毅然决然地选择了新闻学专业,他们才知道我要当战地记者不只是说说而已。我一个人提着箱子从辽宁做火车来到郑州。车厢里很嘈杂,但都有说有笑,我一个人在座位上看完了余秋雨的《千年一叹》,白岩松的《白说》和柴静的《看见》,我一遍遍地告诉自己,有些路,有些挑战,我必须一个人扛。天黑了,车厢里很暗,我也终于控制不住情绪,哭了起来。我很怕,我怕我在逞强,我怕我做了错误的决定,我怕我以后注定天涯海角,无人可依。当我真正到了郑州大学新闻与传播学院时,我发现,这一路的挑战都值得。我学新闻的初心,是有一天告诉世界人,中国有这样一群记者,一群女记者,在代表中国为抵制世界霸权主义、强权政治发出中国声音,我想把中国讲给世界,也想把世界讲给中国。

想起了美国篮球明星科比的一句话:"总是有人要赢,那为什么不是我?"其实到今天,这个赢不再是荣耀,而是努力变优秀,然后骄傲地活着。

挑战,就要和自己较劲,远离舒适区,愿你我都不辜负自己,不辜负相信我们、陪我们迎接挑战的他们。

每一次挑战，都是一次成长

邓 冉

穆青新闻实验班2017级本科生

对我来说，我所经历的每一次挑战，都是一次成长。正是这样不断挑战的过程，才成就了现在的我。

贝多芬在面对失聪的挑战时说，我要扼住命运的咽喉，绝不让命运压倒。而我，在面对人生的第一个挑战时，也学会了扼住命运的咽喉。

12岁那年的秋天，由于不得已的原因，我从上海来到项城市上学，开始了我的异乡求学之旅。当时我寄宿在表姑家。表姑是一个不拘小节的人，因此也不太关注我的心情。刚开学的前几天，我面临着前所未有的压力，一方面是对陌生环境的恐惧，陌生的城市、陌生的学校、陌生的同学，对任何事物都不熟悉，使我感到害怕。另一方面的压力则是来自独立的生活，在父母身边时我们衣食无忧，但离开了父母，寄人篱下，所有的事情都要自己操心，有时候甚至有种被父母抛弃的感觉。因此那几天，我的心情低落极了，压力也大到要爆炸。

后来心情平复下来，我仔细想了想，或许这就是命运给我的挑战吧，它虽然扼住了我的咽喉，但我绝对不能被它压倒。

于是，我开始慢慢学着认路，周末时，骑着自行车走遍这座城市的大街小巷；我开始学着交更多的朋友，让我在这个城市不再那么无助；我开始学着处理生活中的各种琐事，洗衣做饭、逛街买菜，甚至换灯泡、修水管。当我真正能够独立生活的时候，我还从表姑家搬了出来，自己租房子住。那时候，我才真正觉得，我长大了。

生活就是这样，总是在不经意间给你一记重击，在对于你来说巨大的挑战下，迅速地成长。

我人生的第二次大的挑战，发生在18岁。18岁时的第一次高考将一向骄傲的我打入了深渊，出于不甘心，我选择了复读。

复读的生活非常枯燥无聊，甚至几近抑郁，但对我来说，最大的挑战是数学。或许是基础不好，也可能是我的方法不对，无论我怎么学，数学成绩一直都很差。直到后半年第一次月考，我达到了历史最低，55分。当我拿着

55分的答题卡去办公室找数学老师的时候,他大笑了起来并且跟我说,怎么才考这么一点啊。我知道老师没有嘲讽的意思,但那一刻,我突然下定了决心,我一定要把数学学好!

在结合了许多学霸朋友的经验之后,我就开始了我的"复兴数学"大业。苏轼说过,古之立大事者,不唯有超世之才,亦有坚韧不拔之志。我拿这句话当作我的座右铭,激励我坚持不懈地学习数学。我先把近十年的高考数学题来回刷了三遍,不会做的就摘抄在错题本上,拿去问同学和老师,然后把自己错的原因、思路记下来,再重新做一遍。课间的时候我就把错题本拿出来,一遍又一遍地看。晚上九点四十放学后,我还要再做一套模拟题,到十一点半才睡觉。就这样持之以恒地努力,高考前最后几次考试的时候,我每次都考140多分,高考也成功地考了130分。6月9日,当我第二次高考完收拾东西的时候,看着厚厚的错题本,那一刻,我又一次觉得我长大了,这一次,我有了与困难抗争的勇气,数学我都能学会,还有什么我做不到的事呢!

看吧,当我们面对挑战时不惧于时间的紧迫,不惧于任务的繁重,不惧于内心的痛苦,勇于挑战,坚持不懈,就没有什么是克服不了的!

今年我20岁了,大学生活看起来安安稳稳、岁月静好。其实,我却面临着更大的挑战。我的家庭条件不好,父母没有文化,全靠打工为生;妹妹体弱多病,患有先天性输尿管狭小导致的右肾萎缩;还有年迈的奶奶和年幼的弟弟需要赡养。而我,作为家里的长女,自然而然地承担着改变家庭命运的重担。我要做爸妈既懂事又省心的女儿,要做弟弟妹妹学习的榜样,还要比别人更加努力地学习工作,改变这个家庭的命运。歌德说,大自然把人们困在黑暗之中,迫使人们永远向往光明。

既然我肩负着这样的责任与使命,那么现在和未来我所面临的一切挑战,都不能使我退缩和畏惧。正因为身处困境,才使我更加向往光明。

人这一生需要面临的挑战太多太多,但我相信,我们直面挑战的每一天,我们为了应对挑战而付出的努力,都将成为我们成长路上的一个个脚印,让我们一步步,更加成熟,更加勇敢!

每一次挑战,对我来说都是一次成长,希望未来的我,也能不忘初心,直面挑战,努力成为一个更加优秀的人!

成为最好的自己

樊宇浩

网络与新媒体专业2018级本科生

什么是挑战？首先得确定一个对象,去挑战什么？挑战,早期指的是古代两军对垒,我方去攻击对方,这叫挑战。带有主动的色彩,去尝试战胜对方。就像小说、电视剧里"我乃常山赵子龙"那样。到后来,挑战的对象有了更广的范围,自己也可以成为对象。我们会听到很多挑战自我、超越自我之类的话语。我今天就想和大家谈谈"挑战与自我"。

说到这个话题,我们都可以举出很多例子,什么比尔·盖茨、乔布斯,很多很多。但今天,我首先讲一个大家都不知道,只有我知道的例子。那是谁呢,没错,就是我的例子。听到这里你们可能会说,得了吧,别吹了,但我还是想和大家分享一下。很多人都和我一样,刚刚经历了一次大的挑战,那就是高考。有人把它说成是千军万马过独木桥。好像要和很多人挑战。但实际上,最终决定自己命运的,还是我们自己。就拿我来说,我初中成绩不好,一般水平,并不是班上最吸引老师目光的那一个。中考的成绩也差强人意,属于那种不高不低的分数,去哪儿都尴尬。当时,摆在我面前的有两个选择,一个是留在县城的一所省示范性高中,去读他们的那个好的班级,虽然有90%的一本率,但大部分只是普通一本。另外一个选择是离开县城去一所刚创办三年的高中,但只能分在普通班,只有15%左右的一本率,但是高二是根据你高一的成绩重新分班的,如果你能进入最好的班级,那么不只是一本,211、985都是有机会的。当时,在家和远方之间,我选择了后者,我相信通过我一年的努力,是可以从普通班走出去的。当时在军训的时候,学长学姐让我们写下自己初中的成绩和高一的目标,我写的是初中中等,但是高一的目标是班级前五。当时有一位学长看了我的纸条,嘴角很轻蔑地上扬了一下。这个动作很小,可我看得很清楚,但我没有被吓倒,我始终相信自己。进入高中的我变得更加自律,意志更加坚定,就这样,我成功了。高二我进入了最好的班级,对于我自己来说,和原来的自己相比,我的高中生涯是成功的。高考放榜后,我的成绩比县城里那所学校所有文科生都高。这是我自己都不曾想到的。可见,挑战自我是一件很有魔力的事情,你完成了一次,你还会想着完成下一次,最终成为那个更好的自己。

说完了我的故事,再来谈谈大家都了解的一些人的故事。

尤塞恩·博尔特,牙买加短跑名将,世界上跑得最快的男人。2008年,他首次打破世界100米短跑纪录的成绩是9秒72。当时很多人觉得这已经是人类的极限了,还能更快一点吗?他给出的答案是"能"。2009年,他以9秒58的成绩创造了当时的世界纪录。从9秒72到9秒58就是他不断刻苦训练、挑战自我的过程。他真的是在挑战自我,因为他打破的是自己的纪录啊。2017年他退役后,这位人类历史上最伟大的短跑选手决定转行。他可不是说进军娱乐圈啥的,而是决定当一名足球运动员。对,你没听错。这在很多人看来是不可思议的,他当时已经超过30岁,很多足球运动员到这个年纪踢不了几年也要退役了,而他才准备入门。但是,"老闪电"勇敢地迈出了这一步。2018年3月23日,博尔特来到德甲多特蒙德俱乐部,进行为期两天的试训。2018年8月12日,博尔特获得了澳超中央海岸水手队提供的试训机会,2018年9月1日,博尔特迎来中央海岸水手队的首秀。不管他的足球生涯是否能够继续,但是他敢于撕掉自己原来的标签,挑战自我,他就是成功的。

利文斯顿,一位并不出名的篮球运动员,人们记住他更多的是因为他所受的伤。2007年2月26日,主场对阵夏洛特山猫队,在一次抢断后快攻上篮,落地后失去重心,利文斯顿被抬上担架,当时并没感觉太害怕,以为只是一次再普通不过的伤病。但是,当医生来验血型的时候,利文斯顿才知道大事不好了。医生说"别紧张,最坏结果需要截肢,以防万一",膝盖三条韧带全部断裂。但是,伤病没有击垮他,一年后,他克服了身体和心理上的障碍,重新站在了球场上。现在,他已经是三届总冠军得主了。

听到这里,很多人会说原来挑战就是去做一些自己原来做不到的事。其实不对,为什么呢?因为挑战自我,是去挑战自己的上限。现在很多人为了出名做网红,做一些没有底线的事情,这是在挑战人们的价值观,这不是真正的挑战。。

所以说,挑战自我应该是积极的、正面的,能够踮脚够一够天花板,不断突破自己原有设定的上限,而不是无下限。往上走是天堂,往下走是地狱。

挑战自我,To be a better man!

栉风沐雨,砥砺歌行

隋纳新

穆青新闻实验班2017级本科生

试问大家有没有拆分理解过"挑战"这个词呢?在我看来,"挑"代表了一种拨开新世界迷雾,告别舒适区的态度,"战"则代表了一往无前的拼搏勇气。

坚持30天不生气,这是对易怒性格的挑战;心平气和地原谅别人的过错,这是对胸怀的挑战;站在演播厅的主讲台上,此刻的演讲是对我的一次莫大挑战。

请大家和我一起回想一下,历年春晚的舞台上,令你印象最深的一个舞蹈类节目是什么。有同学的答案和我一样,是《千手观音》吗?

13年前的春节联欢晚会上,当袅袅梵音响起,由21位聋哑人组成的舞蹈班底,让亿万观众领略到了美的别样韵味。她们不甘做沉寂世界里的孤独者,渴望打破静默的圈层,触碰那遥不可及的节奏与音符。所以,她们向内心深处涌动着的能量发起挑战,向传统的世俗偏见发起挑战。当曼妙的身姿和着节拍轻轻舞动,那是一种源自心灵的震撼。她们以无声的挥洒,为有声世界带来了最为传神的画卷。

《千手观音》为什么能够这般美丽?光阴流转13载,至今依然令许多人印象深刻。不单单因为舞姿的绝美风华,更是因为她们眼神中的静穆与澄澈,她们挑战新领域时的坚定模样。

当这样一群聋哑人攻克舞蹈的难关,或许她们会发现,阻隔在她们和有声世界之间的,不是铜墙铁壁,而是一层过滤了杂音的玻璃罩。纵使把我囚禁在无声的果壳里,我自有万钧之力,去挑战这刁难,去触摸纷繁的大千世界。

国庆期间上映的张艺谋导演的新作《影》,讲述了一个不见天日的影子,挑战重重险阻,解救自我的故事。沛国大都督子虞被敌国战将杨苍击败负伤后,启用了从小培养的替身境州,代替他行走在朝堂和战场之上。纷乱时局,群敌环伺,境州作为子虞的替身心有不甘,冲破重重枷锁,找回自我。

他为了获得自由身,接受与杨苍的决斗是挑战;他用沛伞顶住杨苍三招,最后打败杨仓,亦是挑战;他除掉阴险的子虞,终于不再是影子,完成自我救赎,更是挑战。

倘若境州畏惧杨苍不敢应战,怎么会有沛国领土的完璧收回?倘若境州屈服于子虞的控制不思反抗,又何来他重回自由身的一天!

时光如流,像树木沐浴阳光,砥砺风雨,我们慢慢成长,渐渐成熟。没有谁的人生一路康庄。闯进岁月的河流,裹挟着挑战的洪水,如同开了闸一般向我们涌来。我们要做的,便是勇敢地接受挑战。

当下有一个新的流行语,叫作 ddl,ddl 是 deadline 的缩写,意思是最后的期限。我想我们每个人都难免和 ddl 打交道的经历。比方说,上课铃响起前慌忙赶到教室;又或者是,作业拖到截止日期前才动笔。有人调侃地把挣扎在 ddl 的经历当作一种挑战,好像 ddl 是第一生产力,可以激发自己未知的潜能。

然而事实上,ddl 逼迫出的结果,不但质量难以保证,随之而来的,往往还有懊恼、自责的负面情绪。

我们都曾经或多或少地为这样或那样的事情拖延过,因为我们都有自制力不强的时候。但是,那些生活得越来越丰盛的人,不允许这种被 ddl 追赶的生活一而再再而三地上演。因为他们知道,一旦成为习惯,自己便会沦为被生活推着走的庸人,长此以往,甚至难以主动做出自己的选择。所以,他们向拖延症立下战书,向消极的生活方式发起挑战。

与其把被动的应急对策当作一种挑战,我想,不妨我们转变一下思路,主动出击,把赶走 ddl 作为一种新的挑战。比如坚持每天打卡,提前几分钟到教室,清空每天布置下来的作业。提高自己的执行力,把事情尽早高效地完成。当有一天,我们不再被 ddl 追着跑,那种自信满满又气定神闲的感觉,一定很棒!

挑战,不是一个人的孤军奋战。挑战征途上的你,也不是单枪匹马。这一次参加"挑战说",我的好友帮我寻找思路,我的同学和我分享经验,我感谢所有给过我帮助和建议的老师与同学。

所以,挑战的路上,你我都不必怕。

那么现在,你愿意和我一起,把"赶走 ddl"当作下一个挑战吗?

生命,本来就是一场冒险

覃淼鑫

广告学专业2017级本科生

卡耐基说过,生命,就是一场冒险,从我们出生的那一刻起,我们就已经踏上了冒险之路。今天,我就给大家讲两个关于冒险的故事。

第一个故事的主人公,他的名字叫简自豪。这个人,和他所从事的这个行业,也许在座的老师和同学并不是很了解。但是,因为他的出现,中国的电竞事业才逐渐走进大众视野,越来越受到重视,成为新兴的热门行业。在我心中,他是当之无愧的中国电竞第一人,他用6年的积淀,扛起了自己的梦想。

他叫简自豪,但是更多人记住的是他的游戏ID:uzi。

那年他16岁,也是他人生中第一次参加英雄联盟全球总决赛。在八强淘汰赛的那一晚,当所有人都以为uzi这个新秀和他的战队将止步于此时,他却用惊人的操作和过硬的基本功向全世界证明了自己,把对手的S3赛季之路定格在了八强。那一晚,uzi的表现和英文解说的那一句"He is still alive!"一起成为英雄联盟历史上最惊艳的一笔,他也因此赢得了世界的瞩目,成为人们口中的天才少年。然而,过早地成名却并不一定是好事,过大的压力,状态的不稳定以及路人过多的吹捧,uzi仿佛落入了"伤仲永式"的圈套,连续6年没有夺得过一次冠军,他的最好成绩还停留在S3全球总决赛亚军。沦为替补,泪洒赛场,扑面而来的网络恶评和嘲讽,面对接踵而至的负面新闻,uzi也曾想过用退役的方式来结束这一切。然而,他最终选择了沉默,因为他心中那股不服输的劲儿不允许他就这么轻易地放弃,这个少年即将开始一段全新的冒险。2016年夏季,uzi转会进入RNG电子竞技俱乐部,他回到了自己梦想开始的地方,而这也成了他职业生涯的一个转机。这支全新的队伍,经过一段时间的磨合之后,开启了它的逆天模式,在各大比赛中一路过关斩将,完成了从6年无一冠,到一年得6冠的翻盘。很多时候,也许我们缺少的,就是uzi那种在逆境中涅槃重生的勇气吧。今年他21岁,3次登上中央电视台,被官方认定为世界第一ADC,来自央媒和行业的双重肯定,也许就是他成功战胜自己的最好证明。2018年雅加达亚运会,由他带领的中国队力克劲敌韩国队,夺得《英雄联盟》表演赛金牌。《人民日报》、共青团中央等官媒纷纷转发祝贺,越来越多的人也开始关注中国的电竞事业。虽然 RNG 在刚刚的 S8 全球总决赛中遗憾止步 8 强,但这对于 uzi 和 RNG 来说也许正是一个全新的挑战。无论键盘侠们如何恶意揣测和抹黑他,我都相信,这个少年,一定未来可期。简自豪的故乡是湖北宜昌,作为他的老乡、粉丝和同龄人,他的故事也一直在激励着我。

  我,就是这第二个故事的主角。曾经的我是一个特别害怕跑步的人,我小的时候长得特别胖,身体素质也不太好。我清楚地记得初中第一次跑 1000 米,我跑了全班倒数第一,因为我是一个自尊心特别强的人,当时觉得特别丢脸,从那以后我对长跑就产生了一种恐惧。后来,为了减肥,我逼迫自己每天做几公里的长跑训练,但是自己跑跟比赛不一样,没有那种紧张感,因此那件事留给我的阴霾一直挥之不去,对于长跑比赛更是唯恐避之不及。直到上了大学以后,也许是束缚变少了,一种渴望挑战自己的念头不断在我脑海中萌芽。终于,我一狠心,就和室友报名参加了 10 公里环校跑比赛。对于一个从来没受过专业长跑训练,并且还是一个有心理阴影的人来说,这真是一个前所未有的挑战。从开始的慌乱不安,紧张得语无伦次,到途中的呼吸困难、眼冒金星,几次想要弃权,再到最终和室友一起跑到终点,露出胜利的微笑,这绝对是我生命中一次冒险的经历。虽然没有获得名次,但是对我来说,完成这项看似不可能的挑战,便让我觉得自己的生活又有了全新的意义。直到现在,我还在不断挑战自己,去尝试那些自己曾经害怕的东西。

  就像马克·吐温说的那样,挑战让生命充满乐趣,克服挑战让生命充满意义。人这一生能有多少个 6 年,在绝境时做出正确的选择,显得那么的重要。人生又有多少次机会,能在大学完成一场酣畅淋漓的马拉松比赛。uzi 做出的选择无疑是具有挑战性的,稍有不慎,他的职业生涯便将毁于一旦。我做出的选择对我来说也是一个巨大的挑战,面对恐惧和超负荷运动,我可能会因此倒下。但是,唯一可以肯定的是,我们都做出了自己认为对的选择。也许我们会失败,可至少我们都有勇于挑战自己的勇气。这样,有一天,当我们回首往事时,我们不会为了自己当初的选择而感到遗憾和惋惜。人这一生如果都畏首畏尾,计较太多得失,考虑太多的结果,那么他这一生将毫无收获,哪怕摔得惨痛,至少能留下一道伤疤。同学们,是时候走出保护圈了,请你勇敢地打开那扇门,去挑战,去尝试,去面对那些你曾经害怕的东西。毕竟,生命,本来就是一场冒险。

再谈"挑战"

王永祺

广播电视学专业2018级本科生

在开始我的演讲前,请大家看几幅图片,《极限挑战》《奔跑吧兄弟》《复仇者联盟》……不难发现"挑战"一词经常在这些真人秀或电影中出现,无不给人营造一种惊险刺激的环境氛围,将观众带入一种跌宕起伏的情节体验,以达到娱乐的目的。那么我想问,这些到底能不能称之为"挑战"?或者说,还有没有更深层次的"挑战"?

其实我想说的是,在简单粗暴的商业性娱乐面前,一些较为深刻的问题被戴上利益的帽子极易变得浅显,我们的思维因受到牵制而变得固化,以至于不会更进一步地思考那些埋藏在深处的问题。近些年来,"挑战"一词频频出现在荧幕上,所以今天想和大家一起聊一聊我所理解的"挑战"。

挑战具有开创性,面对压迫敢于奋起反抗。在罗马帝国灭亡之后,西欧曾经一度陷入"黑暗时期",辉煌的古典文明遭到日耳曼人的沉重打击,而新的文明尚未产生。基督教在一个人们普遍感到绝望的混乱时代建立了神权统治。11世纪后随着西欧经济的复苏,人们开始追求世俗人生的乐趣,然而这些倾向与基督教禁欲的主张是相互矛盾的,反抗就顺其自然地开始了。反抗的主力军是市民和知识分子,他们缺乏成熟的文化体系,想要推翻基督教的统治无疑是一个艰难而又漫长的挑战。但是,但丁、彼特拉克和薄伽丘没有放弃,《神曲》《十日谈》无不谱写了人性的欢歌,开启了"文艺复兴"运动的先河;莎士比亚没有放弃,其著作《哈姆雷特》书写了人性的高尚与尊严,提升了"文艺复兴"运动的高度;马丁·路德没有放弃,其《九十五条论纲》有力地引发了关于"信仰得救"的讨论,将思想解放上升到政治运动的层面。正是由于他们的挑战,这世界上才多出了"人文主义"这一片新天地,人文主义贯穿了资本主义发展史,推动了时代的发展。

然而,既然我们肯定之前的一系列挑战具有合理性,推动了时代的发展,那为什么会发生这一幕?

因为挑战还具有时代性,不同的客观存在有不同的要求。18世纪60年代,英国首先开始了工业革命。虽然工业革命使资本主义经济得到前所未有的发展,但是劳动者所获得的利益却十分有限。资本主义社会中各阶级政治、经济的不平等,使阶级矛盾日益尖锐起来,此时又有一个新的挑战萌发,只是挑战的主体由资产阶级变为无产阶级,挑战的对象由封建教会变为资产阶级。从最初无理论指导的工人运动节节败退,到第一个社会主义国家苏维埃共和国的建立。其间有着《共产党宣言》的光荣诞生,第一国际的激情斗争,"巴黎公社"武装反抗的伟大尝试,第二国际的曲折道路……虽然社会主义的发展适应了时代的需求,但想要以工人阶级为主体的无产阶级稳固屹立在世界舞台的中心并不是一朝一夕的事,这不仅是对当时欧洲无产阶级的一个挑战,也是对中国的一个挑战。

挑战有一定的传递性。近代的中国可谓是千疮百孔,挑战重重。自1840年鸦片战争以来各国列强席卷而来,相继签订了《南京条约》《马关条约》《辛丑条约》等一系列不平等条约,中国主权任遭践踏,中国百姓流离失所,国之不国。1931年日本发动"九一八"事变,1937年日本发动"七七事变",更是为摇摇欲坠的中国雪上加霜,中国危在旦夕。我国知识分子一直在寻求救国之路。1918年,李大钊发表了《庶民的胜利》和《布尔什维主义的胜利》两篇文章,自此马克思主义在中国得到了广泛传播,在中国的革命历史乃至发展历程中扮演着重要的角色。纵观历史,中国共产党的成立,遵义会议的召开,新中国的成立,这些关乎民族生死存亡的重大事件无不与马克思主义有关,马克思主义可以在中国广泛地传播并且被国人所接受是一种挑战,马克思主义"中国化"亦是一种挑战,然而马克思主义未来在中国的发展又何尝不是一种挑战?

挑战具有一定的继承性。从"以阶级斗争为纲"到"以经济建设为中心",中国经历了由"站起来"到"富起来"再到"强起来"的艰难奋斗路程,然而我们的路还有很远,我们的困难还有很多。当前,各国的贸易壁垒严重,保护主义盛行;少数发达国家推行强权政治,阻碍中国稳定发展;周边发展环境不容乐观,中国军事力量仍需加强。因此,推动中国"强起来"就需要将马克思主义与中国的实际进一步紧密结合,去开创一些新的理论。这是我们义不容辞的责任与担当,是我们要用一生去完成的课题,是我们这一代人共同面对的挑战。

由此看来,挑战贯穿了人类社会的始终,真正的挑战并不能用荧幕前那娱乐的两小时来展现。于我们而言,我们的挑战才刚刚开始,国之富强之日,吾等挑战之完成时。

挑战自我,绽放色彩

张佳佳

广播电视学专业 2017 级本科生

大一的一个学年,我曾想过要参加"新传青年说",但总是一拖再拖,每次主题一出来,我觉得自己好像有点话想说,但是一想到要背稿,要在很多人面前演讲,我就觉得不行。犹豫了一下,就找到了很有说服力的借口:每周有那么多课,要做作业和其他组织的任务,没有足够的时间充分准备,所以我只曾坐在观众席看了几次演讲,然后以一种很佩服的心态为他们鼓掌。

其实我很明白,自己根本不是没空,只是因为胆怯和懒惰,承认这一点有些难为情。但事实确实这样,我害怕在众人面前表达,害怕忘词和失误,害怕一无所得,我懒得花费时间,懒得认真准备,懒得让自己有压力。但是,难道要一直当个坐在台下鼓掌的人吗?不,我不想。这一次的主题是"挑战",作为一名新传院的学生,连院里最精品的栏目都没参加过,不想留有遗憾,所以选择挑战,对过去的自己,对胆怯和懒惰。

挑战,我认为它是一个富有活力的词汇。它要求我们对生活充满激情,追寻新鲜和压力,乐于做有意思的事情,不断超越自我。关于这个话题,我脑袋里第一个闪现的是"挑战自我"。在我看来,挑战对手,挑战困难,挑战任何关卡,都是对自我的挑战,自己的那一部分做好,这项任务就已经有了足够的意义。今天我想以四个关键词来讨论这个主题:勇敢、信念、潜能、成与败。

第一个词,勇敢。记得过年时微博有个新年愿望活动,推给我的就是"勇敢"这个词,虽是随机抽的,却触动了我,所以我转发了这条微博,外加评论"新的一年做什么事情都要更加勇敢一点!"很多时候决定要不要做一件事,只在一念之间,敢做与畏缩,结果却大不一样。我希望在面临选择的时候,比如上课要不要举手发言,看到不文明的行为要不要站出来制止,遇到不赞同的意见要不要表示反对等,能够大胆站出来。虽然这都是很小的事,但对于像我这样一个连课堂发言都会声音颤抖的人来说,需要一些勇气,也是对自我小小的挑战。这样胆小的性格,我不喜欢,但是改变并不简单。上了大学后,我告诉自己要勇于表达,去做原来想做却总是犹豫不决的事情,挑战自我。但我认为勇敢也是需要锻炼的,勇气是需要一点点增加的,挑战是一步一步走的,这也是我选择参赛的一个重要原因。挑战自我,必须足够勇敢。

  第二个,信念,或者说意志、坚持。我第一次演讲,是刚上初二。因为原本代表班级去参加比赛的同学临时转校,老师选择让我来代替。陌生的英文稿,两周的准备时间,对于当时的我来说,确实是一个很大的挑战,但代表班级的任务和老师的期待,让我下决心一定要做好。所以从那天开始,我每天都在不断地背,一遍又一遍,刷碗时背,上厕所时背,骑车上学的路上背,连晚上睡觉前都要默背一遍才行。纠正发音,注意感情,配上音乐,不断练习。即使英语口语不够好,一上台声音就颤抖,但我在坚持,我想要做好。比赛时我排在中间,一百多位来自不同学校的学生,优秀的人实在太多。流利好听的发音,自信飞扬的台风,让我想当场放弃和逃走。我想我太弱了,根本不能去比。但同时又有一个声音支撑我:挑战你自己,相信你自己,坚持下去,努力不会白费! 终于,我流畅地演讲完了。即使是二等奖,但它远不止一张奖状的意义。想要做好一件事的信念和坚持,总是挑战的力量来源。"我想要做好,我一定可以做到!"挑战自我,需要信念支撑。

  可以说,这个经历让我对坚持和信念的力量更加信任,并且,这也足以证明、挑战,可以激发潜能,这也就是我要说的第三个词。人们总是说,人的潜能无限,不逼一逼自己,永远不知道自己到底有多大本事。真的很有道理。如果没有那次经历,或许我一直都是那个畏缩在人群中的胆小鬼,只会说"我不行",不知道"我可以"。不断突破,不断开启更深的潜在能量,你并不一定知道全部的自己。每一次的挑战,都会让你发现一个新的"我可以"。挑战自我,可以激发潜能。

  最后一个词,成败。做什么事情,总避免不了成败得失。过程中需要付出很多辛苦和汗水,结果固然重要,但成功或失败,总是各占一半。成功我们可以欢呼庆祝,若失败也要换个心态看待,阴阳正负共存,人不可能总是一帆风顺。想起几周前英语听说课上自己的 PPT 分享,我选到的是里约热内卢的城市分享,课下做 PPT 查资料也下了很多功夫,原本想全英文说下来,关键词都记到了小本上,但是在讲台上还是没有像预想那样的效果,我不太满意。但下课后我想,改变是要慢慢来的。有哪些没有做好? 可以吸取哪些教训? 过程要尽最大努力,但结果也要坦然接受。不能太佛系,也不能太逼自己,成功和失败也可以自己来定义。要我说,挑战自我,成或败都是一份精彩。

  挑战,是生命的组成部分。一位哲人说过:"最具挑战性的挑战莫过于提升自我。"新学年,想给自己设置哪些挑战?这一年,我想挑战看一百部电影,每周看完一本书,经营自己的杂事公众号,坚持写日记,改掉拖延的习惯,拿着相机去拍很多好看的照片,去做各种想要做却还没做过的事……

你有哪些给自己的挑战呢?不妨列个挑战清单,从很小的事情做起。成为一个挑战者,一往无前,拒绝安逸和碌碌无为,热衷超越自我,不断追逐,不断探寻,活得精彩,活得美丽。让挑战,永远在路上。

第八期　文化的力量

文化,一个多么高贵和神秘的词语。虽然没有一个人能够给它一个令所有人信服的准确定义,却不妨碍成千上万的人讨论它,研究它,热爱它。

因为人们都知道,文化是有力量的。

西汉文学家刘向的《说苑》:"凡武之兴,谓不服也,文化不改,然后加诛",是现存中国典籍中最早用"文化"一词的,也表明了吾国先贤早已理解文化的力量。中国五千年的辉煌历史,中华文化的力量无处不在,文化的自豪和骄傲早已融入我们的血脉,深入骨髓。

西方人对"文化"的重视由来已久。近代以来,武力的入侵,资本的扩张,无不伴随着文化的传播。这其中有温情脉脉的片段,更有冷酷残忍的篇章。

21世纪以来,伴随着经济社会的发展进步,文化也呈现出前所未有的繁荣,文化的力量也迅速地展现出来。随着国与国,民族与民族,人与人之间的交往更加紧密频繁,文化的力量更是广为人知,广为人信,广为人用。

文化兴国运兴,文化强民族强。当代大学生更应深切感受文化的力量,坚定中国特色社会主义的文化自信。

11月29日,让我们相聚一堂,共同讲述文化的力量。

"新传青年说"2018年第八期,等着你,说文化!

"文化"——一种信仰和追求

冯晓昕

新闻与传播专业2018级研究生

说起文化,不知道大家首先会想到什么?是孔孟先哲,是唐诗宋词,是元曲小说,亦或是气吞万里的长城,博大精深的中医,学富五车的老者。

文化其实离我们很近,它就扎根于我们的生活当中。我们在座的各位都是经历了中考、高考,或者考研的过程。我们之所以努力地从五湖四海汇聚到郑大,就是在不断汲取文化的力量,去充实自己,提高自己。

我们常说:"文以载道,文以化人。"接下来我想通过两个小故事,来和大家分享一下我所理解的"文化的力量"。

第一个小故事有关一位伟大的女先生。在清华大学有一个特殊的奖学金叫"好读书"奖学金,它不像其他奖学金那样仅仅为了奖励那些成绩优异,或者出国留学的拔尖生,而是鼓励大家去好好读书,让那些家庭贫寒的孩子也能读上书,爱读书。

这个奖学金的捐赠者正是杨绛先生。2001年,杨绛先生将自己和丈夫钱锺书的稿费以及版税费共计72万元捐赠给了母校清华大学。72万元,对于现在的许多企业家或者明星慈善家来说,或许不多,但对于杨绛先生而言,则是自己和钱锺书先生用笔尖一个字、一个字攒的稿费。

在捐赠完之后,已经90岁高龄的杨绛先生还专门起立向大家鞠了一个躬,说道:感谢你们成全了"我们仨"的心愿。1997年和1998年,杨绛先生唯一的独生女及与其相伴一生的丈夫钱锺书先生相继离世,唯一留下来陪伴老人的就是三人爱了一辈子的书籍和知识,而一家人的心愿也正是把这份文化的坚守传承下去。

从87岁到105岁的十几年光阴里,正是文化的力量在支撑着杨绛先生,在102岁时她又出版了250万字的《杨绛文集》八卷,在去世之前还坚持文学创作,每晚凌晨一点半才休息。

杨绛先生一生对于文化的追求,支撑起了她弱小的身躯,强大的灵魂,走过了百年芳华。从先生身上,我看到了文化能让我们战胜一切困难,是支撑我们追求美好生活的精神力量！

接下来，我想再跟大家分享一个就发生在我身边的故事。在河南，一说起民间文化和传统手工艺研究，大家都会想起一位满头白发的老先生，他就是著名民俗专家倪宝诚先生。

我第一次接触到倪先生，是跟随我的导师听了他的一场有关家风传承的演讲。对于倪先生来说，他有两个家，一个是自己和妻子孩子的小家，不大的房子里堆满了民间艺术藏品。另一个是有着200多位民间艺术研究者的"倪宝诚"民间艺术团，也是倪先生的大家庭，在倪先生的带领下传承和研究民间文化遗产。

之后，通过对倪老的进一步了解和阅读倪老的相关资料，让我认识到了什么叫对于文化的"痴迷"。

倪老一生并没有接受过多少正规的教育，只有小学文化。在那个连饭都吃不饱的年代，去做非遗文化研究，别人都笑他无疑是在走一条注定要碰钉子的路。但看到非遗流失的现状，让倪老在这条"钉子路"上一走就是一辈子。

几十年来，倪老几乎走遍了河南民间的大街小巷，边调研边自学。如今，在倪老的家里，看不到什么像样的家具摆设，最醒目的就是一屋子的民间手工艺收藏品和满书柜、满地下室的书籍。倪老的家就是一个河南民间艺术品的收藏馆，正是由于倪老对于文化一点一滴的坚持，才让这些具有审美价值和传承价值的手工艺没有淹没在历史的尘埃中。

如今已经85岁的倪老身体状况也不是很好，腿部曾经遭遇车祸，眼睛也高度近视，只能看到一些光影。但老先生却比年轻时更有劲，更珍惜时间，别人劝他该休息了、享福了，倪老的回答却让人想不到，他说："我死不起！我不能死！我的任务还没做完；虽然腿脚不方便，但不能停止活动，要想活，就得动！"

"我死不起！"短短四个字，份量却让人敬佩，是有何其的境界和力量才敢说得出！

我曾问倪老："几十年来，您一直投身于民间文化传承，是什么力量在支撑着您？"倪老说："我这一生就为两件事活着，一件事是把自己一辈子研究民俗文化积累的学术经验记录下来，另一件事是把我团队里的民间艺术家们团结起来，把民间文化传承好。民间文化就是我的信仰和力量，我的一生都要为我的信仰去拼搏！"

从倪老身上，我看到了文化是一种责任和信仰，一个坚守文化的民族才会有凝聚力，一个坚守文化的人才会有力量和希望。

我想说，这就是我看到的、听到的、感受到的文化的力量。它就默默地镌刻在我们的灵魂里。文化的力量很奇妙,当你在不断追求和学习文化的过程中,你会发现,文化正慢慢地使我们更聪慧、更睿智、更坚定、更勇敢,使我们有为梦想奋斗的动力!

  文化能充实人生,净化灵魂。所以,我们不妨在闲暇时放下手机去多背一首诗,多读一篇文章,多看几本好书,摆脱网络时代的那份浮躁和功利,享受文化带给我们的美好和力量!

诗意不在远方

张 鹏

穆青新闻实验班 2016 级本科生

"文化自信",是近年来习近平总书记使用的一个高频词汇。那么这份自信从何而来呢?首先来自老祖宗留给我们的深厚文化家底。从《诗经》《楚辞》、汉赋,再到唐诗、宋词、元曲,中国文艺星河灿烂,创造力之强大、成就之辉煌,在世界文化之林中可谓是独领风骚。诗词作为中华传统文化的重要载体,其独有的内容和形式千百年来一直为人所称道,它歌颂了中华民族对祖国家园的无限热爱,对大自然的赞美,对真、善、美的渴望和追求,以及对美好生活的憧憬和向往。

但是有人却说,在现今这个信息爆炸、碎片化阅读占据主流的时代,传统文化中的诗词歌赋已经无法展现出其原本的价值。这一点我是坚决反对的,原本我也认为古诗词的前途一片渺茫,但是有两个人的出现,让我彻底改变了这一看法。

白茹云是河北农村的一个普通农妇,也是一个与死神争夺生命的癌症患者,对很多人来说,这也许是最不可能与古典诗词产生什么关联的身份,但是她却与诗词结下了不解之缘,因为诗词曾经给予她温暖和力量。

2011 年,白茹云被确诊患上了淋巴癌。疾病的折磨和经济上的压力并没使她一蹶不振。在一分钱掰成两半花的就医路上,在历经 7 次化疗 1 次放疗的治疗期间,在人生最困顿的低谷,通过读诗,白茹云对古典诗词产生了浓厚兴趣,并最终用自己对诗词的热爱和感悟,打动了所有人。

年轻时,白茹云爱读宋代著名诗人和词人李清照的诗词,"蹴罢秋千,起来慵整纤纤手,露浓花瘦……"这些词句她现在依然能信手拈来,那时候的她喜欢女词人的婉约和细腻。患病之后她更喜欢苏轼"竹杖芒鞋轻胜马,谁怕?一蓑烟雨任平生"的豪迈和气魄。她说:"走到哪儿说到哪儿,身体已经这样,学习古人的境界,我也想开了。"

在辛苦谋生和挣扎求生的困苦里,是诗词,给了她一种放飞灵魂的自由。她喜欢诗词给予自己的这种超拔的力量。她说:"诗词并不能战胜病魔,但能帮我看到一些原本看不到的东西。古人说'大漠孤烟直,长河落日圆',可能我一辈子也到不了那么远的地方,但谁也不能阻止我的想象。"

也许很多人会认为白茹云是不幸的,但是她自己并不这样认为,她说:"李白、杜甫、白居易等,都是才华横溢的大诗人,但纵观他们的人生,没有谁是一帆风顺的,人生不如意事十之八九,这些都会成为过眼烟云。"

谁无暴风劲雨时,守得云开见月明。2017 年,白茹云参加了《中国诗词大会》,她淡定沉稳,答对全部选题,获得 285 分的高分,在网络上开始走红。

成为网红后,很多记者问了她同一个问题:"诗词是如何帮你战胜病魔的?"白茹云说:"诗词怎么会帮我战胜病魔?要是诗词可以,我天天看诗就行了,得省多少钱?"诚然,诗词并不能够直接帮她战胜病魔,但是诗词帮她在人生最困顿的低谷中找到了最美的自己。她说,精神的力量是无穷的,古诗词是中国优秀传统文化的一部分,她从中汲取了大量营养,学会了坚强乐观,笑对人生。

不仅是普通的农民白茹云,高校当中也不乏诗词文化的传播者。在"抖音"上开通账号不到一个月,62 岁的华中师范大学文学院教授戴建业就已经吸收了上百万的粉丝,成了名副其实的"网红"。

为了扩大传播效果,当地媒体与戴老师合作,将其上课的视频加工制作,在抖音平台上统一发布,借助新媒体的传播优势,让更多的人重新认识和了解诗词文化,在他的感召之下,在抖音上掀起了一股"全民学诗词""谁说传统文化不抖音"的热潮。

戴老师在讲授古典诗词时最常说的几个字就是"听懂了没有"。在课堂上,他将传统的古典诗词用自己独到的方式进行解读,融汇古今,把传统诗词中冰冷的文字解释得活灵活现,又将每一首古诗演绎成一个生动形象的故事,同时融入自己对作者和作品中人物形象的评价,诙谐幽默、浅显易懂,引发学生对诗歌内容的强烈兴趣。在华中师范大学,他的课就如同电影首映式一样,一票难求。

他说,汉语是世界上最优美的语言之一,书面语言极尽典雅,日常语言极为灵动。而现在的人们大多苦于在快速的生活节奏中奔波,在沉重的生活压力下挣扎,无心或无暇读诗。他最想做的就是用幽默轻松的方式,让现代人爱上传统诗歌,体会到诗歌中的美好世界。

古人云:"诗者,天地之心也。诗人者,必有至真之性、至悯之情、至旷之怀也。"立足当下,尽管文化发展日新月异,我们依然不能放弃对优秀传统文化的继承和发扬,而是应当像白茹云、戴建业那样,去体会、挖掘、领悟、传承这些曾经灿烂辉煌的文化,让其在新时代的大环境下,与时代背景和文化脉络相结合,迸发出新的光芒。

"众里寻他千百度,蓦然回首,那人却在灯火阑珊处。"诗意不在远方,它就在我们心中。人生自有诗意,时代呼唤新篇。正如习近平总书记所说:"我们有责任写出中华民族的新史诗。"

以青春之我传承文化之中国

杜全清清　宗思源

网络与新媒体专业2018级本科生

第一部分，演讲人：杜全清清

今年6月，我在知乎上回答了一个问题："17岁的你，现在处于什么状态？"

我的回答是这样的："我是一个文科好的理科生，刚高考完，现在唯一的目标是学一个可以为祖国发展做贡献的专业，做一个对国家民族有用的大学生。"

高三以前我在各种社交网站的个人简介都写着："一个立志学文的理科生。"尽管文理分科选择了理科，但心里始终保留着对文科的热爱，写作文的时候最喜欢写文化，好像看见了这个主题就能燃起情怀。当时的我，像愣头青一样毫无保留地抒发着所有的热爱和骄傲，洋洋洒洒写了800字，我总向语文老师抱怨我的情长纸短，总是还没有尽兴就超出了字数限制。

我现在清楚地记得那一个个下笔的瞬间，好像在考试剩下的50分钟里，我能走过文人士子上演爱恨离愁的路，吃遍席上丰盛的、流传千年的食谱，诵读诗词篇章朗朗乾坤，我能看见北方参差交错的胡同、江南的雨巷，还有小镇的青瓦白墙……在最后，把故事和诗，讲给阅卷人听。

正如铺天盖地的作文素材里有这样一句话："这片土地留给我们后人最大的礼物应该就是这么两件了吧，一件是历史，一件是文化。"我感谢这片土地给予我的文化滋养，从念着"床前明月光"咿呀学语，到认真去思考张载先生"为天地立心，为生民立命，为往圣继绝学，为万世开太平"到底包含了什么人生意义，我在耳濡目染中成长着。

报志愿期间我也曾犹豫，也曾动摇，我有时会想起高中励志学文，有时又想到高考完的自己是很想学理工科深入科研事业，我在科技和文化的选择之间徘徊不定，但做出决定的那一刻，我好像看到了数千年前临江泼墨的迁客骚人，看到了用双手镌刻山河的刻雕匠人，看到了用文学的枪杆抵抗外房的近代文人,又看到了在考场上尽情挥洒热情的自己,这样一个瞬间的回忆足以让我搁置对科学研究的那个遥不可及的幻想,坚定地填下现在的志愿。

药学曾是我最喜欢的专业,可是我没有填,随着志愿填报的结束,《我不是药神》开始热映,我当时难过了很长一段时间,面对疑难杂症和高价药品,将来的我或许什么都做不到。转念一想,是什么让我知道现在医药事业的发展背后有这样的故事?是什么激起了万千观众对医药事业的关注和思考?这部电影背后,是文化的传播。然后我恍然大悟,比起以自己一个人微弱的力量,用一辈子研制一种不知道有没有可能推动中国医药事业发展的药品,我更想做的事是带着我年少的热情,把信念和希望传递给更多的青年,这是我想通过文化为我们这个社会做的事。

文化的力量让我愈发坚定了如今的选择。当我看见,思修课老师播放中国文化建设发展历程的视频时,台下的同学热泪盈眶;当我看见,《那年那兔那些事》结尾的弹幕上,"努力成长,然后从前辈肩上接下祖国的大梁"的字样;当我看见,《厉害了!我的国》放映结束时,全场观众起立齐声唱响国歌。我终于意识到,原来文化的存在不只是为了点缀社会,更是为了改变社会,激励社会。

是文化让我们的心灵变得柔软,又是文化让我们的民族变得坚强。

第二部分,演讲人:宗思源

正如清清同学刚才所讲述的那样,我们义无反顾地成为了新传青年,我们选择用不同的媒介把自己对这个社会、这个时代的感悟和思想传达给同时代的人。

3个月前,我创办了自己的公众号,起初我是计划建立一个文艺评论类的公众号,撰写一些书评影评,当作个人兴趣。我逐渐发现,公众号是一个有效传播文化的平台,许多网络"大V"通过自己的公众平台向社会输出优质的文化产品和先进思想,一篇文章可以引起全网性的转发。我深受启发,于是在公众号设置了"文学志、影视志、社会志"三大板块,我开始定期在公众号上推荐经典书籍,针对某些不良社会现象发表评论,如今,"荷园小思"已经发展成有近1000个用户的正规公众号,每当我发出一篇文章,看到朋友圈里的好友纷纷阅读转发,产生共鸣,看到我的文字能或多或少地影响周围的朋友,给他们以启发和鼓舞,便由衷地感到喜悦。

文化的传播,其实是一种经验的扩大,我们渴望用自由真实的文字和话语影响社会,激起大众的感召力和凝聚力。我们宣传莫高窟,不是宣传消失了一千年的标本,而是传播传承了一千年的文化;我们宣传《战狼2》,不是宣传一部简单的主旋律电影,而是为了实现承载着国家实力和民族自信的影片影响的最大化。

在每一个时代,青年的担当对国家的建设尤为重要,从卫青、霍去病到毛泽东,莫不从青年开始立志、践行,从扫一屋至扫天下。身为新时代青年,我们也必须在繁荣的文化环境中拥有自己的文化担当,我们不是给时代锦上添花的小角色,而是发挥文化力量的中流砥柱。我们能通过文化使人的心灵变得高尚,使人们对国家的荣誉感、自尊心、感召力——这些蓄积已久的精神力量迸发出来。

其实,文化早已不是真正意义上的政治和经济的附属品了,它完全与政治和经济并驾齐驱。任何一个国家都需要两条腿走路,一条腿是物质硬实力,另一条腿是文化软实力。外侮能够通过文化殖民,我们也能通过文化强国。近几年我们能明显地感受到,国人的凝聚力、感召力包括综合素质有了显著提升,这与我们主流文化建设有着极为密切的关系。

梁启超先生曾经说:"凡一国能立于世界,必有其国民独具之气质。上至道德法律,下至风俗习惯、文学美术,皆有一种独立之精神。祖父传之,子孙继之,然后群乃结,国乃成。"

而我们今天所讲的文化,难道不蕴藏这些上至道德法律下至艺术风俗的独立精神吗?它是我们五千年发展过程中物质财富和精神财富的总和,它不仅存在于尘封的竹简上,更鲜活地体现在我们每一个积淀已久的中国式的生命上。

文化的实现有无数条道路,但殊途同归,它们最终汇聚到了战争与和平、团结与奋进、凝聚与热爱这些共同的主题上,它划破了大众平日生活的庸常,将我们的精神领域不断扩大,扩大到足以用真理和正义与国家并肩而行。而将文化的力量不断壮大,将文化的影响力不断延续,以青春之我传承文化之中国,是我们每一个新传青年长久追求的目标!

共享,让世界更美好

赵奥博

穆青新闻实验班 2017 级本科生

今天,我们齐聚一堂,共话"文化的力量",而我也想同大家交流一种新鲜的、充满活力的文化——"享"文化。

提到共享,便不可不提到教育部发布的 2017 年汉语年度盘点了。在盘点中,我国共诞生了 242 条新词汇,其中"共享"一词最受青睐,"享"字当选年度国内字。要知道,一字一词记录社会发展,描绘世界气象万千。可以说,"共享"一词凝聚着人们对家国、未来的美好寄望。

提到共享,在座的各位会想到什么呢?相信在你们的心里已经有了答案。古语有云:"投我以木桃,报之以琼瑶。匪报也,永以为好也!"是啊,你将木桃投赠我,我拿琼瑶做回报。不是仅仅为答谢你,而是珍重情意永相好。这,便是共享的真谛。有人收到过匿名快递吗?如果有,我想那肯定是很复杂的一种情感吧。在刚过去不久的"双十一",我收到了一份这样的快递。在听说过那么多匿名恐吓的事情之后,我还是蛮担惊受怕的。所幸,是我多虑了,我收到了一条围巾,刚开始我还是很激动的,可随之而来的却是不安和焦虑,毕竟我也没办法穿戴出去啊!名不正则言不顺,言不顺则事不成嘛。

后来我了解到,这是一个我开学以来就鲜有交往的同学,然而他却分享给我了这冬日的温暖,我内心的喜悦自然溢于言表。而这,也让我对共享有了更深层次的理解。

共享,不能只局限于私人关系。它,更是一个民族的重量。相信大家在生活中都听过或者吃过百家宴。广西龙胜瓢里镇就有的"鱼宴节",乡亲们在劳作一天后,用各类美食犒劳自己和来往的人们。无独有偶,在我国许多少数民族聚居区,每逢重大节庆日,每家每户都会拿出最好的食物,或供祖先受用,或成"百家宴",祈祷往后的日子平安顺遂,这便契合了中国人对"享"文化的延伸、诠释。"共享"不仅拉近了人与人之间的距离,更让人们有了认同感和归属感,或者说是"家"的感觉。共享,让社会更和谐。

共享,更是一个社会的体量。今天啊,我想同大家分享一下李灵老师的故事。她,是周口市淮阳县希望小学校长,是我国2009年感动中国人物之一。被网友誉为最美"80后"乡村女校长。曾经,她在烈日下骑着破三轮车穿街过巷,拿着秤一斤斤地回收旧书本,满头大汗地装载着"精神食粮"。现在,李灵和郑州晚报联合成立了"爱心图书联盟",建立了一个畅通的图书捐赠体系。而这个共享体系,在她看来,是很有可能成为改变农村孩子命运的无价之宝。可以说,共享,让文化得以生生不息地传承下去。这,就是共享时代的享文化。

过去的几年里,享文化之于中国人的理解,在"有福同享"之外,更深刻地体现在对"共享经济"的满怀期待。无需赘言,现在大家的生活处处体现着共享。从"一碗烩面钱,南环到北环"的共享汽车,到共享书刊,再到遍布各大餐馆的共享充电宝等新型商业服务形式,让我们享受到了生活的便利。"共享经济"的蓬勃发展,满足了我们对生活的个性化需求。这,就是共享时代。共享,让生活更美好。

众所周知,文化,越是民族的,越是世界的。费孝通先生曾言:"各美其美,美人之美,美美与共,天下大同。"共享,更是一个国家的分量。日前,世界上第一个以"进口"为主题的国家级展会——首届中国国际进口博览会在上海举行。在当前美国所推动的贸易战背景下,贸易保护主义和单边主义抬头。但是,"天下苦秦久矣",因此,黄浦江畔的"东方之约",让世界各国为之振奋。

"海纳百川,利达天下"来自世界五大洲130多个国家与地区的3000余家企业,带着自家的"王牌产品"亮相会场,冀望获得深耕中国市场的机会。进博会为"全球买,全球卖"搭建了新平台,为世界开放型经济体系增添了新注脚。古语有云:"独木不成林,孤雁难成行。"新时代,需要共享未来。共享,让世界爱上中国智慧。共享,让世界更美好。

听过我这么多的分享,大家是不是对共享有了更多的理解呢?是啊,共享,拉近了你我之间的距离,让生活更美好,让社会更和谐,让世界进入了和平发展的快车道!共享只是文化力量的缩影,而文化既是沧桑的历史,也是繁荣的现在,更是璀璨的未来。文化之力多矣,文化之力伟矣,文化之力正待发挥。

增强文化自信,坚守文化责任,彰显文化力量,吾辈青年学子岂能坐以待之?"路漫漫其修远兮,吾将上下而求索",弘扬文化之路道阻且长,大放厥词何为道也!学生不才,唯愿尽自己的微薄之力,与诸君共勉!

文润人心，文化天下——文化的力量

赵露红

新闻与传播专业2018级研究生

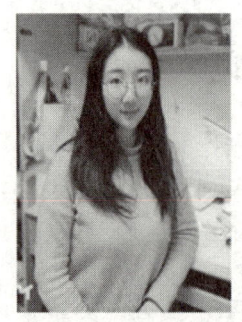

　　文乃文字，化乃教化。文化也就是用文字来教化。在广义上，我们理解文化为"人类创造出来的一切物质文明与精神文明的总和"。而在现实生活中，我们常常所说的文化更多的是一种狭义的文化，即指精神文明。文化是一种看不见摸不着的东西，我们很难从一些物质的东西判断出来这个人有没有文化，但是我们可以从一个人的一举一动中感受到他的文化，文化更多的是一种内在的涵养和持久的价值观，渗透在一个人、一个民族、一个国家的点点滴滴之中。

　　还记得在我上小学的时候，我们村里出了一个大学生。那时候他走在村里，乡亲们见了都在说"快看快看，文化人儿"，让自己孩子向他学习；在学校里，老师也给我们讲他的事情，还邀请他来给我们分享学习经验。当时，有知识就是有文化。大家都以"文化人儿"为一种敬仰。随着时代的发展，教育的普及，知识获取更便捷，有知识的人越来越多。但是，文化人却不那么多。当然，现在有知识也不一定有文化。对于个人来说，文化不单单是知识，更是一种积淀在人骨子里的气度和修养。

　　有了文化就有了一颗热爱生活善于发现的心。当前社会，人们特别是我们年轻的一代，生活在物质和金钱的影子下，各种奢侈品牌充斥着我们的生活，一支大牌的口红，一双联名的球鞋，一件限量的皮草，是我们炫耀的资本，可以带给我们成就感，满足我们的虚荣心。可是，有了文化，你会发现，生活除了物质和金钱还别有洞天。时常会因为在书店偶尔发现了一本新书而欢喜得不得了，面对着书架独自兴奋良久还不能平息，迫不及待地买回来，舍不得睡觉也要把它看完。时常会在繁忙的生活中让自己慢下来，读两三句诗词，兴起时还会挥笔写下自己的得意之句，一草一木、一静一动都是下笔的好材料。

　　有了文化就有了一颗慈悲为怀、宽容大度的心。有了更多文化的积累，能够从更多的角度思考生活中遇到的问题，能够宽容自己也宽容他人。而现在的我们，随着社会节奏越来越快，人人都是为了自己能挣更多钱，有更好的生活，住更好的房子，开更豪华的汽车，穿更体面的衣服，从而忙得一塌糊涂。这种利己主义使得人与人交流的过程少了一份淳朴，多了一丝猜疑。路怒便是一种典型的表现，一次变线、一次鸣笛，都会让两方在一瞬间剑拔弩张，破口大骂甚至大打出手。最近的重庆公交坠江案件，随着坠江原因的公布，再一次让人警醒，它不是因为被撞的小车女司机操作不当，也不是因为车辆轮胎爆胎，而是因为乘客和公交司机打架。女乘客只是因为自己坐过站，而对掌握着一车人生命的公交司机大打出手，而公交司机竟也松开握着方向盘的手，最终车辆失控冲向江中。如果双方能宽容大度一些，还会发生如此惨案吗？

有了文化就有了一颗进退自如、悠然自得的心。在大学学习时期，常常因为老师的采访作业而两边受气，出去采访得到的是路人的白眼，回到学校得到的是老师的批评。那时候真的是整日郁郁而不得志，认为生活苦海无涯，因为种种的不如意而怨天尤人，甚至有一些极端的想法。顺利度过那段艰难的时光，我要感谢读了一辈子书的父亲。父亲在那时常常打电话跟我聊天，他说："没关系，你要有大家风范，不要为了一时的失意而斤斤计较，患得患失；要相信自己，向着自己的终极目标不断学习积累，在机遇到来时能够把握得住，在处于低谷时能够低得下头。终有一天，看似平凡的你会在自己合适的位置闪闪发光。"这些叮咛，默默地陪着我一起熬过黑暗，迎来天明。父亲在物质上可能没给我太多，但精神支持却能陪我更长久，增加我整个人生的厚度。

文化就是力量，用文化来浸润自己的内心，不断充实和完善自己的人生，打造属于自己的独特文化基因。身为新传学子，在完善自己的同时要讲好中国故事，传播好中国声音，增加中华民族文化自信，增加世界共识，塑造和平发展的社会主义大国形象，从而为实现中华民族伟大复兴积累深厚的文化力量。

文化力量的铸就,需要我们每一个人

彭金萍

广告学专业 2016 级本科生

习近平总书记说:"没有高度的文化自信,没有文化的繁荣兴盛,就没有中华民族伟大复兴。"这将文化的地位和作用提到了一个崭新的高度。文化的力量,深深熔铸在历史、实践和民族之中,具有物质力量难以匹敌的精神力量。它是一个民族的重量,一个国家的分量,一个社会的体量。社会的发展和进步,民族的独立和振兴,国家的繁荣和富强,人民的幸福和安康,都离不开文化力量的支撑。因此,文化力量的铸就对一个民族而言至关重要,而这份责任,不是一个人的事情,不是一群人的事情,它需要我们每一个人的坚守。

不积跬步,无以至千里;不积小流,无以成江海。我一直相信,中华民族文化力量的铸就,需要我们每一个国民文化素质的累积,与我们每一个人都息息相关,无论你从事何种职业。

我们都知道,犹太民族具有杰出的科学创造力,他们是"智慧的民族""创新的民族",这个民族是天生的智慧吗?不,我们都明白这不是。这主要因为他们民族深厚的文化底蕴,在每年读书的比例上,犹太人超过世界上任何一个民族和国家。他们从小就教育孩子,比起金钱和珠宝,更重要的是知识和智慧。尽管经历长期的民族灾难,他们依然可以顽强地保持着自己的文化,为整个人类社会的发展进步贡献了巨大的力量。而他们整个民族所体现出来的这份文化力量,离不开他们每一个人对文化的追求与坚守。我们中华民族有五千年的文明,有世界上最多的人口,我们是最有希望的民族,如果我们每一个人都可以在自己的岗位上,以自己独特的方式肩负起铸就文化力量的责任,我相信这将汇聚成一股不可估量的力量。因为点点星光的汇聚,一定会是银河般的光芒。

作为新传广告人,大一时我还不明白,为什么要学习修辞学、文学等一些看起来与专业并没有直接关联的课程。"人无信则不立",我现在想说,"人无文化则无以立",我们毕业后将服务于社会的各行各业,工作可能是不同的,但相同的是,当有了文化的支撑,我想我们做任何事情都会游刃有余。最近我们在做学院奖作品,有位同学拿着她写的文案给我看,借用的是一句古谚语"家累千金坐不垂堂",我甚至还要百度去理解这句话的意思,那一刻我就在想,作为一名广告学子,我合不合格?每次做文案发愁的时候,脑子里没有足够知识量支撑的时候,我就暂时性地去补读一本书,以一种碰运气的心态,觉得碰巧哪句话或哪个词可以给我灵感。我想,这就是我缺乏文化力量的支撑,所以在创作文案的时候才显得步履维艰。如果我们每一个人都努力提高自己的文化素养,用文化的力量去支撑自己从事的职业,我相信,不仅是我们自己的人生会有所改变,我们的民族将会更加生生不息。

反观我们现在社会上的一些问题,文化力量的铸就我们做好了吗?只能说任重而道远。随着互联网的快速发展,网络已经在我们生活中扮演着不可忽略的角色,"键盘侠""网络喷子""网络谣言""网络语言暴力",我相信对于这些我们都深有体会,而这些现象不仅显示了一种社会乱象,更是社会中部分群体文化力量的缺失。重庆公交车事件,从谴责女司机到谴责公交车司机再到大骂女乘客;中国南极建造永久机场项目,一部分人在网上大力谴责政府破坏生态环境、骂政府浪费纳税人钱财……一些言论真的可笑至极,而这部分拿着键盘指点江山的人不是少数。科技的进步带来了沟通的便捷、言论的自由,而我们需要的是不断提高的文化素养来与之相匹配,否则我们没有资格去享受这份时代的便利。而这需要我们每一个人去鞭策自己,坚守文化责任,追求文化精神,铸就文化力量。作为拥有几千年文明的华夏子民,这是我们不可推卸的责任。博大精深的中华文化,让我们的民族生生不息,而生生不息的我们,需要去担负起铸就文化力量的责任。

最后我想说,中华民族的伟大复兴,需要文化力量的支撑,而文化力量的铸就,需要我们每一个人对文化的坚守与追求。

皮影艺术：我们该如何面对失去

杨嘉琪

穆青新闻实验班 2016 级本科生

我想，在大家的记忆中，一定都有这样一只猴子。他身穿豹皮裙、手拿金箍棒、脚踏云霄、大闹天宫，大概是无数人童年时期心目中真正的英雄形象。

其实这个形象最早出自 1961 年上映的动画长片《大闹天宫》，这部影片中有大量的剪纸、皮影元素，孙悟空采用京剧脸谱的艺术绘制形式，再加上水墨艺术的表现手法、传统的民族配乐、武打动作的设计等，使中国传统文化得以深刻展现。

那个时代，也就是 20 世纪 60 年代，被称为中国动画的黄金时代。《大闹天宫》作为当时的一部代表作，享誉国内外，拿奖无数。当时法国《世界报》称赞"它完美地表达了中国的传统艺术风格"。

然而，几十年后的今天，正如我们所见。中国动画的黄金时代并没有延续下去，而如皮影等优秀的民间传统艺术也渐渐被人们遗忘。

所以今天，我要和大家分享的就是皮影艺术，它所承载的中国文化力量。

所谓皮影艺人，"一口讲述千古事，双手对舞百万兵"。他们使用兽皮剪制的影子人，在幕布后伴着当地曲调唱腔，从精卫填海、牛郎织女讲到杨家将、岳飞传再到白毛女、刘胡兰，讲述和演绎了中国古代至今许多经典的神话传说和民间故事。在千百年里，向人们授理传道，讲述忠孝仁义，讲述古人挥戈与共的豪情侠气，演绎浪漫爱情与悲欢离合，是彼时人们获得知识、寄托情感与表达美好愿望的一个重要途径。

皮影戏至今有 2000 多年的历史，是最早的戏曲品种之一，也是世代民间艺人的智慧结晶。

制作一个形态自如、富有神韵灵气的影人，大概需要 24 道工序，总共要用十几种工具，即便在一个成熟的皮影制作者手下，也至少要 3000 多刀的工作量。因而也就造就了它的精美与生动，获得民间广泛的喜爱，甚至流行至全国各地。除了西藏和海南，其他地方都有自己的皮影团体。经过长期的演化后，融入当地不同音乐体系的精华，形成异彩纷呈的众多流派。这些丰富的唱腔音乐对于现代音乐的创作来说，也是不可多得的民间音乐资料。

皮影独特的幕影表现形式，将平面化、艺术化、卡通化以及戏曲化手段综合运用起来，在这方寸舞台上，能够上演千百年流传的各类经典故事。不论是飞禽走兽还是坦克汽车，烈火、江海或者云雨雷电，甚至影人的千变万化、灵魂出窍都能逼真地表现出来。也正是这些艺术手段促成了中国动画的黄金时代。

可是我们知道，制作手艺可以依托书籍、史料记载，而皮影戏的表演、唱腔却只能靠一代代的口传身授。如今随着老一代艺人的离去，"人亡艺失"将成为不可避免的结局。

曾经，皮影戏是无数人童年的快乐与幻想；曾经，皮影艺术是中国动画进入黄金时代的重要角色；曾经，皮影艺术是中国文化里的一道灿烂颜色。而现在却面临无人传承、没有市场的艰难境地。

关中皮影的传承者潘京乐，在他80岁的时候还在致力于皮影戏的抢救和发展工作，然而现实却是，最好的老艺人一个接一个去世，年轻人却不愿意学。已然，皮影戏如今面对的是生死的考验，而这样下去的结果则是优秀传统文化的真正的消亡啊。

所以今天，我想说，我们可不可以不要那么的娱乐至上，不要那么的唯利益论，可不可以只是因为它蕴含着优秀的民间文化，只是因为它承载过一代代人美好的情感和记忆，只是因为它巧夺天工的美丽，就多给它一些关注、呼吁和宣传。

面对失去，我们不应该坐视不理，而应该重新让它们焕发活力。这些优秀的传统文化曾寄予我们无数精神滋养、文化力量，经历了千百年风雨流传到如今，到了我们这一代人眼前，没有理由让它们在这个时代断层。

作为新一代的传承者和传播者，我们要将中国文化展现在世界面前，但更需要让未来的传承者们知道，我们的英雄是齐天大圣，我们歌颂的爱情是沧海桑田的牛郎织女，追求的友情是高山流水，我们的文化是忠贞仁孝，是礼信智勇，是家国天下，是义气与豪情。而这些正是深刻地蕴含在那些优秀的传统艺术中啊。

正如我国文化名人余秋雨在文章里所说："它花了几千年的时间好不容易在沧海横流中保住了一份家业，而我们却要等到花落去、雁不归时才感到惭愧和懊恼吗？"

我想，这不是大多数人所愿意看到的。而我们要做的，不过是，至少在它们一生故事的最后，能够及时赶到。

嗨,我从这里来

张轩瑶

新闻学专业2017级本科生

很开心能够在这个小雪已过,大雪将至的夜晚在这里和大家分享文化的力量。首先,在开始今天的演讲之前,我想带大家隔空参观一下我们郑州大学校史馆序厅的一小部分。

大家现在看到的是校史馆的序厅,首先映入眼帘的这面浮雕为我们展示了中原文化的标志性元素,上有嵩山,下有黄河,以嵩阳书院为中心,装点着甲骨文、河图洛书、后母戊大方鼎以及莲鹤方壶等。中部头顶的圆形图案是我们郑州大学的校徽,下方是回字纹,对应"天圆地方",寓意"规矩"二字。

古老中原文化,泱泱黄河之水,孕育了这片中原大地上我们所能触及的万事万物,所以我们才会看到郑州大学校史馆在开篇介绍中原文化。那么今天我想和大家聊一聊这古老又神秘的中原文化的力量。

当第一缕阳光冲破大气层撒在这片中原大地上,生命与荣光便在这里诞生。由于黄河泥沙的淤积和气候等诸多便利条件,这里自上古时期就形成了发达的农业,在诸地区中最先跨入了"文明的门槛",由这种文明衍生的中原文化,以其强大的辐射力成为中华文化之根。从饮血茹毛的蓝田猿人到炎黄原始部落的刀耕火种,从周秦粗糙的青铜器鼎,到汉唐精致的金碗银盘,我们就是这样一步步发展成如今这个文化强国。

很难想象有这样的一个时候,能让全国政协主席、国民党主席、奥运冠军等海峡两岸商政文体各界的人聚集在一起。而对于始祖根源的敬仰和追寻就是这样一条将万千中华儿女联结起来的线。《史书》记载:"自古以雍州积高,神明之隩,故立畤郊上帝,诸神祠皆聚云。盖黄帝时尝用事,虽晚周亦郊焉。"每年农历三月初三,来自五湖四海的华夏炎黄子孙,汇聚在河南新郑这片广袤的土地上,寻根拜祖,缅怀始祖功德。新郑黄帝拜祖祭奠这一活动也在2008年被国务院列入第一批非物质文化遗产扩展项目。

我在校史馆值班时接待过这样的一群参观者,他们是台湾桃源中学的学生代表,陪同的是郑州大学招生办公室的老师们,在学生进入各个展厅参观时,陪同的几位老师在服务台闲聊,一个老师说,昨天开欢迎会时,一个学生代表发言,他站起来就说"啊,今天回到了我热爱的故乡,美丽的河南",当时这个老师就眼眶湿润了,感慨万千。我想,这个时候,"故乡"这两个字的分量,格外地重,它代表的是一段牵引,一段追寻,一段勿忘先祖,一段寻根溯源。所以我说,文化孕育我们又指引我们,因为它的存在,让我们永远不会忘记自己从何而来。

中原文化也像朵朵蒲公英播撒在世界的每个角落。"南朝四百八十寺,多少楼台烟雨中。"当中国古陆地上的其他山脉都还在海水中酝酿时,当万物处于一片混沌苍茫中时,有一座山横空出世,那便是万山之祖——中岳嵩山。南北朝时期是一段以长江为界,南北方各自混乱又相互对立的时期,也就是在这个民不聊生的时候,少林寺诞生于嵩山之上。此后千年来,少林寺以武术与禅文化名震四海。整整1500多年,少林寺从未因为时代的发展而缺少瞩目,当提起"CHINA",人们的脑海中还是会第一时间浮现"功夫"二字。1982年,电影《少林寺》上映,这可能是世界电影史上观影人数最多的电影了,因为其一亿多元的票房,是1982年的中国内地以一毛钱的票价创造出来的。《少林寺》这部电影轰动世界,掀起了世界武术热,然而它的成功并不在于多么高超的拍摄技术或剪辑手法,而是源于华夏儿女的一份中国情,世界人民的一份少林梦。所以我说,少林寺是一段江湖,少林寺是一份召唤,无论身在多么遥远的异国他乡,东方的骄傲,千年的情怀,都因这养精蓄锐的"少林寺"三个字,而倍感珍重。

比起身居一地,我更希望黑眼睛黄皮肤的我们心怀一念,心向一方,而文化就是这样微妙的存在,现在的你或是正在这片广袤的中原大地上探寻,或是颠簸在世界的某个角落,无论如何,我们都能在内心深处最柔软的地方,找到一方宁静,那是令我们魂牵梦绕的东方文明。无论在哪个角落,当我们看到那一抹东方色彩的时候,都能够自信地说:"嗨,我从这里来。"

最后我想用文学院王保国教授为我们学校创作的郑大赋结尾,与大家共勉:"造于斯,兴于斯,膺中原崛起之宏任,奏民族复兴之乐章,自是奋发踔厉,朝不逮露。背负青天,脚踏实地,笃信仁厚,慎思勤勉。行天健之德,做康庄之石,立成功于既有,争一流于在望。文理工医,日进月长,攻关修业,时闻折桂。杜甫忧民心,岳飞报国志,朝朝自勉励,风鹏正举时。"

观乎人文,以化成天下

赵晨琰

网络与新媒体专业2018级本科生

我记得,很小的时候,我的启蒙老师教给我"书籍是人类进步的阶梯""读书破万卷,下笔如有神"这样脍炙人口的话语。她还说,"最是书香能致远"。那时我不懂,现在才慢慢开始懂。

我也记得,爷爷生前一直惦念着河北老家。电视里播放《四郎探母》,年近八十的爷爷竟老泪纵横。后来爷爷去世,种种原因,落叶归根的夙愿没能实现。时至今日,我偶然再听见"高堂老母难叩问,怎不叫人泪涟涟"的唱词,总是不由得唏嘘感慨。爷爷竟从一千多年前同样有家难回的杨四郎身上寻求到了一种跨越时光的共鸣。在生命的最后时光里,这共鸣在他寂静的世界里震耳欲聋,夜夜回响。原来文化,竟能这样拨动人的心弦。

我还记得,我的家人过年的时候习惯守岁,不想熬夜的父亲哄着同样困倦的我入睡。父亲给我讲述的睡前故事从来不是童话,而是运筹帷幄的诸葛亮、快意恩仇的江湖大侠、火眼金睛的孙大圣……往往是爸爸睡得很熟了,我还在鼾声里回味着一个又一个故事。我早已不记得那些年节里热闹的鞭炮,可我老想起三英战吕布、挥泪斩马谡,总惦记着郭大侠的襄阳城,也常担心着孙大圣会不会被白骨精打得落花流水,师徒四人到底能不能取到真经。我越来越想自己认识那些书上的方块字,从此也慢慢走上了读书的路。某种程度上,我也因此才站在今天这个舞台上。

后来我才明白,并不只是父亲的故事改变了我,更是文化塑造了我。并且,文化也塑造了千千万万个和我一样的孩子。文化的力量牢牢吸引着我,牵引着我,指引着我。从孩童到青年,我浸润在华夏文明的海洋里;从每一夜的故事里开始探寻,我寻到了坚忍不拔的品格,寻到了自豪感、认同感和归属感;从两千多年前的夏朝到如今新时代的中国,中华民族书写了一篇又一篇壮丽的史诗;从10万年前一步一步走出非洲的猿,到现在探索宇宙的人,我们创造了文明,文明也改变着我们。

从历史的长河中追溯,我们已经不再赤脚奔跑在黄土高原上,孩子们却仍然吟诵着诗经和楚辞,这是多么神奇的事情!

是文化的力量告诉我、告诉我的民族,我们是谁,我们从哪里来,又要走向哪里;是文化的力量让人们凝聚在一起,发出共同的声音;是文化的力量让我们窥见了历史的一隅,又推着我们继续前进。

在东方,秦始皇焚书坑儒,怕文化的巨浪掀翻他的统治;五四运动,文化的大手催促着东方雄狮从沉睡中苏醒。在西方,犹太人在十几个世纪的漫长漂泊中,他们捧着《圣经·旧约》《塔木德》,坚守着希伯来文字,靠着这坚韧的文化力量,才使犹太民族在被灭国近2000年后,重新得以复国。没有一个国家和民族胆敢小觑文化的力量。它像无形的水,它可以是海上孤傲得令人敬畏的冰山,可以是摧枯拉朽的暴风骤雨,也可以是润物无声的春雨。

文化的力量超越了诗歌、音乐,或者电影的形式。归根结底,文化的力量在于"化人"。人本来是一种蛮物,唯有文化使人高于禽兽;人本来是一盘散沙,唯有文化使人们"聚沙成塔"。而我们所追求的,也正是把冰山的一角化入自己的血脉,将它变成铭刻在骨髓里的一种基因,变成民族的风骨,变成国之所以为国的根底。

最后,让我们回到这个有些令人费解的题目——"观乎人文,以化成天下"。我想斗胆说说对这句古老《周易》里箴言的理解。"观乎人文",就是我们去看世间的百态,我们诵读诗歌,聆听音乐,欣赏电影,这一切是我们内心的寄托,是我们的向往,是我们的红尘大梦。而观乎人文之后,我们会凝结起一种价值观,并从中找到精神,寻觅思想,发掘灵魂的力量。从这里再出发,这些力量化入生活,化入人心,最终"化成天下"。

世界那么大,我们都是苦行僧

李 静

传播学专业2018级研究生

请问大家一个问题:你们是否在自己的朋友圈看过类似的动态:蓝天白云的景色,配着洗涤净化心灵的文字。但这都是真的吗?快餐文化下的今天,我们的一条动态很大程度上是对朋友圈的装修,或是虚伪的精神"伪装",并不是真正地行走在探寻文化、追求真理的道路上。文化苦海中的这场渡行,从来没有人能够轻轻松松地经过,文化和精神层面的净化,注定是一个人的朝圣,而不是一群人的狂欢。

对于文化这场"苦旅",我想最有发言权的是余秋雨先生,余先生在不惑之年放下世俗的负累,跟随文化的脚步,踏足世界,于是成就了自己经久不衰的代表作《文化苦旅》。余先生的文字大气而不失优雅,不复杂不造作,用这样的笔触去书写对世界千万文明追忆的感叹。有人说,这是余秋雨先生对历史最好的反思和继承,但在我看来,这更是先生对精神、对文化的一次净化之旅,是属于自己灵魂的一个人的朝圣。

在世界文明与历史成就的探索中,余秋雨先生就像一个"苦行僧",漫步在知识的瑰宝中,一步一个脚印。他身体力行,踏遍世界千山万水,只为探寻文化的真谛、思考人生的价值。文化之旅终究是一场对抗孤独和现实的"苦旅",需要你倾尽全部付出百分之百的努力。

余先生苦行僧式的"文化之旅",让我想到了刚刚结束"考研之战"的自己,陷入考研艰辛备考的回忆之中……审视那个刚刚经过考研疯狂"蹂躏"的自己,发现自己对于知识的追寻从未表现得如此"饥肠辘辘"。相信对于绝大多数经历过考研的同学来说,备考的日子是最不忍提及的艰涩岁月,在这段日子里,需要忍受孤独、克服惰性;需要学会与压力"交朋友";需要懂得与无助的绝望感"握手言和"……我现在常常会想,到底是什么让我一个人单枪匹马也要咬紧牙关打赢这场仗?是什么让我每天早晨在铃声发出"滴"的第一声后,就迅速地从床上爬起来?是什么让我每天挑灯夜战到十二点,上下眼皮不停"打架"也迟迟不肯睡去?又是什么让我在电话里向妈妈哭诉了无数次后还是不甘心放弃它？我想那是我自己对于与不甘平庸前途的再一次"搏击"，是我对于命运不屈服的再次"抗争"。我从未如此深切感受到，知识和文化原来拥有着如此巨大的力量，大到可以改变命运的轨迹。

虽然这条文化之旅艰辛重重，但当自己披头垢面坚定地走过那段孤独的旅程之后，迎接你的即是聚光灯下最光鲜靓丽的自己。

出生在普通家庭的我，既不是官二代，也不是富二代，没有深厚的家庭背景可以依靠，但我知道拥有了文化，就等于拥有了改造全世界的资本，它让我成为那个可以激发无限可能，像钻石一样耀眼的最棒的自己。这就是文化的神奇力量，它对于我而言，就是不断前进的支撑和向上的动力。

现在社会上普遍存在着一种"唱衰"知识的论调，持知识"无用论"观点的人越来越多，认为现在教育体制下培养的一代"文化人"理论和实践严重脱节，是高智商、低行为能力的不健全的人。"北大学子养猪、开面馆"的新闻屡见不鲜。这种现象的出现，绝不是对文化和知识的否定，而是在经济利益至上的社会环境中，有些"伪文化者"耐不住社会浮躁的风气，将物质层面的追求放在了精神层面追求之上。真正的文化践行者，是能够忍受外界浮华的掠影，真正的学术大家，哪一个不是孤独、清淡寡欲的"苦行僧"似的生活？文化的力量就在于能够在喧嚣的世界里，帮助人们寻找到片刻的安宁以及内心的归宿。

做学问难免会枯燥乏味，但正如好看的皮囊和有趣的灵魂的抉择，在麻木的物质追寻和充盈的精神追求方面，你又会做出怎样的选择？作为一个学术研究工作者，我认为将对于精神文化层面的追求置于第一位，是作为一名学术研究者必备的"节操"，它能够让我们创造出比物质财富更有千百倍价值的文化智慧结晶。正如一名教师的一生，不是追求物质的一生，但他却是世界上最富有的人，因为自己辛勤培育满园桃李，当白发苍苍走不动的时候，来自五湖四海的学生前来探望亲近，我想这种情感上的财富要比有限的物质财富胜过百倍和千倍。

文化的力量在于，一个人对美好生活追求的"源动力"，是浮躁世界的片刻安宁的"武器"，是超越一切物质财富的最宝贵的精神财富。世界那么大，我们都是苦行僧，但是内心却无比的澄明与安宁。生命不息，这场"文化之旅"不止。

家有一老 如有一"宝"

王 蕊

新闻与传播专业2018级研究生

我今天演讲的题目是"家有一老,如有一宝"。其实这句话来自于中国的一句俗语:"家有一老,如有一宝,有了疑难,问问便晓。"今天我要说的这一老其实是我们家90岁的老太太,我的太奶奶。在我看来,老太太给我的"宝"不止是她的阅历丰富,更是她对那段历史文化的真实讲述所带来的强大精神文化力量。

老太太出生于1927年,常年一方白色的毛巾叠在头上,盖住了盘在脑后的发髻。上着的确良青色的右侧盘扣的上衣,下穿黑色的宽裤子。身材高大,一双大脚显得格外突出。老太太说,她出生时,正值民国放脚令施行。

说来也是奇怪,我喜欢跟老太太聊天说话,是老太太让我更真切地感受到中日战争、解放战争、"大跃进"、人民公社、改革开放等历史画面,我总觉得,老太太就像是我的起源之处,她在哪里,仿佛老家的根就在哪里,印证时代在不停地转换,从不停歇。

没有人知道老太太叫什么,大家只知道老太太姓李,户口本上登记的为"王李氏"。解放战争时期,好吃懒做爱赌博的老太爷被逐出家门,从此杳无音信。说起来也很有戏剧性,老太爷的一生就像坏透了的福贵,好吃懒做,一夜赌了几百亩地的家产,结果在"文革"时期,家里却因祸得福被划为了贫农,免遭了批斗。可惜,福贵娶的是温顺的家珍,老太爷秉性难移遇到的是刚烈的老太太。老太太一怒之下把老太爷逐出家门,自己拉扯着三个儿子生活。

老太太常坐在家门口,一边掸着毛巾上的灰,一边念叨着自己一辈子没有过过一天好日子。老太太依然记得躲日本鬼子的心惊胆战,她跟我说起,当年日本鬼子路过村前的公路,她与家里人躲在堆满秸秆的地窖里,害怕得要死。当被通知日本鬼子已经离开村里前往其他地方时,她整个人都要瘫软了。

老太太经常会给我讲过去的种种,其中就有她大哥的事迹。老太太的大哥是一名共产党员,却牺牲在27岁的年华里。老太太说,她清楚地记得,那是1945年,因为那一年她的大儿子,也就是我爷爷出生了。她抱着儿子去刑场,看到自己的大哥被绑着,但是他一点都不害怕,他死之前高声喊道:"死就死了,我27年后还是一条好汉!"我一直只是通过电视书籍了解革命先烈们的悲壮故事。从前学历史,只觉得历史离自己很远,却没有想到像刘胡兰一样的革命先烈竟离自己那么近。是老太太,让我直接深深地明白了如今的幸福生活来之不易,它真的是由前辈们的鲜血换来的。我深深地铭记着这一点,并无限地热爱着生活。

　　老太太给我讲"大跃进",讲人民公社,讲"文革"。老太太依然记得当时的歌曲:"东方红,太阳升,东方出了个毛泽东……"当时的人们如打了鸡血般,不管是对是错,只想轰轰烈烈地参与伟大的祖国建设。老太太讲,1961年河南南部旱灾,村里人吃完了干粮,开始挖野菜,有些人开始吃树皮,最后有些人开始吃"观音土",不少人死于那场饥荒。这些经历,是我这个"90后"难以想象的,那时的人们,跟生活搏斗的样子,是我所震撼的。我常常会警醒自己,老太太都能在艰苦的条件下走过来,如今时代的生活条件那么好,我又有什么理由不好好地生活。

　　家有一老,如有一"宝",老太太的90年,如同是我们的国家从一穷二白到现在的总体实现小康社会的历史缩影。老太太从历史的长河中走来,留下的是那段历史最真实的展现,正是这种展现,成为我们这一代人的宝贵财富,带着传承前行,我们都是有来处的人。

　　人们总说,青年人和老年人之间有代沟。老太太今年年岁是"90后",我也是"90后",两个"90后"的时代,是翻天覆地式的变化。我感慨于老太太的艰苦岁月,钦佩老太太的坚忍不拔,如松挺立,如水长流不息。我庆幸于我一出生便是起飞的20世纪90年代,我们有高楼大厦耸立,我们有商品琳琅满目,我们拥有数字互联网,我们拥有建国以来最好的一个时代起点。但我感恩于老太太的健在,感恩老太太的阅历丰富。艰苦的岁月里她留给我的,不仅是对一段时代历史的感悟,更多的是一种历史文化的传承。这种传承其实就是丰厚的宝藏,是沉甸甸的文化的力量。

软文化　硬力量

肖 鸿

新闻学专业2018级本科生

　　大家都知道,文化是人类社会实践中所创造的物质财富和精神财富的总和。也因此,文化能够以它无限的穿透力和强大的生命力指引社会实践。美国思想家和文学家爱默生曾说:"有如语言之于批评家,望远镜之于天文学家,文化就是指一切给精神以力量的东西。"今天,我就想在这里谈一谈文化的力量。

　　都说一个民族的文化力量决定着一个国家的命运。文化兴国运兴,文化强民族强。在这个物质和信息飞速发展的时代,国家间、民族间、人际间的交往更加紧密频繁。而文化作为软实力更是广为人知、广为人信、广为人用。我想以日本这个国家为例,日本作为世界发达国家之一,它的文化力量体现在两个方面,对内和对外。对内方面,日本的礼仪文化很好地起着教化国民、提升素质的作用。他们的城市形象是,干净整齐的街道、秩序井然的交通和交际礼貌的国人。甚至当日本人走出去时,在海外也是良好亚洲人的代名词。这同时对他们的国家形象起到很好的宣传作用。对外方面,其主要是通过对外输出动漫产业来提升他们的文化软实力。可以说日系动漫在东亚有着统治地位,且在欧美有着巨大的影响力。在输出动漫产品的同时,日本会把自己的文化和价值观融入其中,从而起到很好的传播作用。比如,日本动漫中常出现的樱花、和服、武士道精神等元素,会吸引着世界各地的人前去体验和了解,这就造成部分西方人对东亚文化的了解基本都来自于日本,而日本也在这其中获益匪浅。

　　通过邻国的例子,我们可以试着去想,正处在新时代中国特色社会主义建设时期的我们,又该怎样利用文化的力量来提升我们国家的竞争力。在《中华世纪坛序》中有这样一句话:"文明圣火,千古未绝者,为我无双;和天地并存,与日月同光。"这句话很好地道出了我们文化的优势所在。在我们国家漫长的发展史中,中华文化的标志物一直在变,而中华文化的内核是不变的。它是从人发出的道德,是家庭的责任,是实践主义、经验主义和求真务实。它像水一样浸润着我们每一个中华儿女。我曾看过复旦大学钱文忠教授的演讲，他谈到，如今我们国家经济飞速发展，但我们所有的努力都只不过是手段，我们的最终目的是让我们的文化成就辉煌灿烂。他以盛唐为例说，唐朝作为一个极强盛的时代，首都长安甚至是当时世界的中心，可现在谁又知道唐朝的GDP？谁又知道唐朝的贸易总额？我们知道的是那个时代有李白、杜甫、白居易。所以说一个强大的国家应有的姿态不应该是文化搭台、经济唱戏；而应该是经济搭台、文化唱戏。习近平总书记也曾说"实现中华民族伟大复兴要以中华文化繁荣为条件"。所以我们完全可以将优秀传统文化作为价值观来滋润一代又一代的中国人，从而能够带着文化自信坚定地走中国特色社会主义道路。同时用新媒体的方式将中华文化传播出去，让更多的人愿意去了解中华文化，以此来提升我们的文化影响力，提升我们的综合国力。让文化的力量变成民族的重量和国家的力量。

说完国家这个非常宏大的话题，我想再从小的切入点说起，就是文化对个人的力量。在第三季《中国诗词大会》上，给我印象最深的是这一季的总冠军雷海为。我认为英国作家王尔德有一句话翻译过来形容他再合适不过，这句话是"吾辈皆身处沟渠之中，然必有其仰望星空者"。在现实生活中，雷海为的职业是一名外卖小哥，但他这么多年在中国传统文化的吸引下不断学习诗词，并有实力站上《中国诗词大会》总决赛的舞台。主持人董卿在最后对他说："你在读书上花的任何时间，都会在某个时刻给你回报。我觉得你所有在日晒雨淋，在风吹雨打当中的奔波和辛苦，你所有偷偷地躲在书店里背下的诗句，在这一刻都绽放出格外夺目的光彩。"我认为这就是文化的力量，他让每个愿意接受他的人即使身处眼前的苟且，也能够看到诗和远方并为之奋进。

在时代发展的浪潮中，美国、日本看到文化的力量，将自己的价值观糅入电影动漫中传播到世界各地，以此来提升自己的文化软实力；腾讯、阿里看到文化的力量，以自己独特的企业文化团结内部，树立良好的社会形象，以傲人的经营业绩作为中国民营企业挤入世界五百强；鲁迅看到文化的力量，弃医从文，站在时代批判者的角度，用文字去唤醒麻木的国人。这足以说明，文化的力量于国家、于企业、于个人都有着巨大的影响。

古以文载道，今以文聚力。对国家来说，要借用文化之力强国兴省、惠民富民；对企业来说要借用文化之力凝聚人心、塑造形象；对个人来说要借用文化之力武装头脑、奋发图强。文化是沧桑的历史，是繁荣的现在，更是璀璨的将来。文化之力似春风流水之力，来时绝不轰烈，但所到之地万物生长，万象更新。

前行的光辉

杨汝佳

广播电视学专业2018级本科生

文化是生命的灵魂,它的力量不是排山倒海,而是如阳光春风般在无形中启迪思想,净化灵魂;它更是前行的光辉,助力时代的发展和进步。

身为中国人,我们都很敬畏我国的传统文化,甚至有些人认为它曲高和寡。可是我们应该意识到,中国传统文化就在我们身边,并且是一束永不磨灭的精神光源。

就我自身来说,体会最深刻的就是我上大学离家时,妈妈在火车站不舍的神情,不断地叮嘱。那一刻我的心被刺痛。当初我一心想报考外省的大学,可是当我离开家,身处异地,《游子吟》中的"临行密密缝,意恐迟迟归"却不断萦绕在我的脑海里。

都说离别会带来回忆。确实,在火车上,看着窗外不断滑过的田野、残破的房屋、废旧的铁轨,我后悔了。一直以来自己性格张扬不羁,不愿受管教。经常惹父母生气和难过。回忆他们所承受的,我深深为自己的行为自责。"亲爱我,孝何难!"这简单的六个字,以后,我会以此作为鞭策,不会再为离别留下遗憾。

中国传统文化就是如此庄重而又感性。它会在我失落迷茫时,给我指引,支持我走下去。

前几天读余秋雨先生的著作《中国文脉》,我对其中一段话深有感触,"为什么三千多年前的声声问卜,会突然涌现于十九世纪最后一个深秋?为什么沉默了这么久的华夏先人,会在这个时候哐当一声掷出当年自己的问卜甲骨?"学过历史,我知道在凄风苦雨的近代,列强的欺凌,西方文化的渗透,让中国人一度不知如何应对。即使没有身临其境,我也同样心痛。但是当我读到甲骨文出土时,心中有了一丝慰藉。它的出土,告知世人:何为炎黄子孙,何为华夏文明,何为历史的瑰宝。是这种龙骨,以它的历史文脉的力量,增强中国人的民族认同感,激励了他们的民族情怀。这就是文化的力量,在黑暗中发出了一束照亮前行之路的光。

在座的新传学子都学过或者正在学习《中国新闻传播史》,书中提到孙中山的《民报》。很有趣,孙先生传承了墨子的仁爱、平等思想。孙中山先生将中国传统道义,融入中华民国的建立。这种精神活力,出入于文字内外,游弋于乱世之间。

出于好奇,我查了一下,得知毛泽东主席的革命和改革思想中也涵盖了很多华夏文化,比如整风运动;周恩来总理在长期外交活动中,强调服人以理、立言以信,其中也闪烁着中国优秀传统文化之光;朱德出身行武,但在戎事之余爱读史籍、谈诗论文,将积累的丰富实战经验做理论的概括,丰富了毛泽东思想的武装斗争理论。

传统文化,在近代发展历程中扮演了一个重要角色,在黑暗中推开了一扇走向光明的大门。

当下各种追星热度很高。我也追,但是我最崇拜的偶像是极具家国文化情怀的爱国赤子——邓稼先。我感动于当杨振宁问病床上的他,研发两弹一星,国家给你多少奖金,为何要拼死把自个的性命搭上啊。邓稼先伸出了两根手指答复他说:原子弹10块钱,氢弹10块钱。亦余心之所向兮,虽九死其犹未悔。

自古以来的家国情怀早已融入中国人的灵魂,总能在关键时刻指引选择正确的路。

当下各类综艺节目很火,我也很喜欢看,尤其是"赏中华诗词、寻文化基因"的《中国诗词大会》。特别敬佩武亦姝,飞花令中,她微笑着迅速脱口而出《诗经·七月》的名句:"七月在野,八月在宇,九月在户,十月蟋蟀入我床下。"当时我就被圈粉了,同时感慨文化的魅力真大啊!

历经时代的演绎和岁月的磨砺,中国传统文化更能影响一代又一代国人。

现在的重中之重——中国梦,更是需要文化软实力的支撑。虽然我现在还不能对国家做出多大贡献,但是我会坚守传统文化的阵地,经世致用,守护它熊熊燃烧的火焰。

我相信,中国优秀传统文化,将在我们前进的路上点亮火炬,以文脉的力量,支持政脉的辉煌,成为我国永远的太阳。

文化为魂,载道树人

张 琪

新闻学专业 2018 级本科生

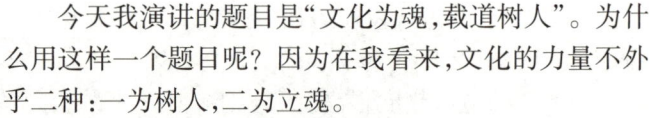

今天我演讲的题目是"文化为魂,载道树人"。为什么用这样一个题目呢?因为在我看来,文化的力量不外乎二种:一为树人,二为立魂。

英国著名哲学家和思想家培根曾说:"读史使人明智,读诗使人灵秀。"事实上,无论是历史记载的先贤故事,还是名家大作的醒世名言,都像绵绵细雨一样,润物于无声,化人于无形。

在这一点上,我深有体会。说实话,我之前是个不知道分享的人。那时我极少给别人帮忙,甚至连讲题这种小事都不愿意。可想而知,这样的我也自然成了别人口中的怪人。被他人讨厌甚至孤立,让我苦恼无比,我甚至不能静心学习。后来,我找到老师说明情况,老师并没有说什么,只是给我看了《信条》这篇文章。我现在还记得上面说的话,"有东西一起分享,公平游戏,不打人……"初读时,我觉得好笑,可是当我深入阅读后,才发现蕴含在其中的大智慧。无私、公正、文明,这短短的几行文字里包含着的是众多珍贵的品质。后来,我按照《信条》上的去做,慢慢地学会了分享,也收获了友谊,成了真正的好学生。这是我被文字教化的一段小经历,我想,在座的大家也可能有过类似的经历吧。从牙牙学语的幼儿成长为知礼懂法的大学生,这一路走来,我们不断地被文化浸润和影响着。所以我说,文化有着树人的力量。"少年强,则国强。"在不久后,我们这代被文化所教育和熏陶的青年,将走进社会,共同撑起祖国的一片天空。

文化的力量之二是立魂。文化,树人与立魂的关系,用一句话来说就是,"文章载道,化以树人。树人之后,终有国魂"。所以,晚清思想家龚自珍曾说:"欲要亡其国,必先灭其史;欲灭其族,必先灭其文化。"若是一个国家的文化被灭,那他的人民便失去了信仰,国家也就随之失去了国魂,如同一个无智力的人,只能听任他人摆布。为什么这么说呢?我们来一起看一个实例。在二战初期,日军侵略了一个弹丸小国——帕劳国。他们对它的国民进行奴化教育,并把它变成了彻头彻尾的殖民地。直到十几年后,美军在太平洋上大败日军,帕劳国才获得了解放。可是,谁能想到,美军刚一登岛就遭到了帕劳国民的痛击。更令世界震惊的是,帕劳国民这样做竟是因为他们认为击退日军的美国人才是侵略者!甚至直到1994年帕劳国独立后,大多数帕劳国人仍将日本人当作他们的祖先。帕劳国民已经忘记了他们的文化,而缺失了民族文化的他们,被奴化教育轻而易举地腐蚀了内心。我们可以看到,这样的国家,虽然已被国际社会承认,也自始至终没能摆脱殖民的阴影。

  这不禁让我想起了日本在我国东三省的恶行。他们开办学校,对儿童进行思想灌输与奴化教育。他们让中国人讲日语,学日本文化……其强度之大,较于帕劳国有过之而无不及。他们企图让东三省变成另一个帕劳国,任其宰割。可是,我泱泱华夏,承千载之文化,国魂荡荡,自有我们的文化脊梁。在这点上我十分赞同鲁迅先生的话。先生说:"我们从古以来,就有埋头苦干的人,有拼命硬干的人,有为民请命的人,有舍身求法的人……虽是等于为帝王将相作家谱的所谓'正史',也往往掩不住他们的光耀。"他们代表了我们的民族品格,也撑起了国人的脊梁,有此文化凝筑成的国魂,我们又怎可能屈服!在这之中,有像金顺姬般被严刑拷打仍宁死不屈的烈士;有像老猎人李炮般独自携枪与日军战斗的勇士;有像胡福才般为掩护部队撤退而吸引牵制敌人的壮士……直到长达14年的抗战结束,东北三省的人民乃至全中华的人民,自始至终没有被日本同化。

  帕劳国和中国,一样的开始,不同的命运。显而易见,我们之所以能成功挣脱殖民枷锁,我们厚重而悠久的文化无疑立了大功。先哲们高喊的"爱国如命";先哲们推崇的"甘上断头台";先哲们向往的"沙场为国死"……是这些,提醒着我们身为华夏子孙的使命,激励着我们不断地进行抗争……

  "文化失,则国亡;文化存,则国有望。"我庆幸,现在我们辉煌的文化,厚重的底蕴,伴着孔子学院走向了全球。这不仅让中华文化为世界所了解,也使中国在国际舞台上散发着更耀眼的光芒。

  "文化为国魂,载道亦树人。"希望我们都可以读文解道,受化成才,用好文化的力量,做栋梁之人,立国家之魂。